自然科学博物馆
科普讲解理论与实践

——科学诠释者的N项修炼

万　红　徐　湮　郑　巍　等著

中国科学技术出版社

·北　京·

图书在版编目（CIP）数据

自然科学博物馆科普讲解理论与实践：科学诠释者的 N 项修炼/万红等著．—北京：中国科学技术出版社，2017.5

ISBN 978－7－5046－7531－6

Ⅰ.①自… Ⅱ.①万… Ⅲ.①自然历史博物馆—讲解工作—研究 Ⅳ.①G266②N28

中国版本图书馆 CIP 数据核字（2017）第 107509 号

万红　徐湮　郑巍　金雪　李渊渊　金雯俐　俞炯　江山◎著

责任编辑　王晓义　蒋宵宵
封面设计　孙雪骊
责任校对　凌红霞　焦　宁
责任印制　徐　飞

出　　版　中国科学技术出版社
发　　行　中国科学技术出版社发行部
地　　址　北京市海淀区中关村南大街 16 号
邮　　编　100081
发行电话　010－62173865
传　　真　010－62179148
投稿电话　010－63581202
网　　址　http://www.cspbooks.com.cn

开　　本　720mm×1000mm　1/16
字　　数　300 千字
印　　张　16.25
印　　数　1—2000 册
版　　次　2017 年 5 月第 1 版
印　　次　2017 年 5 月第 1 次印刷
印　　刷　北京九州迅驰传媒文化有限公司

书　　号　ISBN 978－7－5046－7531－6/N·224
定　　价　40.00 元

前　言

科学普及是我国建设创新型国家和世界科技强国的基础性工程，科普事业的发展离不开科普人才的支撑。《全民科学素质行动计划纲要实施方案（2016—2020年）》明确提出，实施科普人才建设工程，加强科普人才培养和继续教育，以适应科技发展、社会进步和现代科普发展的新形势新要求。

科普讲解员是科普人才队伍的一支重要力量，是博物馆直接面向公众普及科学技术知识、倡导科学方法、传播科学思想、弘扬科学精神的“科普使者”。长期以来，我国自然科学博物馆行业的讲解员培养主要通过以老带新、言传身教的方式，缺乏系统的培训教材，不利于科普讲解员的快速成长。为此，上海科技馆组织理论知识丰富的展教人员以及一线资深的科普讲解员，总结上海科技馆、上海自然博物馆（上海科技馆分馆）多年来在科普讲解、科学教育传播与普及工作中积累的丰富经验，凝练成文并付诸出版，以满足本馆科普讲解与展教人才培养培训之需，并与广大同行交流和分享。

本书从当代国际科学教育、科学诠释和公众学习的视角，系统阐述了科普讲解员应具备的综合素质能力，力求做到理论与实践相结合，既有国际科学教育、传播与普及方面的最新理论，又有语言表达、讲解技巧、形象礼仪等方面的基本技能，并结合上海科技馆在科学表演方面的探索与实践，总结了科普表演的创作与表演经验，拓展了科普讲解的内涵与外延。本书还收录了部分优秀的科普讲解词案例，包括在全国科普讲解员大赛获奖的参赛讲解词以及在上海科技馆实际应用的展览讲解词，供读者参考和借鉴。

希望本书的出版能为我国自然科学博物馆事业培养一支高素质、专业化的科普人才队伍贡献绵薄之力！

目　　录

第一篇　基　础　篇

第二篇 技 能 篇

第三篇　实　践　篇

第一篇

基　础　篇

第一章　科普讲解工作概述

第一节　自然科学博物馆发展简史

自然科学博物馆是现代科学事业的重要组成部分，以服务人的发展为根本目的，以普及科学技术为第一要务，是面向公众开展科学技术普及的重要场所，旨在促进科学大众化和大众科学化，为提升全民科学素质、推动经济社会发展服务。

一、博物馆定义

博物馆一词源于希腊语 Mouseion，意为“供奉缪斯及从事研究的处所”。虽然博物馆学已成为一门独立的学科，但是关于什么是博物馆，即博物馆的定义，目前还是众说纷纭。

2007 年召开的国际博物馆协会第 21 届大会制定的《国际博物馆协会章程》对博物馆的定义进行了修改，将博物馆定义为：为社会及其发展服务的、向公众开放的非营利性常设机构，为教育、研究、欣赏的目的征集、保护、研究、传播并展出人类及人类环境的物质及非物质遗产。博物馆与其他教育机构的最大区别也在于此，即拥有实体的展品，并以展品为出发点，开展各种活动以进行大众教育。①

英国博物馆协会对博物馆做出的定义为：博物馆促使人们通过探索藏品获得灵感、进行学习和娱乐。它们是受社会所托收藏、保管人工制品和标本并向公众开放的机构。①

美国博物馆联盟在《职业道德准则》中表明：博物馆通过收藏、保管和诠释这个世界上的事物为公众作出其特有的贡献……它们包括政府和私人经营的人类学、艺术史和自然历史博物馆、水族馆、树木园、艺术中心、植物园、儿童博物馆、历史遗址、自然中心、天文馆、科学技术中心和动物

① Timothy Ambrose，Crispin Paine. 博物馆基础［M］. 郭卉，译. 南京：译林出版社，2016：10.

园……虽然它们的宗旨有所差别，但是它们非营利的组织形式和为公众服务的义务是相同的。[①] 1990 年，美国博物馆协会在解释博物馆的定义时，将“教育”与“为公众服务”并列视为博物馆的核心要素。美国博物馆协会的总经理和首席执行官 Edward H. Able，Jr. 认为：“博物馆第一重要的是教育，事实上教育已经成为博物馆服务的基石。”[②]

我国对博物馆的定义源于 1956 年 5 月文化部在北京召开的全国博物馆工作会议，会上提出了博物馆的三重基本性质和两项基本任务，即博物馆是科学研究机关、文化教育机关、物质文化和精神文化遗存或自然标本的主要收藏所的三重性质和博物馆应为科学研究服务、为广大人民服务的两项基本任务。[③] 这个定义一直沿用至今。

在目前，以上四个定义为学界广泛认可，尽管许多博物馆学家对“博物馆”概念界定了含义，但也很少超出以上定义中的框架。而教育成为博物馆的首要功能，已成为当今国际社会的普遍共识。

二、博物馆发展史[④]

1. 萌芽阶段

人们的收藏意识和纪念意识是博物馆现象最初萌发的基础。萌芽之时，在博物馆中开展的活动中即包含面对一定人群的教育内容，可以解读为博物馆现象在起初就是伴随着教育功能而出现的。博物馆现象起源于欧洲，欧洲的近代博物馆是收藏这一传统的产物。

在西方，早在公元前 4 世纪，马其顿的亚历山大大帝在建立帝国的过程中，将搜集来的珍贵艺术品和稀有古物交给他的老师亚里士多德，亚里士多德曾利用这些文化遗产进行教学，传播知识。公元前 3 世纪在埃及亚历山大里亚建立的缪斯（Muses）神庙是西方最早的博物馆，然而彼时的博物馆只是奇珍异宝的收藏室，并不对外开放，因而大批来自各地的青年跟随从事研究工作的各地学者、作家学习。

在中国，公元前 5 世纪山东曲阜的阙里孔子故居建立的孔庙是我国博物馆现象可追溯的历史渊源。中国古代没有博物馆这一概念，但是保存和研究文化遗产，在我国有着悠久的历史。殷商的王室和贵族已经重视文物的搜集，保藏在宗庙中。周代文物珍品收藏所名为“天府”“玉府”。汉朝的珍贵文物、图书收藏在“天禄”“石渠”“兰台”。以后历朝都有文物的正式收藏之

---

① Timothy Ambrose，Crispin Paine. 博物馆基础［M］. 郭卉，译. 南京：译林出版社，2016：10.

② 段勇. 当代美国博物馆［M］. 北京：科学出版社，2003：97.

③ 王宏钧. 中国博物馆学基础［M］. 上海：上海古籍出版社，2012：39.

④ 王宏钧. 中国博物馆学基础［M］. 上海：上海古籍出版社，2012：57—131.

所。宋朝崇尚古物之风更盛，虽然摩玩遗兴、鉴定研究、编纂图录，但中国古代并没有出现类似欧洲那样收藏奇珍异宝的狭义的博物馆，只是在孔庙之后，古代纪念馆的建立绵延不断。宽泛来看，对于为社会作出突出贡献的人物，依托遗址展示遗物，宣扬伟大人物的品德和思想，这也是一种“慎终追远”的教育观念。

2. 近代博物馆

在西方，1682 年在英国建立的阿什莫林艺术和考古博物馆开创了将私人收藏公之于世的先河，该博物馆向公众和学者公开开放，成为世界博物馆史上第一座近代意义上的博物馆。法国大革命打开了卢浮宫的大门，卢浮宫的开放，标志着世界博物馆的发展开启了一个新的时代，也直接推动了许多大型博物馆相继向公众开放，并且在一些国家兴起了地方博物馆的建设热潮，私人收藏室也相继成为博物馆。至此，开启了博物馆社会化浪潮，博物馆开始为社会服务，博物馆事业成为国家文化教育事业的一个组成部分。而远在大洋彼岸的美国，博物馆最初是仿效欧洲博物馆建立起来的。

作为“科学世纪”的 19 世纪是博物馆的蓬勃发展期。其中一个重要的发展就是博物馆教育职能的加强。首先，随着藏品分类法的提出、展示陈列法的改进，博物馆社会教育的影响力逐渐扩大。其次，19 世纪中叶以后，博物馆日益认识到其教育职能的重要性。1873 年英国皇家艺术学会提出：“使所有的公共博物馆，皆具有教育及科学的目标。”1880 年美国学者詹金斯在《博物馆之功能》一书中明确指出：博物馆应成为普通人的教育场所。美国的纽约大都会艺术博物馆、布鲁克林博物馆都公开声明其博物馆的宗旨是“推行全面性的教育与休闲活动”。1906 年美国博物馆协会成立时就宣言“博物馆应成为民众的大学。”再次，一些博物馆还开始了早期的馆校合作。如 1892 年波士顿美术馆开设学术讲演课程，学生和教师可以免费参观，1906 年创办导览讲解制度。圣路易博物馆在 1903 年开始向学校出借文物标本，学校教师可以依照博物馆目录向博物馆选借文物；同时，圣路易博物馆还开放展厅，用以展出世界各地历史、气象、民俗与自然历史方面的文物标本和有关资料，供学校辅助教学。

在中国，严格来说，博物馆是一种舶来品。西风东渐，我国首先注意到近代博物馆的人是徐继畬，1848 年，他在《瀛环志略》中提到“古物库”。1866 年，清廷第一次正式派出官员访问欧洲，斌椿等一行人途径法国、英国、比利时、荷兰、丹麦、瑞典、芬兰、俄国、普鲁士等国，在了解欧洲各国风土人情的同时，也参观了博物馆。他们用“公所”“行馆”“万种楼”“画阁”“集宝楼”“积宝院”“集奇馆”“积骨楼”“禽骨棺”等不同的名称描述所参观的各类型博物馆，此行考察后斌椿著《乘槎笔记》。1868 年法国天主教神父韩伯禄创立了徐家汇博物院（1933 年更名为震旦博物院，上海自然博物馆的前身），学界一般认为这是近代中国第一座博物馆。

19 世纪末，维新人士曾提出建立博物馆的主张，并得到了光绪帝的支持，但变法失败，因而建立博物馆亦成为泡影。1903 年，张謇赴日本考查实业与教育，参观日本的博物馆和博览会，深受启发。回国后，他向清廷递交了《上南皮相国请京师建设帝国博览馆议》《上学部请社博览馆议》，倡导设立博物馆。但是没有得到清廷的重视。于是，张謇以其个人财力兴建了包括博物馆、植物园和动物园的博物苑，在中国博物馆史上开风气之先。1905 年，由张謇建立了南通博物苑，这是中国第一座公共博物馆。随后，1906 年至 1910 年张謇在京师以及天津、山东等地陆续开办了几个博物馆和一批陈列馆或陈列所。

1912 年至 1937 年是中国博物馆事业的重要发展时期。1912 年由蔡元培主持在北京国子监旧址筹建的国立历史博物馆是我国第一个国立博物馆，于 1926 年正式向社会开放；1925 年明清两代的皇宫向公众开放，建成了闻名于世的故宫博物院；1933 年，原国民政府在南京筹建中央博物院；1935 年 4 月中国博物馆协会在北京成立。我国的博物馆建设在 20 世纪 30 年代中期发展到高涨时期，据 1936 年统计，中国的博物馆达到 77 所。蔡元培认为，教育并不仅在学校，学校以外还有很多教育机构，博物馆就是其中之一。这说明我国在民国时期就已经将博物馆视为重要的社会教育场所。此后，由于战火频烧，中国博物馆建设遭到很大损失，到 1949 年，中国博物馆建设已处于半停顿状态。

3. 当代博物馆

1949 年中华人民共和国的成立，博物馆同其他文化教育一样，从此进入了一个新的历史发展时期。至 2014 年底，全国博物馆总数达到了 4510 座，已建成了遍布全国的各种类型的博物馆体系。

现阶段，欧美等发达国家的博物馆仍然代表着世界博物馆发展的潮流。在欧美，博物馆大众化趋势明显。20 世纪 60—70 年代以来，各国纷纷建立小型博物馆，其类型多样，尤其是社区博物馆、乡土博物馆、企业博物馆。这使得大型的著名博物馆与中小型的博物馆一起，形成了覆盖全社会的现代博物馆景观，发挥着博物馆特有的娱乐与教育功能。

三、自然科学博物馆定义

自然科学博物馆在飞速发展的科学技术与远离科学技术的普通观众之间扮演着什么角色？回答这个问题对于自然科学博物馆存在的合法性尤为重要。

日本学者鹤田总一郎曾为科学博物馆做出定义：科学博物馆是运用有关

自然物、自然现象及其在实际应用方面的科学资财，并收集、整理、保管这些资料，通过科学研究、陈列以及教育活动来进行科学教育的社会教育机关。[①] 经历长时间的发展变化，正如爱德华·P·亚历山大与玛丽·亚历山大（2014）所认为的，现今的科学博物馆的首要目标是阐释机械如何运作以及科学原理如何得到应用，而不是成为人工制品的百科全书式的收藏室。[②]

根据中国自然科学博物馆协会的会员类型，自然科学博物馆主要有三大类：包括天文、地质、生物、人类、国土资源、湿地等专业或综合的自然历史博物馆；包括科技馆、科学中心、工业、农业、国防等各种专业或综合的科学技术博物馆；水族馆、动物园、植物园、自然保护区等。

四、世界自然科学博物馆发展史

伴随着新发现、新技术的不断涌现，自然科学博物馆也在不断发展变化，在现代社会中更成为公众开展参与型学习的科学殿堂。通过互动体验展厅内的展品展项，传递着人类社会发展的遗产符号。

1. 自然历史博物馆[③]

早在中世纪和文艺复兴时代，收藏家就开始收藏自然界中的珍玩奇物，并认为它们具有不同的魔力，比如治病疗伤、延年益寿、促进生育能力等。到16世纪和17世纪，收藏逐渐朝着研究的方向发展，也为科学家提供了很多重要的物证，包括来自全球各地的石头、矿产、化石、壳类生物、解剖学和植物学中的标本以及制成标本的动物和鱼类等。对藏品进行生物分类学上的展示，最初的目的是为了便于理解上帝的计划，在达尔文的影响下，这种生物分类学上的展示逐渐发展。至19世纪末，动物标本的制作工艺得到巨大提升，自然历史博物馆开始吸引公众的目光。

2. 科学技术博物馆

在发展大众化的科学技术的过程中，科技馆经历了以下几个阶段。

第一阶段，在博物馆仍是私人藏家收藏奇珍异宝的陈列所时代，早期博物馆收藏之中包含了生活领域与科技领域的范围广泛的人工制造器物。[④]

第二阶段，自15世纪文艺复兴以来，随着人类的精神解放和理性主义的

---

① 鹤田总一郎. 关于科学博物馆［J］. 胡昌健，译. 中国博物馆，1989（04）：49—50，61.

② Edward P Alexander，Mary Alexander. 博物馆变迁［M］. 陈双双，译. 南京：译林出版社，2014：113.

③ Edward P Alexander，Mary Alexander. 博物馆变迁［M］. 陈双双，译. 南京：译林出版社，2014：58.

④ Edward P Alexander，Mary Alexander. 博物馆变迁［M］. 陈双双，译. 南京：译林出版社，2014：92.

发展而产生科学精神，科学博物馆开始显露初姿。阿尔多罗邦迪（Ulisse Aldrovandi，1522—1605）创建的意大利波罗尼亚科学博物馆是第一个使用这一名称的。此后陆续也有一些其他的科技类博物馆在欧洲出现，但由于在资料整理、陈列形式及科学体系方面的水平参差不齐，因而这一时期的科技类博物馆只能归于前科学博物馆时代。①

第三阶段，18 世纪末至 20 世纪初可视为科技类博物馆的确立期。随着 18 世纪工业革命的到来与 19 世纪万国博览会以及后续一系列国际博览会的出现，人们开始重视科技发明的产品，技术和科学博物馆应运而生。② 1851 年万国博览会的举办奠定了坎星顿科学技术博物馆藏品的基础，1876 年费城博览会展出的工业展品成为美国工业博物馆的基础。③

第四阶段，有些科学博物馆逐渐演变成科学中心，科学中心更加重视培养公众关于科学和科学原理方面的知识，而为研究以及为子孙后代保护藏品的职能不断弱化。④

3. 科学中心

科学中心可能是现在社会中发展最快的教育机构之一，其发展过程大致经历了两个阶段。

第一阶段，科学中心起源于传统的博物馆，这里的传统博物馆包括两类：自然历史博物馆（如波士顿自然历史博物馆）和技术博物馆（芝加哥和伦敦技术博物馆），科学中心的发展即是从以自然物件为主的展览发展成为以人造物件为主的展览。20 世纪 30 年代，由于科学技术为人们的日常生活带来了巨大的福利和便利，公众对科学技术的崇拜达到了顶峰，在这种背景下诞生了最早的科学中心，它们大多发端于国际博览会。如世界上第一家科学中心巴黎发现宫建于 1937 年，当时的建造目的是为巴黎国际博览会提供场馆。⑤

第二阶段，由于苏联早期火箭的发明以及后来美国对科学教育的重视，20 世纪 60 年代科学中心的数量迅速增加。部分科学中心也没有使用“科学”或“中心”字眼作为名称，但它们的内容则同科学中心一样富有创新性。在美国，这一时期的科学博物馆尤其受到儿童博物馆的影响，出现了人机互动体验为主的科技馆实践。儿童博物馆的一大特点是鼓励观众直接与展品接触，

---

① 鹤田总一郎. 关于科学博物馆［J］. 胡昌健，译. 中国博物馆，1989（04）：49—50，61.

② Edward P Alexander，Mary Alexander. 博物馆变迁［M］. 陈双双，译. 南京：译林出版社，2014：92.

③ 王宏钧. 中国博物馆学基础［M］. 上海：上海古籍出版社，2012：66.

④ Edward P Alexander，Mary Alexander. 博物馆变迁［M］. 陈双双，译. 南京：译林出版社，2014：92.

⑤ Edward P Alexander，Mary Alexander. 博物馆变迁［M］. 陈双双，译. 南京：译林出版社，2014：107—108.

通过观察、触摸、使用和实验等手段来激发儿童的兴趣、启发他们的灵感、培养创造性思维。1964 年在波士顿儿童博物馆举办了首次“互动展览”(Interactive Exhibit)。1969 年旧金山的“探索馆”，全面引入互动展览，1976 年还在宾夕法尼亚州费城诞生了一家名为“请触摸”的博物馆（Please Touch Museum)。这些新型展览和博物馆的出现彻底改变了参观者在传统博物馆内的被动接受角色，成为主动的参与者。虽然这些新生事物在当时的博物馆界曾引起轩然大波，受到许多传统的博物馆学家质疑，但是，今天，“上手”(Hands-on) 这一源于儿童心理学理论并最早在儿童中实践的教育方法，已被奉为当代美国博物馆尤其是科学类博物馆行动的圭臬。①

虽然科学中心的建设已取得了长足的发展，但是，当代科学中心也存在一种现象：即将“科学”限定在物理、化学、地质学和数学等领域，偏向于将重点放在容易向公众展示的科学话题中，主要包括应用物理学和技术，而生物学和植物学等生命科学则被忽视。一些学者认为这样的科学中心更倾向于“技术中心”，对基础科学的关注不够，而没有正确诠释“科学”二字。②

依据美国博物馆协会对“博物馆”的定义，植物园、树木园、动物园和水族馆都属于博物馆。它们是有组织的、永久性和非营利性机构，以教育和美学为根本宗旨，拥有专业的员工，持有、利用和保护有形的实物并长期向公众展示这些实物。它们与一般博物馆的唯一差异在于，它们的藏品都是活着的、有生命的物体。③

4. 植物园

植物园的主要宗旨为增加和传播植物学知识，其发展大致经历了三个阶段。④

第一阶段，古人在很早之前就开始修建花园，如雅典的亚里士多德和亚历山大博物馆。尽管古人建立的花园可能不算严格意义上的植物园，但已经考虑到植物的美学与实际功用。

第二阶段，欧洲第一座植物园的诞生地是帕多瓦还是比萨，目前仍然存在争论。帕多瓦花园于 1545 年 5 月批准建造，比萨的植物园有可能诞生于 1545 年 7 月。著名的莱顿学术植物园创建于 1587 年，还有一些植物园也在 16

---

① 段勇．当代美国博物馆［M］．北京：科学出版社，2003：105.

② Edward P Alexander，Mary Alexander．博物馆变迁［M］．陈双双，译．南京：译林出版社，2014：115.

③ Edward P Alexander，Mary Alexander．博物馆变迁［M］．陈双双，译．南京：译林出版社，2014：148.

④ Edward P Alexander，Mary Alexander．博物馆变迁［M］．陈双双，译．南京：译林出版社，2014：148—165.

世纪创立，到1700年，全欧大概有20座植物园，大都与大学保持着密切的关系。这一时期植物园的蓬勃发展是由于人们对近距离观察生物尤为热衷，植物分类学的发展也带动了植物园的发展。

第三阶段，欧洲的植物园不断发展，演变出很多种类不同的植物园：如16世纪与17世纪诞生的药用植物园；17世纪、18世纪出现的殖民地风格的植物园（欧洲列强将殖民地的新奇物种移植到欧洲而建立的植物园）与经济植物园（列强为使殖民地种植新的农作物物种而在全球范围内推行的植物园）；18世纪中受林奈的植物分类系统影响而建立的植物园对19世纪的植物园产生了重大影响；19世纪与20世纪初欧洲兴起的城市植物园则是欧洲城市化进程的直接反映，除此之外，还有专门种植某一特定类型物种的植物专类园；现如今，物种保护植物园的出现反映了人类愈加重视保护环境的理念。

5. 动物园与水族馆

动物园或水族馆收藏的是带有标签的动物，这些动物是受保护和研究的对象，并向公众提供娱乐和启发。其发展大致经历了四个阶段。①

第一阶段，财富和闲情逸致是早期动物园建立的基础。早在几千年前，人类就开始蓄养动物。无论中外，都有当权者建造兽笼，蓄养动物的记载。之后，罗马人建有鸟类饲养场和兽笼，兽笼中圈养的动物有犀牛、公牛、大象、河马、狮子、豹子、熊、老虎和鳄鱼，这些动物一般被用在角斗场上。

第二阶段，18世纪、19世纪欧洲人按照生物分类学收藏动物，如同收藏自然历史一样，后来出现的一批现代动物园则是更加复杂化的兽笼，只是更加注重营造动物生存的自然环境。第一座现代动物园是神圣罗马帝国皇帝弗兰西斯一世与1752年建立的，地点位于维也纳的美泉宫，1765年对外开放；1826年莱佛士创建伦敦动物学会，该学会的宗旨为“推动动物学和动物生理学的发展，引入和探索动物王国的新课题”；伦敦动物园1846年向公众开放，该园在动物研究与动物展览领域享有盛誉，是世界著名的动物园之一。

第三阶段，20世纪初年，动物园建设领域出现了一次革命，即开放式动物园的兴起。卡尔·哈根贝克建立了一座开放式的动物园，这是今天的大型野生动物公园的早期雏形，他饲养和培育濒临灭绝物种的做法也是今天动物园的职能之一；1931年伦敦动物园在惠普斯奈德建立了世界上第一座野生动

① Edward P Alexander，Mary Alexander. 博物馆变迁［M］. 陈双双，译. 南京：译林出版社，2014：165—177.

物园。

第四阶段，由于全球范围内很多动物面临着生存危机，因而自然保护公园（亦称为生态公园）出现了。在这些动物园中，观众可以身临其境，近距离地接触动物，这一类动物园注重保护动物的自然栖息地。今天的动物园包含了自然保护公园、专门类别的动物馆、可以开车四处观赏的野生动物园、昆虫馆、濒临灭绝物种的康复中心，国家公园与野生动物保护区等，将动物园的内涵大大拓宽了。

五、我国自然科学博物馆的发展

我国早期的自然科学博物馆主要是自然历史博物馆（或作为综合性博物馆的自然部），19 世纪 70 年代到 20 世纪初由西方列强掠夺中国的自然与文化遗产而建立。新中国成立后，在这些博物馆收藏的基础上陆续建成了北京自然博物馆（1951 年）、浙江自然博物馆（1953 年浙江博物馆自然部）、重庆自然博物馆（1953 年西南博物院自然博物馆）、上海自然博物馆（1956 年）、天津自然博物馆（1957 年）、大连自然博物馆（1959 年）等一系列综合性自然历史博物馆，极大提升了我国在国际博物馆行业的地位。

我国现代科学技术馆的兴起以 1988 年中国科学技术馆（一期）建成开放为标志，1995 年天津科技馆建成。进入 21 世纪，我国科技馆如雨后春笋般相继建成开放，涌现出上海科技馆（2001 年）、广东科学中心（2008 年）、中国科技馆二期（2009 年）等超大型综合性科技馆以及一大批省市地县级科技馆、专业性科学技术博物馆。截至目前，全国大大小小科技馆已达 200 座，科技类博物馆总量已达近千座。大致有三大类：科技馆、科学中心类的综合性科技博物馆；自然博物馆、地质博物馆、天文馆类的科学博物馆；还有农业博物馆、航空博物馆、交通博物馆、通信博物馆、医药博物馆等专业性技术博物馆。

与自然科学博物馆相对应的，还有一个概念即“科普场馆”，更准确地说是科普基础设施，即指由政府主导提供，旨在保障全体公民参与科普活动、提高科学素质基本需求，具备一定的科学技术教育、传播与普及功能的基础性物质工程设施，主要包括科普场馆、科普场所、科普宣传专用车辆及其内涵的科普内容载体设施等。科普基础设施是保证国家和社会普及科学技术知识、倡导科学方法、传播科学思想、弘扬科学精神的活动正常开展的公共服务体系，是科普事业赖以生存发展的一般物质条件。①

---

① 任福君，李朝晖. 中国科普基础设施发展报告（2012—2013）［M］. 北京：社会科学文献出版社，2013：44.

科普基础设施的主要形式有：科技馆（科学中心）、自然历史博物馆、天文馆、专业性科技博物馆、科技文化活动中心、青少年科技活动中心（站）、社区（村）科普活动室（站）等科普场馆；动植物园、海洋公园、地质公园、森林公园、自然保护区等具有科普展教功能的自然、历史、旅游等社会公共场所；面向公众开放的实验室、陈列室或科研中心、天文台、气象台、野外观测站等教育和科研机构中的相关场馆和场所；面向公众更开放的生产设施（或流程）、科技园区等企业和农村生产机构中的相关场馆或场所；科普宣传车、科普大篷车等流动科普设施。由此可知，我国的科普场馆是有其明确指称范围的，而科普基础设施的概念能够较为准确、全面地覆盖相应的进行科学普及工作的场馆与场所，与国际上科学技术类博物馆的概念能最大限度地取交集。①

第二节　科普讲解概论

博物馆存在的价值在于如何为观众提供更多更好的机会，使观众得以参与围绕展品展开的以共同学习为目标的各类博物馆实践。对于科技类博物馆而言，人机交互无疑是观众参与博物馆的最主要途径，因而，如何促进观众与展示物的交互行为是科技类博物馆人首要思考的课题；对于观众而言，讲解是连接科技类博物馆中展示物与他们的桥梁，是影响观众参观、游览、体验、休闲活动质量最直接的因素，是提高人机交互水平的有效举措。好的讲解可以激励观众探索未知的意愿，而差强人意的讲解则会破坏观众的场馆体验。讲解工作是艺术，使人愉悦而又发人深省，在导览中分享科学知识与技能，在交流中传播科学方法与精神；讲解工作也是科学，有着自身的规律，在这个领域内，发展出了诸多理论。

一、科普讲解的内涵

讲解是各类博物馆诸多教育项目中最基础、最普遍的形式。科普讲解是自然科学类博物馆进行科普与科学传播的基础途径。要了解科普讲解的内涵，首先要界定科普讲解的定义。

1. 科普讲解的定义

讲解这种教育活动存在于诸多教育场所，如文化娱乐场所、旅游景点、

---

① 任福君，李朝晖. 中国科普基础设施发展报告（2012—2013）［M］. 北京：社会科学文献出版社，2013：45.

博物馆等，但是科普讲解由于有“科普”二字，其内涵的范围则相对集中。何为“科普”？“科普”一词，英文有多种表达方式，如 popular science，science popularization，popularized science 等。据中国科普研究所有关专家石顺科的考证，英文科普 popular science 一词的出现最迟不会晚于 1872 年，这一年尤曼斯创办了《科普月刊》，使用的就是 popular science。周孟璞等认为，国外形成“科学普及”这一概念，实际上应该比 1836 年还早，早在 1799 年，在朗福德伯爵的倡导下，英国就成立了“皇家科学普及协会”。1986 年联合国教科文组织刊物《科学对社会的影响》序言中写道：“这个词（popularize）最早用于 1797 年，而它的以通俗形式表现技术科目的意思是在 1836 年首次出现的”。在“科普”概念出现的初期，其内涵大多强调面向公众的科学通俗化。“科普”在中国是科学技术普及的简称，它作为中文的专有名词，出现较晚，在 1949 年以前并没有出现过。大约从 1956 年前后开始，“科普”作为“科学普及”的缩略语，逐渐从口头词语变为非规范的文字语词，1979 年被收入《现代汉语词典》，成为规范化的专有名词。① 随着 20 世纪 80、90 年代“公众理解科学（public understanding of science）”与“科学传播（science communication，scientific communication，scientific and technical communication）”概念传入中国，“科普”的概念得到了充分的讨论，2002 年《中华人民共和国科学技术普及法》中明确界定了科普的内涵为“四科”：“本法适用于国家和社会普及科学技术知识、倡导科学方法、传播科学思想、弘扬科学精神的活动。开展科学技术普及（以下称科普），应当采取公众易于理解、接受、参与的方式。”②

讲解，亦称解说。在此列出不同时期“讲解”的定义（见表 1.1）。③

表 1.1 讲解的定义及说明

年份	定义及说明
1920	（讲解是）协助他人愉快地认识野外的生活与奇景……具有启发性及教育性（Enos Mills，1920）
1957	解说是一种教育性活动，目的在经由原始事物的使用，以揭示其意义与关联，并强调亲身体验及运用说明性之方法或媒体，而非仅传播事实的知识（Freeman Tilden，1957）

① 刘新芳．当代中国科普史研究［D］．合肥：中国科学技术大学，2010：7.

② 中华人民共和国科学技术普及法［EB/OL］．（2002－06－29）．http：//www. npc. gov. cn/wxzl/wxzl/2002－07/10/content_ 297301. htm.

③ 杨明贤．解说教育［M］．台北：扬智文化事业股份有限公司，2012：3.

续表

年份	定义及说明
1965	解说是帮助游客去感受解说人员所感觉到的一些事，如一种对环境的美、复杂性、多变性及相关性的敏感度；也是一种奇妙的感受、一种求知的欲望。解说能帮助游客对周遭的环境产生一种宾至如归的感觉；解说能帮助游客发展认知（Harold L. Wallin，1965）
1970	解说是一种藉助解释描述地区特性及特色间的相互关系，而使游客对这个地区或这个地区的某一部分产生兴趣、欣赏与了解的一种过程（英格兰地方游憩词典，1970）
	解说是一种沟通人与其环境间概念的过程或活动，以启发人对环境之认知及其于环境中所扮演的角色（Ben Mahaffey，1970）
1972	解说为一种说明的艺术，它说明了人类在环境中管所扮演的角色，增进游客及大众对于这种重要关联的自觉，并唤起民众致力环境保护的欲望（Don Aldridge，1972）
1976	解说是游客与国家公园资源之间的沟通管道（Grant Sharps，1976）
1983	解说是将复杂的游乐环境，尤其是将重要的特性传达给游客的工作，以激起游客对环境的“注意”与“了解”，除获得新的感受及新的愉快经验之外，并由此产生对环境维护的热诚，现身与该项工作（陈昭明，1983）
	将某特定的区域内的自然和人文环境特性经由各种媒体或活动方式，传达给某些特定对象的工作。目的在引起这些特定对象对当地环境的关注与了解。经由欣赏与知性的了解，提升较高品质的生活体验，并经由新的感受与愉快的经验，产生对环境保育的关怀，进而培养积极参与保育工作（张长义、姜兰虹、王鑫，1983）
1995	解说是人类如何与文化和自然资源含义的交流（Douglas Knudson，Ted T. Cable，& Larry Beck，1995）
1997	解说是一种讯息传递的服务，目的在于告知与取悦游客并阐释现象，背后所代表之含义系藉助提供相关的资讯来满足每一个人的需求与好奇，同时又不偏离中心主旨，期能激励游客对所描述的事物产生新的见解与热忱（吴忠宏，1997）
2002	运用各种媒体传达沟通的一种教育性活动，藉由许多媒介使讯息传递着与接受者有所互动（张明洵、林玥秀，2002）

1996 年，美国国家公园服务部制订了一套基础量规，作为评估讲解职业资格的指南。指南中提出，讲解应包含两项内容：①

- 能成功地扮演催化剂的角色，为观众提供自己建立与资源内在含义、意义之间的情感和知性联系的机会；
- 适合于观众，并通过对相关理念的统一开发明确强调他们与资源的联系，而不是主要依靠背诵一些编年故事或一系列相关事实。

1998 年，美国博协启动了一项国家解说计划，该计划采用的关于解说的定义是：②

- 解说是博物馆和观众之间的一种动态交流过程；
- 解说是博物馆传达其内容的方式；
- 解说媒体或活动不仅限于展示、游览、网站、课程、授课计划、出版物、推广活动等。

由此，笔者认为“讲解”的内涵应具备以下内容：

- 讲解是一种揭示意义的教育活动，应具有启发性；
- 讲解应以观众为中心；
- 讲解应强调主题选择的重要性；
- 讯息的本身不是讲解，讯息必得经过加工处理，诠释及再组合包装后才可成为讲解；
- 讲解要和观众产生良好的互动，必须与观众的个体经验产生关联。

我国“博物馆宣传教育规范”对导览讲解做出如下规定：③

导览讲解是指博物馆为帮助观众了解展览内容，理解展览主题，由讲解人员进行提炼、选择，运用语言艺术和技能，对观众进行引导和讲解。或利用语言导览设备给观众讲解。导览讲解是博物馆诠释展览内涵，发挥教育职能的重要手段。

值得注意的是，在查阅台湾文献时，应厘清“解说”“讲解”“导览”的关系。吴忠宏（1999）指出台湾地区经常将“导览”与“解说”混用，导览只是解说的一种呈现方式。④

在梳理了“科普”与“讲解”的概念之后，我们认为，“科普讲解”的定义是：在自然科技类博物馆内，科普讲解员使用易于观众理解、接受与参

---

① Graham Black. 如何管理一家博物馆——博物馆吸引人的秘密［M］. 徐光，谢卉，译. 北京：中国轻工业出版社，2011：153.

② Graham Black. 如何管理一家博物馆——博物馆吸引人的秘密［M］. 徐光，谢卉，译. 北京：中国轻工业出版社，2011：154.

③ 刘超英，崔学谙. 博物馆工作规范（试行）［M］. 北京：文物出版社，2015：91—92.

④ 陈俊宏. 游客对国立自然科学博物馆解说服务品质评估之研究［D］. 台中：朝阳科技大学，2012：6.

与的方式，围绕单一或多个科技主题，加工处理科技知识、科学方法、科学思想与科学精神的相关信息，从而提供具有阐释性与启发性的、以观众为中心并与其个体经验产生关联的基础性非正规教育活动。

实际工作中需要注意的是，经过长期的发展，现在科普讲解很多时候并不只致力于传播知识点本身，科普工作者应在帮助观众探寻理解科技展品背后涵义的过程中，提高观众理解、欣赏与参与科学的能力，挖掘观众对科学的探索意志，以科学方法启发观众，使观众带着问题、好奇心与探索科学的精神，贯穿博物馆之旅，直至将观众的探究体验延续博物馆之外，对观众产生立体的、愉悦的认知影响。

科普讲解是在自然科技类博物馆内发生的，不同于历史类、艺术类与综合类博物馆的讲解，讲解时需要考虑的问题是：

- 如何在有限的时间内准确且具有启发式地呈现科技原理；
- 如何以科学思维讲解科技原理，真正做到科学诠释，而非照本宣科，只讲结果；
- 面对不同背景的观众，通过何种方式协助他们自行建构起对展品展项的理解；
- 面对需要探求精神的科学，如何在观众对具体领域的科技产生分歧时，指出关键性的方法，建立探索科学的正确态度。

2. 科普讲解的要素

在现代科学中，“要素”这一术语通常用来表示同其他客体相结合构成一个统一的综合体，即系统的任何一个对象或客体。① 科普讲解的要素是指科普讲解的过程中的能够构成讲解的各部分的总和。

爱德华·P·亚历山大认为好的解说包含五大基本要素：②

- 阐释，旨在教育观众一些真理、揭示意义和增进理解，因此，阐释有着严肃的教育宗旨；
- 阐释是基于藏品之上的，无论这些藏品是活体藏品抑或无生命物体，自然的或人工制造的，审美的、历史的或科学的；
- 阐释由良好的科学研究或历史研究所支撑，它仔细检查博物馆的每一件藏品，为每一个项目提供支持，分析博物馆的观众，以及评估其展示的方法，以确保更加有效的沟通与交流；
- 只要有可能，阐释就会利用感官知觉——视觉、听觉、嗅觉、味觉、

① 中国大百科全书出版社编辑部．中国大百科全书·哲学［Z］．北京：中国大百科全书出版社，1987.

② Edward P Alexander，Mary Alexander. 博物馆变迁［M］．陈双双，译．南京：译林出版社，2014：286—287.

触觉和运动肌肉感觉；这种感官方式及其情感寓意应当作为一种补充形式而存在，不能够取代传统的理性方式——即由语言和文字所传递的理解信息；这二者相辅相成，共同构筑高效的学习过程；
- 阐释是一种非正式教育，不受教室空间的限制，它是自主的，且完全取决于观众的兴趣；阐释可能会促使观众带着好奇心继续阅读，继续参观其他地方，或寻找其他方式来满足刚刚被激发起来的好奇心。

这里的“阐释”为 interpretation 的汉译，即为讲解。

杨明贤认为解说有三要素：经营管理机关、解说资源及游客。三者关系如图 1.1 所示。①

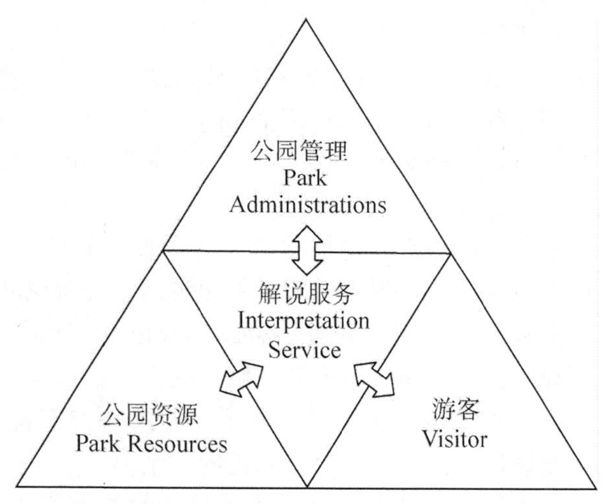

图 1.1 解说三要素

针对讲解的要素这一议题，爱德华 · P · 亚历山大从讲解的性质及讲解工作的过程入手论述，杨明贤从讲解的施动与受动结构入手论述。由上述论述可知，讲解的要素包含：

- 讲解是一种教育性极强的活动，教育是首要的要素；
- 讲解活动是由讲解员、藏品/展品、观众三者构成的，缺一不可；
- 讲解内容需要具有学术支撑，并与正规教育形成互补性；
- 讲解内容需要贴合观众的兴趣所在。

鉴于已经界定过“科普讲解”的概念，而这一概念中本身就蕴含着教育的含义，故在此不再将教育单独作为科普讲解的要素之一列出，通过上海科技馆与上海自然博物馆的长期讲解实践，我们认为，科普讲解的要素包含：

① 杨明贤 . 解说教育［M］. 台北：扬智文化事业股份有限公司，2012：8.

- 科普讲解的主题及内容；
- 科普讲解词的编撰与临场演绎；
- 科普讲解员的语言表达技巧；
- 围绕不同群体的观众，规划科普讲解过程；
- 科普讲解中所体现出的讲解员的礼仪与风采。

本书的“技能篇”几章即从以上几个方面加以论述。

3. 科普讲解的分类

做过科普讲解的工作人员可知，科普讲解不是一成不变的，而是应该根据不同情况，因人而异，因地制宜。因而，需要对讲解工作分门别类地进行总结，以便更好地应用于实践。

张明洵、林玥秀（2002）认为没有一种解说方式可以全然地吸引游客，又方便于管理单位的制作与维护。管理单位可多利用不同性质的解说，以达到解说的效果。解说可以区分为人员解说 4 种与非人员解说 8 种。①

（1）人员解说

- 咨询服务：解说员往往常驻在特定的地点，如公园入口处、游客中心、收费站、特殊景点区等，提供游客相关旅游讯息或解说的服务；
- 知性之旅：由解说员带领游客搭乘游园车或巴士，沿着事先规划好的路线进行参观，并根据不同情况改变解说的内容；
- 据点解说：是针对特定的主题进行解说，并通知游客特定的时间及地点，其期望能透过解说与游客保持亲近的关系；
- 现场表演：解说员透过现场表演的方式传达给游客当地文化遗产、历史与战役故事；
- “博物馆宣传教育规范”中明确规定，导览讲解可分为人工导览讲解和设备导览讲解两种类型。

顾名思义，人工导览讲解是由博物馆讲解员在带领观众参观过程中对参观环境和展览内容进行的即时讲解。人工导览讲解强调针对性和情感交流，互动性强，既有利于解答观众的疑问，也有利于收集观众反馈信息，是博物馆与观众之间最直接、最有效的沟通方式。承担人工讲解工作的人员可以是博物馆专职讲解员，也可以是兼职讲解员或者志愿者。人工导览讲解基本要求如下：

- 熟悉展览内容，把握讲解重点；
- 了解观众需求，因人施讲；
- 掌握语言技巧，普通话清晰流畅；

---

① 张明洵，林玥秀．解说概论［M］．台北：扬智文化事业股份有限公司，2010：25—32.

- 遵从接待礼仪，仪容整洁，礼貌待人；
- 答疑解惑，收集整理观众意见和要求。

设备导览讲解主要依托预先录制好的语音导览器，让观众自主选择参观内容和相应的讲解录音，可实现多语种讲解服务。设备导览讲解避免了展厅内讲解间相互干扰的窘况，统一了讲解内容，增加了讲解语种，方便观众点对点自由参观。导览讲解设备的管理须做到以下几点：

- 提供导览设备，做好使用示范，告知注意事项；
- 做好导览设备的租用、回收、充电、消毒、维护与保管等工作；
- 及时更新导览设备讲解内容。

（2）非人员解说

- 视听器材：视听器材设施如语音答录机、无线电导览手机、幻灯机、电视、音响与电脑多媒体导览系统等，这些设施透过声音、影像及音效传达给游客相关资讯，供个人或团体游客使用；
- 解说标志牌：以图示、标示或文字的方式呈现，内容简单明了、方便阅读，并且是最直接表达讯息的方式；
- 解说出版品：将游客想知道的资讯印于卡片、纸张、书册或录制于卡带、光碟、录音带上，提供给游客详细的咨询、照片、影响及声音；
- 自导式步道：在一条专供徒步的自然小径上，游客可以参考沿途中的解说牌、自导式步道手册或自行携带随身听，播放管理单位所提供的解说卡带，游客可以透过此方式与大自然景观正面接触，适用于家庭旅游；
- 自导式汽车导游：在步道上设置收音机，并透过收音机的频道，管理单位可提供游客沿途的解说据点、路况、天气或解说的活动；
- 展示设施：通常指的是位于室内的解说媒体，展示设施须考量到设置地点是否明显、动线是否便利、有特色并且有良好的引导性，这些设施包含实体模型、动植物生态造型、水族箱、壁画等物品；
- 游客中心：游客中心通常坐落在公园或风景区的入口处，是解说的主要场所之一，运用许多解说媒体对游客进行解说，如人员解说、展示中心、剧场、资讯导览系统、生态展示或视听媒体等；
- 视听多媒体：视听多媒体是近年来较受游客欢迎的一种新兴解说媒体，通常运用在两个荧幕以上放映，在多媒体的不断发展之下，许多设备如幻灯机、电影机及录音机等结合放映系统，称为多媒体系统。

由于科学技术的发展，观众参观科普场馆时的自带设备早已变为手机、个人计算机或平板电脑，多媒体的声光电技术也发生了很大变化，加之人机互动模式多元化，因而我们认为，张明洵、林玥秀对于讲解分类的“非人员解说”部分可做参考，但应根据技术的发展不断更新。

张明洵、林玥秀根据讲解员是否参与其中而划分讲解的类型，笔者根据上海科技馆与上海自然博物馆两馆的长期讲解实践，认为科普讲解可以根据讲解片区的不同，分为全馆讲解与主题展区讲解，根据讲解员实施讲解的时机分为定点互动式讲解与展品辅导式讲解，根据观众参与讲解过程的时机分为现场答疑式讲解与全程讲解。

影响讲解方式选择的原因是多样的，张明洵、林玥秀认为，影响解说媒体选择的四个因素是：游客、解说资源、解说员以及管理单位。我们认为在科普讲解中，是观众、展品、讲解员、讲解环境与管理单位在影响讲解方式的选择。观众的专业背景、参观目的与兴趣所在从根本上决定着他们选择哪种方式聆听讲解；展品的主题与内容在一定程度上决定着讲解的方式，在不同主题的展厅内可以采用不同种方式讲解，如在科技史的展厅内适合符合历史脉络的主题展区讲解，而在面对揭示物理原理的展品时，则可以实施展品辅导式讲解；讲解员的水平影响着观众选择什么样的解说方式，同样的，观众的行为方式也影响着讲解员如何引导观众，如室外讲解时，讲解员可以根据环境资源的被破坏程度引导观众选择讲解的方式，假如在国家森林公园内，讲解员应引导观众不去采摘花草，尽量走自然形成的小径等；讲解环境分为室内与室外，或者分为比肩接踵的时间与三三两两的时间，这对于讲解方式的选择也起着决定性的作用；根据水电风资源的消耗与对设备购置维修保养的考虑，管理单位也会安排合适的讲解方式进行讲解。

4. 科普讲解的目标

台湾对“讲解”的研究已逾三十年，我们可以通过以下论述借鉴“讲解的目标”这个议题的答案。

讲解员需要集知识、热忱和亲和力这三种特质于一身，以达成解说、诠释的目标。张明洵、林玥秀（2010）认为详细的解说目标应包含以下九点。①

- 帮助游客对其所造访的地方发展出一种敏锐的认知、判断和了解；
- 使游客得到丰富及愉悦的游憩体验；
- 帮助游客脱离紧张与压迫的都市工作感觉；
- 唤起游客的好奇心，并在解说的过程中满足他们的好奇心；
- 引导游客们自己去发掘及观察，并感知大自然中诸多物像彼此间的关系；
- 帮助游客了解他们前来游访的地方，与他们自身所居住的地方是彼此相关的；

---

① 张明洵，林玥秀．解说概论［M］．台北：扬智文化事业股份有限公司，2010：13.

- 鼓励游客对游憩资源的审慎使用，避免不当的破坏行为；
- 协助游客经由对解说资源的认知，从而产生重视资源的想法，促使资源获得保育；
- 使大众对该游憩资源管理机构有更多的了解，并有利于管理机构公共形象的提升。

杨明贤（2012）认为解说的目标依据对象的不同，可以分为三部分：①

1）就游客层面而言

- 帮助游客脱离紧张与压迫的工作环境感觉；
- 帮助游客对其所造访的地区产生一种敏锐的体验，并给予游客正确的讯息，使游客得到丰富与愉悦的体会，并领悟美好的回忆。

2）就资源层面而言

- 解说可鼓励游客对资源的利用做更审慎的考量，以减少游客不当的行为造成环境破坏或对资源的冲击；
- 经由对资源的认识，使游客从而产生重视资源的认知，促使该地区的资源得以保育；
- 经由解说服务与游客建立的互动关系，使资源的保育与利用得到更多人的关怀与注意。

3）就环境经营层面而言

- 可使游客对经营管理机构设置的宗旨更加了解，并将相关的讯息藉由解说服务传递给游客；
- 解说亦可使当地的居民更进一步了解所居住的环境，进而发展出由社区主动发起关怀所生存的空间。

从以上文献可以看出，一次科普讲解中，观众是讲解过程的中心，而非讲解员，因而牢固树立“观众意识”是一次成功讲解的灵魂，科普讲解的目标之一是使得观众得到休闲娱乐的愉快体验。同时，讲解员应明确，帮助观众理解自然现象与科学技术展品背后蕴含的意义与启发观众扩展科学视野是现阶段我国科普讲解的最重要目标，在此指导下，讲解员面对的挑战：一是激活观众的思维，使观众尝试着自己去揭示这些意义而不仅仅是被动地接受呆板的事实，即基于普通观众对科技讯息的陌生和好奇，讲解员应着力于帮助观众自行建构起对展馆内各项展品的意义，不仅是向观众提供一种概念知识上的参考框架；二是透过实际的物品、第一手的经验和解说的媒体显示出其间的纵横交错的关系，而不只是陈述表面的资讯或事实。例如，美国国家动物园（NZP）就深谙其道，将他们的讲解员首先定位为对展览的“诠释

---

① 杨明贤．解说教育［M］．台北：扬智文化事业股份有限公司，2012：6—7.

者”，而不是一个导游。[①] 完成科普讲解的目标，才能达到科普讲解的目的。讲解员的讲解是手段，观众理解科学也只是一次科普讲解的目标，科普讲解的目的是通过讲解这种手段，使观众对科学技术产生情意上的兴趣与探求的意愿，将参观科技场所、参与科技活动列入日常生活的习惯。

二、科普讲解的原则与方法

科普讲解作为一种教育活动，具有相应的原则与方法。掌握这些原则与方法，才能确保科普讲解的效果。有关科普讲解的原则与方法的论述经过数十年的发展，已具有相当的方法论意义，以下仅列出具有代表性的论点。

1. 科普讲解的原则

科普讲解的原则是讲解员在科普讲解一切过程中应遵循的准则。它直接表达了科普讲解活动的根本要求，从总体上规定了讲解员、讲解过程与观众之间的应有关系，以及优秀讲解过程的基本方向。

“解说之父”Freeman Tilden 在《解说我们的遗产》（Interpreting our Heritage）一书中提出了讲解的六大原则：[②]

- 任何讲解，如果与展示没有关系，或与观众的性格、体验没有关系，是不会取得任何效果的；
- 信息或类似信息的事物，并不是讲解；讲解是基于信息而进行的展示或揭露，二者是完全不同的事物；然而，所有的讲解都包含信息；
- 讲解是一种艺术，它涉及各种学科，不论这些展出的物品是关于科学的、历史的还是建筑的；任何形式的艺术在某种程度上来讲都是可以传授的；
- 讲解的最主要目标不是指导，而是激发思考；
- 讲解应致力于呈现整体而不是部分，并且应针对一个完整的人，而不是某一阶段的人；
- 针对儿童（不超过 12 岁）的讲解不应是针对成年观众讲解的简化版，而应是采用一种具有根本差异性的方法；最佳做法是应有一个单独的项目负责这个议题。

《解说我们的遗产》（Interpreting our Heritage）是讲解界的权威著作，Tilden 是第一位为讲解确立了特定原则的学者，并且他认为这些原则比讲解的定

---

① 美国史密森政策与分析办公室．为了明天的课程——史密森教育研究［M］．王芳，等，译．中国博物馆协会编．广州：暨南大学，2014：145.

② Freeman Tilden. Interpreting our Heritage［M］. Chapel Hill：University of North Carolina Press，1977：30.

义本身更为重要，他的讲解六原则一直是讲解领域内的标准。

在 Tilden 发表《解说我们的遗产》40 年后，Ted Cable 和 Larry Beck 更新了他的原则，在《21 世纪的解说趋势》一书中，提出了在 Tilden 六原则基础上的十五点原则：①

- 为了引起兴趣，解说员应将解说题材和游客的生活相结合；
- 解说的目的不应只是提供信息，而是应揭示深层的意义与其理；
- 解说的呈现如同一件艺术品，其设计应像故事一样有告知、取悦及教化的作用；
- 解说的目的是激励和启发人们去扩展自己的视野；
- 解说必须呈现一个完全的主旨或论点，并应满足全人类的需求；
- 为儿童、青少年及老年人的团体做解说时，应采用完全不同的方式；
- 每个地方都有其历史，解说员把过去的历史活生生地呈现出来，就能将现在变得更加欢乐，将未来变得更有意义；
- 现代科技能将世界以一种令人兴奋的方式呈现出来，然而将科技和解说相结合时必须慎重和小心；
- 解说员必须考虑解说内容的质与量（选择性与正确性）；切中主题且经过审慎研究的解说将比冗长的赘述更加有力；
- 在运用解说的技术之前，解说员必须熟悉基本的沟通技巧；解说质量的确保需依靠解说员不断地充实知识与技能；
- 解说内容的撰写应考虑读者之需求，并以智慧、谦逊和关怀为出发点；
- 解说活动若要成功必须获得财政上、人力上、政治上及行政上的支持；
- 解说应灌输人们感受周遭环境之美的能力与渴望，以提供心灵振奋并鼓励资源保育；
- 透过解说员精心设计的活动与设施，游客将可获得最佳的游憩体验；
- 对资源以及前来被启发的游客付出热诚，将是有效解说的必要条件。

张明洵与林玥秀（2010）认为，讲解员若想做好讲解工作，必须遵守八点原则：②

- 第一手经验；
- 引领游客亲身体验；
- 将历史带入实际的生活；
- 将解说与游客经验相结合；
- 关心游客的需求；

---

① 王民．关于环境解说的几个问题［J］．环境教育，2010（6）：36—38.

② 张明洵，林玥秀．解说概论［M］．台北：扬智文化事业股份有限公司，2010：57—64.

- 将片段资讯组合成解说内容；
- 解说需要以知识及研究作为后盾；
- 视对象的不同改变解说方法。

张明洵与林玥秀（2010）认为，想要有效地与游客沟通并传达信息给游客，讲解员必须了解游客的行为和解说资源，使不同的游客都能得到不同的游憩体验。对游客有效地解说有以下五个准则：①

- 面对不同的游客提供不同的解说题材与方式；
- 游客期盼的是轻松的、欢乐的气氛；
- 解说资料要有内容，能满足游客的需求；
- 解说资料应该容易让游客接受与了解；
- 解说的效益需要不断的评估。

针对第五点准则，张明洵与林玥秀（2010）特别提到：对于一些争议性的解说题材，解说员必须要表现出诚恳的态度，尽可能以中性的词语解说，并尊重游客可以拥有和你不同意见的权利。不要让自己的偏见与情绪影响了解说的内容，多去了解游客的看法，并将解说与他们的经验相结合。毕竟最后的解说过程，不是由解说员来下结论的，而是游客透过了他的眼、耳、鼻、口、身及思考从而更清楚地内观自己的心灵。

综上，我们认为科普讲解的原则可以概括为以下几点：

- 科普讲解是通过讲解员的“讲”与观众的“听”“动手做”相结合的体验式教育；
- 科普讲解应与观众个体产生关联，如应引导观众将生活日常与科技展品所反映的内涵相结合；
- 讲解员应关注观众的个体需求，并予以语言及服务上的回应；
- 科普讲解需要以学术研究背景做支撑，讲解员传递给观众都应该是正确的、开放的知识体系及思维方式；
- 讲解员应鼓励、引导观众将科学与艺术相结合，因现代社会中的科学与艺术跨界融合越发广泛，如果只知其一，势必偏废，且科学与艺术正如一枚硬币的两面，是文理相通，辩证统一的，一次好的科普讲解能够潜移默化地对观众的世界观形成影响。

2. *科普讲解的方法*

确定了科普讲解的原则之后，尚须要选择正确的方法。应综合考虑观众的习惯、对展品的保护、观众参与的合适方法、成本等问题，从而才能确定一次科普讲解应使用何种方法。

---

① 张明洵，林玥秀．解说概论［M］．台北：扬智文化事业股份有限公司，2010：16—19.

（1）科普讲解前的规划[①]：科普讲解前做规划是因为科普展览内容相当丰富，加之观众需求多元，为达到展览的传播目标，讲解员需要将展馆与观众双方的需求勾连起来，两相关照，可以量身打造出最合适的讲解行程，科普讲解的功效才可以事半功倍。如何规划？可分为拟定讲解工作大纲和收集讲解背景资料。

讲解工作大纲可设定为三部分：

- 单次讲解目标：目标应简洁明确，即通过本次讲解，观众可以获得什么知识内容，哪些是讲解结束时观众应该知道的，观众的参观目标、学习目的以及问题都应定得非常详细；
- 讲解内容：由主题、主述和延伸出来的讯息内容构成，也可以由主题发散开去；
- 讲解结论：鼓励观众回顾并回应讲解员提出的总结式问题，将讲解再次拉回讲解目标。

讲解员收集的讲解背景资料越翔实，讲解过程中越能从容应对。应先仔细地审视已经非常熟悉的展品，再用一种“崭新的眼光”反复审视，发散思维，列出参考清单（记录着参观目标、参观时的提问、展览的所有相关资讯），对收集来的资料进行分门别类的归纳整理，做好笔记，从而为讲解员创造出每次讲解的新方法奠定基础。

（2）科普讲解中所使用的技巧：科普讲解的技巧从实践而来，也是因人而异，难有照搬的经验之谈。以下列出几位影响较大的专家论点，以资参考借鉴。

美国博物馆学者 Alan B. Knox 认为导览人员通常从两方面引导：一方面从展品的角度出发，讲述艺术品本身的历史与特质，另一方面从观众的角度出发，掌握观众的视觉经验与生活关联等。[②]

Hem（1992）认为导览解说虽作为一种教育活动，但是这样的教育方法与学校教育不同，因而需要更强调沟通的策略。[③]

- 解说提供愉悦感受（pleasurable）：解说并非正规上课，需要吸引观众的兴趣与注意力，因此要将娱乐的要素包含在其中；
- 解说具关联性（relevant）：解说提供的关联意义有亮相：一是有意义的涵义（meaning）；二是与个人（personal）有关；

---

① Alison Grinder，E Sue McCoy. 如何培养优秀的导览员——博物馆与相关文化教育机构导览人员养成手册［D］. 台北：五观艺术管理有限公司，2006（7）.

② 刘婉珍. 美术馆导览人员之角色与训练［J］. 博物馆学季刊，1992，6（4）：43—46.

③ 李怡慧. 符号学方法在博物馆导览解说应用之探究——以北投文物馆为例［D］. 台北：台北艺术大学，2010：17.

- 解说具组织性（organized）：解说方式对观众而言是要能深入浅出，使观众不必耗费过多的心力就能明白；
- 解说具主旨性（theme）：解说除了需要有主题（subject）外，也应提出讯息相关的主要观点。

William J Lewis 认为解说方法的基本要素包含以下五点：①

- 运用参观者的知识和兴趣；
- 调动所有的感官；
- 提问；
- 结构多样性；
- 组织。

Grinder 与 McCoy（2006）依据认知心理学理论，提供了四种导览技法，即引导式、讲述式、问答式、探索式四种导览，供博物馆讲解人员灵活运用。②

- 引导式：此法较适合 3—7 岁学龄前儿童，其重点在引导观众观察展品，因为年幼儿童大多以自我为中心，专注力与稳定度较不足，也少有抽象概念思考能力；
- 讲述式：以讲述为主，在一定架构中，提供观众有限度的互动，但能快速提供较多咨询，较适合高中与成年人；
- 问答式：又称为苏格拉底式问答法，以启发式提问，鼓励观众表达自己看法，最后讲解员再将问题引导至最主要的展品内容上；
- 探索式：讲解员在一开始时以假设或主题性的问题，让参观者自由挑选有兴趣的部分，自行规划参观的路径，针对任何问题讲解员都不提供绝对性的答案。

《中国大百科全书·文博卷》中“博物馆讲解”词条写到，我国博物馆内常用的讲解方法有如下几种：

- 引导叙述。讲解员在引导观众参观的过程中按陈列顺序进行解释和说明，既可以前后贯通讲完整个陈列内容，也可以根据观众的要求，讲解陈列的某一部分。这种方法的讲解气氛较为宽松，适宜于接待零散的观众，是各博物馆比较普遍采用的讲解方法。
- 课堂教学。这主要是接待利用博物馆作为第二课堂的学生。他们有组织、有计划地到博物馆参观，讲解员参照学校的授课进度进行讲解，

---

① Graham Black. 如何管理一家博物馆——博物馆吸引人的秘密［M］. 徐光，谢卉，译. 北京：中国轻工业出版社，2011：151.

② 李怡慧. 符号学方法在博物馆导览解说应用之探究——以北投文物馆为例［D］. 台北：台北艺术大学，2010：18.

讲解中穿插必要的提问。这种讲解方法教学气氛较浓。

- 总介绍。在观众参观前，先集中地、概括地介绍展览的主题思想和主要内容，使观众明了将要参观的是什么并对参观发生兴趣，这种方法适用于接待较大规模的团体。
- 讨论式。适用于接待有目的地到博物馆参观的人数较少的专业工作者，讲解员与观众边看边讲，不时进行交谈，气氛活跃，双方都有收获。
- 边讲边操作。在讲解过程中，向观众提供一些模型、复制品或模拟品，让观众“触摸”、操作一番，产生身临其境之感，加深对所讲、所看内容的理解，这种讲解方法在一些发达国家的博物馆采用较多。

每个博物馆的性质、内容、形式、规模都不尽相同，观众的职业、年龄、文化程度、参观目的、参观重点以及对陈列内容的接受能力也各不相同。因此，不同类型的博物馆应有不同的讲解基调和做法。对不同类型的观众，要作不同的讲解，即使是同一种类型的观众，随着时间的推移，也不能总用一种方法一成不变地进行接待。讲解内容上的深浅程度，侧重面、详略和取材角度，表达方式，语音语调，感情运用，都应该“因馆而异”，“因人施讲”。

本书“技能篇”中第六章依照前述的讲解类型、观众类型进行了基于实践的讲解技巧的论述。另外，科普讲解过程中讲解员还可以综合运用不同类型的提问、多媒体与影片、游戏、说故事等方法丰富讲解过程。良好的讲解一定是根据场馆的实际和观众现场的情况而定制、实施的符合各方需要的教育项目。

（3）科普讲解后的评估：观众在讲解之后，往往会形成对讲解工作的深刻印象，而讲解的优劣，不能以自我感觉为参照。如何提高讲解的吸引力，并使讲解具备更多的启发性与互动性，是讲解员的自律自省，也是观众对一次科普讲解的评估参考。

蔡惠民（1985）在整理 Wager（1976）、Lovelady & Falkin（1976）、Veverka & Poneleit（1979）等人的著述后，提出有以下 13 种解说评估的方式：

- 同仁间考评；
- 专家评审；
- 外部人员之评审；
- 观察游客的注意力；
- 观察游客聆听或目视实践长短；
- 定时记录照相；
- 游客解说偏好之测度；
- 行为观察法；

- 行为残迹（行迹）之观察；
- 自我测量仪器；
- 问卷调查法；
- 正式访问；
- 非正式访问。

王鑫（1989）将这 13 种方法的特性整理成表（表 1.2）。[①]

表 1.2　解说评估方式

评估方法特性	评估方法名称												
	同仁间考评	专家评审	外部人员之评审	观察游客的注意力	观察游客聆听或目视时间	定时记录照相	游客解说偏好之测度	行为观察法	行为残迹之观察	自我测量仪器	问卷调查法	正式访问	非正式访问
游客满意程度					•					•	•	•	•
游客偏好					•	•		•	•		•	•	•
游客行为				•	•	•		•	•		•	•	•
游客了解程度										•	•	•	•
游客的态度与意见											•	•	•
解说内容与表现	•	•	•										
对统计偏差防范高					•	•		•			•	•	
所得资料准确性高						•	•	•		•	•	•	•
可处理较复杂的问题												•	•
可收集较敏感的资料													•
将长时间的旅客行为抽样缩短						•							
可提供外来的看法		•	•										

根据两馆实践，以上 13 种方式能够较为有效地评估讲解（包含科普讲解），然而科学的方法论还需配合实际的一手调查材料才能发挥作用。实际的调查工作可以采用以下三种方法：实地调查、观众调查、社会调查。

① 陈俊宏．游客对国立自然科学博物馆解说服务品质评估之研究［D］．台中：朝阳科技大学，2012：11.

三、科普讲解的基本功能

讲解是一种服务工作。它是资讯的服务、导引的服务、教育性的服务、启发性的服务，它是与观众创建对话，而不是提供策展人的个人独白。讲解的最主要功能是讲解员在服务观众的基础上，帮助观众发展知、情、意三识，使其在展厅中得到和谐愉悦的体验。

张明洵、林玥秀（2010）以环境（鸟类）解说为例，将讲解的功能概括如下：①

- 充实游客的游憩体验；
- 使游客对于环境的复杂性有更深的了解；
- 增广游客的眼界，对整个资源有更深的了解；
- 使民众在面对自然环境的利用与保育课题时，做出更明智的决定；
- 减少对环境不必要的破坏；
- 促使大众以合理的方式，采取行动保护他们的环境；
- 改善公共形象和建立大众支持的一种方式；
- 灌输游客一种以他们国家或地区的文化和天赋财产为荣的感觉；
- 促销观光资源提升该地区、名声和经济收益；
- 使民众有效地保存具有重大意义的历史遗迹或自然区域。

杨明贤（2012）认为解说的功能可以依据对象的不同分为三部分：②

一是对游客的影响

- 对于充实游客的体验有直接的贡献；
- 可以使民众在对自然环境进行利用时做出明智的选择；
- 可以使游客了解到人类在生物界中扮演的角色，进而尊敬自然；
- 可以增广游客的见闻，使之超出眼睛所看到的一切，对于资源有更进一步的认识；

二是对环境的影响

- 可以减少环境遭受不必要的破坏；
- 可以将游客由较脆弱的生态环境中转移至承载力较强的区域；
- 可以唤起民众对于自然的关心，有效地保存具有重要意义的历史遗迹或自然环境；
- 能够促使大众以合理的方式采取行动保护环境；

三是对经营者或当地的影响

---

① 张明洵，林玥秀．解说概论［M］．台北：扬智文化事业股份有限公司，2010：6—11.

② 杨明贤．解说教育［M］．台北：扬智文化事业股份有限公司，2012：4—6.

• 解说是改善公共形象和建立大众支持的一种方式；

• 可唤起当地民众以自然或文化遗产引以为荣的自尊与感受；

• 可以促进当地观光资源做合理的利用，提升当地的知名度，并增加当地的经济效益。

我们认为，科普讲解的基本功能在于能够对观众产生影响，它可以帮助观众在放松身心的同时感知科学所创造的成果与自然遗存的复杂与多变，感悟研究自然科学技术的方法与思想，引导观众树立正确的科学道德观，以促成观众对科学精神的自然向往。

第三节　讲解员概述

传统上，讲解员是科普讲解过程中的施动者，亦是一位风格明朗的艺术表演者。然而随着科学传播概念的萌生与发展，公众参与科学逐渐成为潮流，讲解员—观众的双向传播成为日常。

一、讲解员的定义

讲解员（docent，tour guide，interpreter），亦可以称之为解说员，导览员。docent 一词源于拉丁文 docere，为教授（to teach）之意。1987 年 the Random House 词典第二版始将讲解员（docent）定义为“一个博学的引导者，特别是指在博物馆指导观众或在展览中提出解说的人”（a person who is a knowledgeable guide, especially one who conducts visitors through a museum and delivers a commentary on the exhibitions）。① 1910 年哈特（Mary B. Hartt）阐释导览制度（docentry）：导览是一种教育运动，其名称虽含蓄，其效果却极为主动。它使沉闷一如深宫之博物馆，成为大众化之场所。它使日与古董为伍的博物馆人员之研究态度，一变而为和蔼可亲之传道者，不再抱残守缺，自炫孤高。观众不仅为知识吸收者，亦同时为知识传授者。② 一名合格的讲解员，必须具备以下基本素质和能力：

一定意义上，讲解员是博物馆的“代言人”和“形象大使”，讲解员的言行举止，知识修养，科学文化内涵和服务水平，很大程度上决定了社会公众对博物馆的认知和评判。③ 参与过科普讲解的观众都知道，服务人员的态度

---

① 刘婉珍．美术馆导览人员之角色与训练［J］．博物馆学季刊，1992，6（4）：43—46.

② 郑美女．公立博物馆解说人员专业能力指标之建构［D］．高雄：高雄师范大学，2003：22.

③ 葛云莉，赵翀．中国博物馆讲解工作百年回顾与展望［C］//回顾与展望：中国博物馆发展百年——2005 年中国博物馆学会学术研讨会文集．北京：紫禁城出版社，2005：135—141.

是该机构能否成为大众喜欢接近的重要因素。如何让观众拥有一次愉快的博物馆参观经验，并且愿意再次前来参观；如何将展示讯息，正确且清楚地传递给背景不同的观众，进而让观众在陌生的环境中感到舒适，让观众走出博物馆时，能以新的眼光看周遭的世界，是解说员所要面临的一个重大挑战。

曾昭燏、李济在《博物馆》中对讲解人员提出了很高的要求：此种领导人员，必须具有丰富知识，风趣及忍耐心；因知识所予观众正确之指导，风趣所以引起观众之兴味，忍耐心所以详细答复群众之疑问。①

1987 年，25 位美术馆教育人员在丹佛会议（The Denver Meeting）上认为从事博物馆教育的导览人员至少必须具备下列特质：②

- 具有推动博物馆及艺术的热忱；
- 从事以艺术品为主体的教学；
- 能够直接回应访者的兴趣，成为一个好听众；
- 具有对参观者学习能力与需求的了解与敏感度；
- 积极地使参观者领悟；
- 能够示范视觉感受与智慧思考的技巧去领会艺术品精粹；
- 提供机会给观众去领会这些技巧；
- 依观众的理解力选择性地提供资讯；
- 使观众更易于领会博物馆经验与艺术接触；
- 以观众的角度欣赏，扮演一个学习的角色；
- 懂得运用各种不同的教学技巧，如发问、提供讯息、引导讨论；
- 激励观众去发现新意。

张明洵与林玥秀（2010）认为解说员是解说中最重要的灵魂人物，再好的解说告示牌、解说媒体，都不如解说员能够直接引导游客进入大自然的世界。解说人员的素质决定人员解说的成功与否。解说技巧在某些程度上是可以经由学习而熟练的，但基本上解说人员需要具备一些特质。解说人员的特质包含以下六点：③

- 热忱与爱心。有助于打开游客的内心，从而使结合取得更好的效果；
- 自信心。有自信心的解说员常能赢得游客对他解说上的认同；
- 丰富的解说知识。在解说中，没有自然、人文学科的分野，解说员必须有丰富的知识才能做好解说工作；

---

① 葛云莉，赵翀．中国博物馆讲解工作百年回顾与展望［C］//回顾与展望：中国博物馆发展百年——2005 年中国博物馆学会学术研讨会文集．北京：紫禁城出版社，2005：135—141.

② 刘婉珍．美术馆导览人员之角色与训练［J］．博物馆学季刊，1992，6（4）：43—46.

③ 张明洵，林玥秀．解说概论［M］．台北：扬智文化事业股份有限公司，2010：47—49.

- 丰富的人文素养。解说员是解说的灵魂人物，人文素养则是解说员的灵魂；
- 善解人意。解说员不应不顾游客的反应，自说自话；也不应中规中矩，不思考适宜的解说方式、技巧与内容；而应了解不同观众的背景、年龄、种族、职业，从而根据不同的观众需求合理安排讲解，使讲解过程具备整体性与启发性，并且充满激情；
- 令人愉悦的外表和风采。讲解员要时常注意自己的穿着、容貌、习惯、动作、个人特色，由内心散发出令人愉悦的气质。

二、讲解员的专业能力

讲解员不仅需要端正的服务态度，更重要的是具备相应的专业能力。郑美女（2003）曾根据相关理论研究、台湾博物馆面对讲解员的课程培训计划与博物馆专家访谈意见归纳出公立博物馆解说人员所需要的专业能力，分为三大部分，九个细项：[①]

1. 专业知识

（1）专业基本知识：理解展览主题相关的展品知识、咨询及内容；了解博物馆教育的原理原则；明白博物馆解说员的角色及任务；指导所服务博物馆的沿革及经营理念；知道并实践国际礼仪与美姿美仪的内容。

（2）解说教育的知识：了解不同年龄层观众的心理和学习特性；熟悉不同的解锁技巧；了解不同的展览主题意涵；善用人际沟通中的肢体语言行为。

（3）其他相关知识：知道视听辅助器材的解说内容；知道所服务博物馆在社区中所扮演的角色；具有安全训练方面的知识；具有紧急应变的处理知识。

2. 导览技能

（1）解说技巧与能力：有能力事先规划好导览的动线；在规划解说内容时，能用与观众生活相关题材进行讲述；能够告诉观众参观时应注意的事项；适当使用问答方式诱导观众发问；知道如何满足参观观众学习需求和目的；随时依观众反应调整解说技巧内容；善于掌握时间，配合观众时间解说展项内容。

（2）声音仪态：能以丰富且幽默的口语表达能力，提高观众兴趣；使用自然的用语从事导览解说；注意解说速度、语调、音量大小避免平铺直叙；面带微笑，流露喜乐愉悦的音韵从事解说；穿着制服；保持整洁自信的仪容；

① 郑美女. 公立博物馆解说人员专业能力指标之建构［D］. 高雄：高雄师范大学，2003：65—68.

抱持温馨诚挚眼光看着观众，让观众感觉自己是乐于被服务的；打起抖擞而饱满的精神做解说。

（3）其他行政能力：具有电脑网路及检索能力；具有文书处理能力；具有行政沟通协调能力。

3. 专业态度

（1）服务承诺：愿意投注能力与努力，完成有品质的解说工作；保有一份热爱学习与教学的心意和耐性；愿意投注精力与时间完成解说工作目标；愿意和同仁发挥博物馆共同愿景，投注心力促其完成；具有工作热忱，保持解说意愿。

（2）专业表现：对于导览解说题材知识的求知殷切；保持态度诚恳、笑容可掬且口齿清晰、礼仪周到；具有耐心与技巧灵活处理观众的问题；勇于承认自己解说错误部分；随时表现对观众的尊重；知道如何让观众有一个愉快的博物馆参观经验；深爱工作中积累的愉快经验；能够整合运用社会资源导入工作中，以完成工作任务；以专业进修作为自我成长的职责。

（3）自我成长：对学习充满热忱并愿意在职进修且乐于与他人分享知识；不断自我修正沟通技巧、自身导览解说不足之处；勇于接受挑战的创意并有自信心；积极参与馆内外教育训练课程研讨活动；能够创造规划自我成长的课程与机会；能够无碍的探究观摩学习他人导览，补己之短；愿意对自身的导览解说服务的情况做检讨改进。

此外，讲解员还必须掌握一项非常重要的专业能力，即讲解词的编写。讲解词是博物馆导览讲解的基本依据，是做好导览讲解工作的基础，直接关系到讲解质量和宣传效果。

讲解词主要包括展览主题思想、各单元中心内容以及展品所说明的问题等内容。针对不同的受众，须采用不同语言风格、不同深浅程度、内容各有侧重的讲解词。讲解词的内容由前言序语、主题内容和结语三部分组成。一般分为基本讲解词和延伸讲解词两种。① 讲解词的编写要求观点正确，脉络清晰；史物结合，言之有据；简明扼要，有情有趣；对象明确，程度适宜。讲解词编写注意事项：

- 多使用加工提炼的口语，少用书面语和文言语；
- 多用短句，少用长句；
- 多用双音节、多音节，少用单音节词；
- 多用开口音，少用“合口”“齐齿”“撮口”音；
- 少用专用词和术语，不用不通用的简称；

① 刘超英，崔学谙．博物馆工作规范（试行）［M］．北京：文物出版社，2015：92—93.

- 慎用外来语和倒装句。编写基本讲解词应遵循“熟悉展览内容——执笔撰写——讨论修改——专家审定——审核批准”的工作流程。[①]

讲解词的编写还要注意一个重要的问题，即为谁而写。科普讲解是让具有不同科学水平的观众都能平等地接近科学、理解科学、进而为创造出明日的新科技而埋下种子。那么，写给青少年观众的文本和写给大学教授的文本应该做到差异化。文本撰写者最好清楚观众的受教育水平以及他们对展览相关知识的了解程度。另外，面对国际观众，还应注意文本翻译的技巧。

三、志愿者讲解员[②]

现在，在博物馆担任讲解工作的可以是志愿者，即义工，也可以是博物馆的工作人员。值得注意的是，如大量依赖志愿者开展讲解活动，则对于志愿者的培训就尤为重要。

1. 专业导览

1968 年起波士顿美术馆就通过馆校合作，对在校教师进行导览训练，有效地推动了艺术教育。台北故宫博物院也推出了导览研习课程。如从 1991 年开始有计划地训练新进专业导览人员，具体做法是以三个月为初期训练期限，提供参考书单供新进导览人员自行学习，再安排资深导览人员为新进人员针对常设展做示范导览，初期训练结束后必须通过导览口试，才开始正式进行导览工作。

2. 义务导览

如台北故宫博物院庞大的导览工作量，并须推广艺术教育，于 1989 年开始招募义工进行导览工作。具体做法是招募国内外大专院校毕业或肄业学生，面试合格后接受为期两个月的专业知识培训，培训结束后义工进行两个月的实习，协助博物院教育活动的事务性工作，实习期间接受示范导览课程，实习期满参加导览口试，通过口试者，可正式开始协助博物院的导览工作。

3. 观光导游导览

由于许多科普场馆也同时是旅游景点，通常旅行团由观光导游带队参观并作导览解说。台北故宫博物院为加强导游的专业导览知识及技巧，每年定期举办为期一到两个星期的研习活动，针对常设展进行讲课与现场导览教学。一名优秀的讲解员，必须经过理论与实务的长期训练，故应对讲解员培训予以相当的重视。

---

① 刘超英，崔学谙．博物馆工作规范（试行）［M］．北京：文物出版社，2015：93.

② 刘婉珍．美术馆导览人员之角色与训练［J］．博物馆学季刊，1992，6（4）：43—46.

我国《博物馆工作规范（试行）》中“志愿者管理”一节指出了博物馆志愿者的重要作用：志愿者是博物馆强有力的后备力量，激发志愿者工作活力是博物馆拓展社会教育功能的有效途径。博物馆志愿者管理工作主要包括：建立志愿者管理制度，招募、培训、日常管理志愿者等。规范中提到了如何培训志愿者：志愿者培训可分为岗前培训、上岗考核、提高培训。岗前培训的内容分为三类：集中培训、分组培训、实操培训。其中，集中培训即共同科目培训，主要包括博物馆概况、志愿者章程、志愿者服务规范、博物馆服务礼仪等；分组培训即根据不同业务范围及服务内容，由专业技术人员对志愿者进行专项业务培训；实操培训即指导志愿人员服务礼仪、讲解技巧等。上岗考核指的是成立考评组，根据志愿者服务内容，进行实地上岗试讲考核。提高培训指的是有针对性的组织志愿者参与展览参观、专家授课以及观摩交流等活动，提升志愿者的素养和服务水平。另外，值得一提的是，志愿者管理要求中写明：馆方需建立完整的志愿者档案，记录被聘志愿者的个人信息、聘用协议、特长、培训记录、工作记录、考核情况、观众反馈等。①

---

① 刘超英，崔学谙．博物馆工作规范（试行）［M］．北京：文物出版社，2015：97—98.

第二章　科普讲解的相关理论基础

第一节　科普讲解的传播学原理

传播现象司空见惯，传播行为在我们的日常生活中无时无刻、无处不在地发生着。以普及科学知识、倡导科学方法、传播科学思想、弘扬科学精神为主要任务的科普讲解工作，无疑属于传播范畴，而且是一种有目的、有意识的传播行为。了解传播的基本理论、基本规律，以传播学原理指导科普讲解实践，对于做好科普讲解工作具有重要的现实意义。

一、传播的基本概念

1. 传播的基本概念

教师给学生上课传授知识，公司领导召开部门例会发布业绩报告及下一步工作安排，你我通过手机通话或发短信、微信与朋友联系……在日常生活的方方面面，人们都在有意无意地进行着传播。生活中信息的传播不全部依赖文字、口语来实现，朋友之间一个关切的眼神、医生患者之间的望闻问切、交警对司机的手势口令等等，都是一种信息传播行为。可以说，传播是人们与外界保持联系以及相互作用、相互影响的主要途径，构成了人类的生活方式。

何谓传播？郭庆光教授从社会学视点和信息科学视点出发，给传播学概念下过一个基本定义：所谓传播，即社会信息的传递或社会信息系统的运行。传播者把信息编码，通过某种媒体传播出去，受传者收到受噪声干扰的信号，并经译码了解信息的意义，并且产生一定的效果和反馈。

传播是个外来词，是对英文 communication 的翻译，实际上该词有多种含义，如：沟通、交流、交往、通讯、通信、传播等。

2. 传播的基本特点

在把握“传播”概念时需要注意以下几个方面特点①。

（1）传播是一种信息共享活动：传播即信息分享，传播的过程就是信息的传递、共享和交流过程，或者说传播的目的就是与人分享信息。然而，并不是所有的传播活动都能实现有效的信息共享，显然这不是传播者所希望的，因此需要对信息的传递结果即传播效果进行评估，以便传播者了解并作出相应调整。

（2）传播是一种信息的双向互动行为：传播并非单向的信息传递，而是一种双向的社会互动行为。在传播的过程中，传播双方存在相互作用、相互影响的关系，传播者通常处于主动地位，接收者也可以通过反馈来影响传播者，并且当下社会传播者与传播对象之间越来越趋于平等的沟通地位，传播者往往期望甚至鼓励接收者与之互动，这种互动有利于传播目的的实现。

（3）传播是一种信息的符号处理过程：信息的传播以符号为中介，传播过程就是对信息的符号化以及符号解读的过程。对于传播行为的发起人——传播者而言，需要对信息进行编码，对于传播行为的接收者——受传者而言，需要对信息进行解读、译码。在传播实践中，传播者往往是带着一定的意图和目的发起传播行为，因此，象征着各类信息的符号本身并不是最重要的，重要的是通过符号正确理解传播者的意图。

（4）传播是一种行为，一种过程，也是一种系统：从传播的定义中可以看出，传播不仅包含传播的行为、过程等方面内涵，还包括信息系统的运行。这是从更加综合、整体的维度来考察，包括两层含义：一是就具体的某个传播活动而言，传播是由传播者、接收者、媒介等一系列要素构成的，是传播行为和过程的集合体；二是从更加宏观的社会层面来看，社会传播是各种各样传播活动的集合体。传播学的研究对象主要就是社会信息系统及其运行规律。

二、传播的构成要素与过程模式

1. 传播的构成要素

小张对小李说：“下班我们去万达广场吃饭吧”。小李回答：“好的，没问题”。

这是我们日常生活中经常会遇到的对话，从这段对话里我们可以得出传播过程中几个明显的要素：传播者——发起对话的小张；受传者——小张的传播对象小李；讯息——小张发出的邀请“下班我们去万达广场吃饭吧”；反

① 郭庆光．传播学教程［M］．北京：中国人民大学出版社，2011：4—5.

馈——小李对小张的答复“好的，没问题”。其中，传播者、受传者、讯息是进行传播必备的三大要素。除此之外，一次完整的传播过程还要借助于一定的渠道或纽带，即传播媒介。在这个案例中，由于传播是面对面发生的，因此一般不容易注意到传播媒介（声波或光波）的存在。

虽然由传播者、受传者、讯息组成的传播行为也是有效的，但为了从考察人社会行为的传播学视角出发，对社会传播进行分析，这样一个传播过程显然不是完整的。综上所述，一个基本的传播过程是由以下要素构成的①：

（1）传播者：传播者又称信源，既可以是个人，也可以是群体或组织。传播者作为整个传播行为的引发者，其一举一动对后续的传播环节都会产生重要影响。

（2）编码：编码指的是传播者把想法或意图转变成一种感官可以觉察的形式的过程。比如演说家将他的议题转换为语言在公开场合进行演讲，翻译家将他国的语言翻译成本国的语言，画家用色彩和线条描绘心中的感受，舞蹈家用肢体和动作传递艺术。不同传播者的编码能力是不同的，而能否准确编码对传播效果的取得起决定性作用。

（3）讯息：讯息是传播的内容和事实，通常由一组相互关联的有意义的符号组成，能够表达完整的意义。通过讯息，传播者和受传者之间完成社会互动，达到意义交换的目的。“讯息”源于英文 message 的翻译，有时也译作“消息”等，其涵义与信息（information）相近但又有微妙的区别。具体来讲，讯息是具体的，信息是抽象的，讯息是能表达完整意义的信息。在传播学研究中，研究者为了强调“意义完整”这一概念，往往采用“讯息”一词。

（4）媒介：媒介是讯息从传播者到接收者的渠道、载体、工具等。既包括发出与接收信号的器官或机器，也包括载送声、光、电等信号的空间与线路等。现代人的生活中充斥着多种多样的媒介，卫星、雷达、声呐、电报、电话、广播、电视、信函、书籍、报纸、杂志……凡此种种，不胜枚举。传播学者麦克卢汉曾经提出“媒介即讯息”，以强调媒介在现代传播意义上的重要地位。

（5）解码：与编码对应，解码是把讯息转化为对受传者有最终意义的各种形式包括文字、图片、声音、视频等的过程。理解演说者的演讲、听懂翻译家翻译的内容、解读画家的画作、欣赏舞蹈家的表演，这些过程都是在解码。能否有效解码也就意味着受传者能否准确领会传播者的传播意图。

（6）受传者：受传者又称信宿。与传播者相对应，受传者同样既可以是个人，也可以是群体或组织。随着当今时代“以人为本”理念的深入人心，

---

① 孙庚. 传播学概论［M］. 北京：中国人民大学出版社，2014：23.

受传者的地位越来越受到重视，对应的受众研究也日渐兴盛，从早期的“皮下注射论”“枪弹论”“有限效果论”到“使用与满足理论”，以受众为中心的传播理念逐渐确立。

（7）反馈：反馈指的是受传者对接收到的讯息的反应或回应，也包括受传者对传播者的反作用。反馈可以是正反馈，也可以是负反馈。一般来说，使原来传递的信息在下一次传播中得到加强的反馈是正反馈，它通常鼓励进行中的传播行为；使原来传递的信息在下一次传播中减弱的反馈是负反馈，它试图改变或结束传播行为。

（8）噪声：在传播学中，噪声代表任何干扰讯息传递的东西。例如，在真相传播过程中总会有伴随着谣言的扩散，谣言就是“噪声”；或者在进行演讲时，话筒音响所出的问题也是“噪声”。通常将噪声划分为三类：语义噪声、机械噪声、环境噪声。

2. 传播的过程模式

传播学领域普遍采用建构模式的方法来研究传播的基本过程，这对于人们快速理解和把握传播规律不失为一种行之有效的方法。当代传播学关于传播的基本过程模式研究大致有以下三大类①：

（1）单向线性传播模式：拉斯韦尔模式。美国政治学家拉斯韦尔在其1948年发表的《传播在社会中的结构与功能》一文中，最早以建立模式的方法对人类社会的传播活动进行了分析，这便是著名的拉斯韦尔“5W”模式。“5W”模式界定了传播学的研究范围和基本内容，影响极为深远。“5W”即传播过程五要素，并按一定的顺序排列（图2.1）。

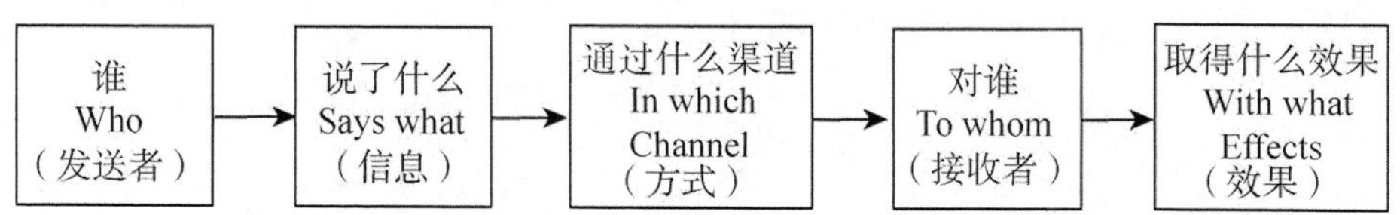

图2.1 传播过程五要素

谁（Who）

说什么（Says What）

通过什么渠道（In Which Channel）

对谁（To whom）

取得什么效果（With what effects）

拉斯韦尔模式在大众传播中获得广泛的应用。但经过传播模式研究的不

① 孙庚．传播学概论［M］．北京：中国人民大学出版社，2014：23.

断发展，拉斯韦尔模式也被证实有很多不足：首先，它忽略了“反馈”的要素，它是一种单向的而不是双向的模式。其次，这个模式没有重视“为什么”或动机的研究问题。在动机方面，有两种值得重视的动机：一是受众为何使用传播媒体；二是传播者和传播组织为了什么去传播。

香农—韦弗数学模式。大约与拉斯韦尔同时，美国的两位信息学者 C. 香农和 W. 韦弗也提出了一个过程模式，成为传播过程的数学模式，这个模式如图 2. 2 所示。

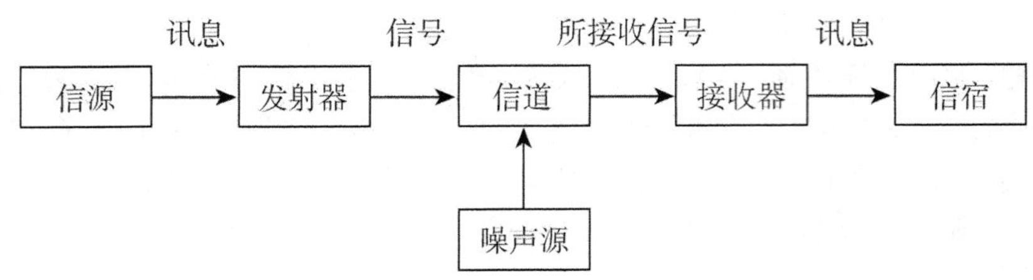

图 2. 2　传播过程的模式

香农—韦弗模式为传播过程研究进一步提供了重要的启发。这个模式导入噪声的概念，表明了传播不是在封闭的真空中进行的，过程内外的各种障碍因素会形成对讯息的干扰，这对于社会传播过程来说也是一个不可忽略的重要因素。

（2）双向循环传播模式：奥斯古德—施拉姆的双向循环模式。单向线性模式虽然贡献了传播过程五要素和传播内容研究，但在阐述人类的社会传播过程中具有明显缺陷。1954 年，传播学者施拉姆受到美国心理学家奥斯古德的启发，提出了“循环模式”（见图 2. 3）。

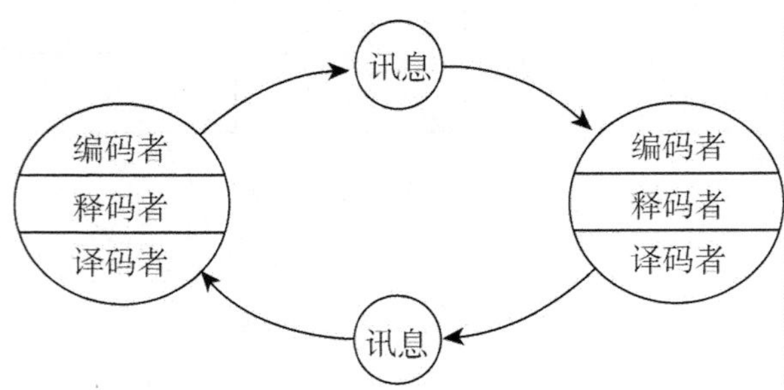

图 2. 3　双向传播循环模式

双向循环模式强调了社会传播的互动性，参与传播过程的传受双方都在不同的阶段扮演编码者、解码者和译码者的角色。但是，这个模式把传播双方放在了完全平等的关系中，与现实传播情况不符，并且这个模式更多体现了人际传播面对面的特点，却不适用于大众传播过程。

施拉姆的大众传播过程模式。1954 年，施拉姆针对“双向循环模式”机会完全平等的缺陷，提出了一个新的模式，强调大众传播过程的复杂性，如图 2. 4 所示。

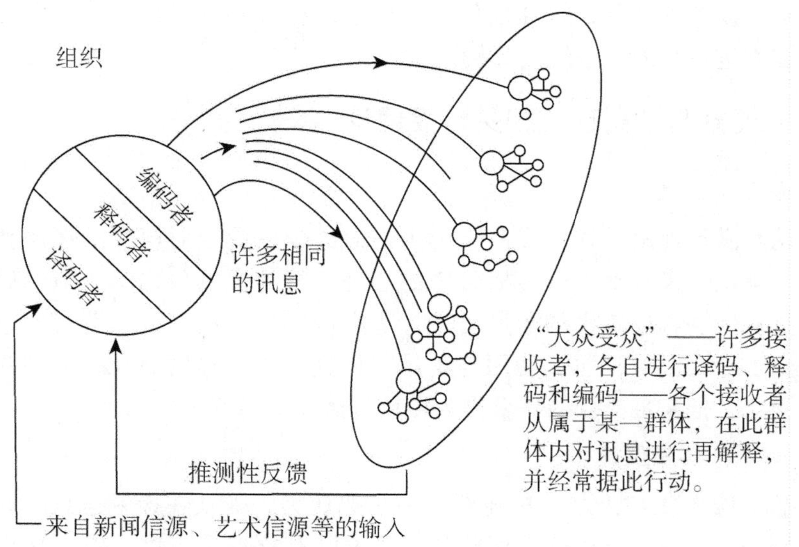

图 2. 4　施拉姆的大众传播过程新模式

这个模式充分体现了大众传播的特点：构成传播过程的大众传媒与受众，二者之间存在着传达与反馈的关系。作为传播者的大众传媒与一定的信源相连接，又通过大量复制的讯息与来自各个群体组成的集合体——受众一一相联系。

（3）社会系统传播模式：马莱茨克的大众传播场模式。1963 年，德国学者马莱茨克提出了一种全新的研究角度，如图 2. 5 所示的“大众传播场模式”，揭示出大众传播是一个非常复杂的社会心理过程。

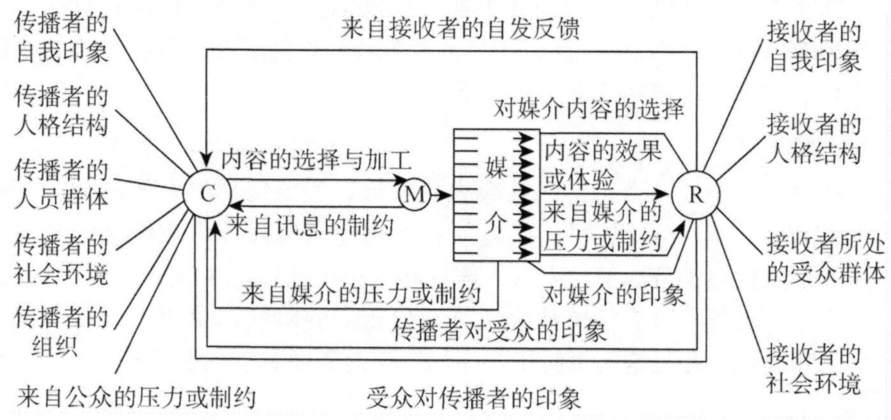

图 2. 5　大众传播场模式

在这个模式中，马莱茨克把大众传播看作是包括社会心理因素在内的各种社会影响力交互作用的“场”，传播者、讯息、媒介、受传者等传播要素都在这个场中彼此约束，共同促进传播过程的发展。这一模式说明，社会传播是一个极其复杂的过程，解释任何一个传播过程都必须对涉及该活动或过程的各种因素进行全面、系统的分析。①

三、受众与效果研究相关传播理论

1. 使用与满足

使用与满足理论站在受众的立场上，通过分析受众对媒介的使用动机和获得需求满足，来考察大众传播带来的心理和行为上的效用。此前的研究效果主要是从传播者或传媒的角度出发，考察传媒是否达到了预期目的或者对受众产生了什么影响，而“使用与满足”研究从受众角度出发，引导我们更加关注受众，把满足受众的需求作为衡量传播效果的基本标准。

2. 选择性接触假说

传播学四大奠基人之一拉扎斯·菲尔德认为，受众在接触信息时并不是不加选择的，而是更愿意选择那些与自己的既有立场和态度一致或接近的内容加以接触，而回避与既有立场相对立或冲突的内容。这个结论就是“选择性接触假说”。在“选择性接触”基础上，进而演化出“选择性理解”和“选择性记忆”，也就是说，受众倾向于按照自己的既有立场去理解大众传媒传播的信息，并记住与既有立场相吻合或接近的内容。

3. 意见领袖

我们每个人都生活在一定的人际传播网络中。人际传播的目的，不仅仅是为了社会交际，同时也是为了交流信息、交换意见和相互影响。在传播学中，活跃在人际传播网络中，经常为他人提供信息、观点或建议并对他人施加个人影响的人物，称为“意见领袖”。意见领袖作为媒介信息和影响的中继和过滤环节，对大众传播效果产生着重要影响。

4. 知识沟假设

在社会呼吁平等教育机会的社会大背景下，美国传播学者蒂奇纳等人在1970年提出了“知识沟假设”，认为随着大众传媒向社会传播信息的日益增多，处于不同社会经济地位的人获得信息和知识的速度以及知识量是不同的，社会经济地位较高的阶层将比社会经济地位较低的阶层以更快的速度获取更多的信息和知识，并且这两个阶层之间的知识差距随着“信息爆炸”“知识爆

① 郭庆光．传播学教程［M］．北京：中国人民大学出版社，1999：67.

炸”呈扩大而非缩小之势。社会“知沟”的不断扩大是诸多社会问题的根源，“知沟”理论为社会传播敲响警钟，对当今社会的教育、科学、互联网传播等领域也带来诸多警示。

第二节 当代科学教育理论概述

20 世纪下半叶以来，科学技术飞速发展带来了人类知识的大爆炸，同时也带来社会、环境等问题凸显，发展科学教育、提升公民科学素质成为全世界的普遍共识。以美国为首的西方发达国家大兴科学教育，经历了长达半个多世纪的理论和实践探索，对于发展我国的科学教育、传播与普及事业具有重要的启示和借鉴价值。

一、科学教育与公民科学素质

1. 科学教育

“科学教育”译自英文“science education”。美国科学促进会（AAAS）曾经对科学教育有过这样的定义：“科学教育是教育的一部分，即关于科学、数学和技术的教育。科学教育旨在帮助学生增进理解能力，养成好的思维习惯，使他们变成富有同情心的人，能够独立思考和面对人生；使他们作好准备同公众一道，全心全意地参与建设和保护一个开放的、公正的和生机勃勃的社会。”①

我国对科学教育概念的理解以中国科学院《2001 科学发展报告》的定义比较具有代表性：“科学教育是关注科学技术时代的现代人所必需的科学素养的一种养成教育，是将科学知识、科学思想、科学方法、科学精神作为整体的体系，使其内化成为受教育者的信念和行为的教育过程，从而使科学态度与每个公民的日常生活息息相关，让科学精神和人文精神在现代文明中交融贯通。”②

从教育场所和对象来分，科学教育有广义和狭义之分。广义的科学教育指在包括学校在内的整个社会进行的、面向全体大众的、旨在提高全民科学素质的科学普及教育，包括学校教育和社会教育；狭义的科学教育一般指以学校为阵地、以学生为主体、旨在提高青少年科学素质和创新精神，培养未

① ［美］American Association for the Advancement of Science. *Science for All Americans Introduction* ［EB/OL］.（2016－11－11）. http：//www. project2061. org/publications/sfaa/online/intro. htm.

② 中国科学院 . 2001 科学发展报告［M］. 北京：科学出版社，2001.

来科技人才的学校教育。

从教学内容来分，科学教育也有广义和狭义之分。广义的科学教育既涵盖了自然科学各基础学科的内容，也包括数学、技术、工程以及社会科学的内容，强调自然科学、人文科学、应用科学之间的相互联系与跨学科整合，又称“科学技术教育”、“科技教育”；狭义的科学教育一般仅指自然科学各基础学科的教育。

从目的和任务来看，学校的科学教育和社会的科学普及都属于广义的科学教育范畴，即旨在提高公民科学素质的教育。现实生活中，人们往往用“科学教育”来泛指所有关于科学技术的教育、传播和普及，这时的“科学教育”是个“大概念”。

2. 公民科学素质

“科学素质”译自英文“Scientific Literacy”，又译作“科学素养”。从20世纪50年代末开始，理论界对科学素养概念的建构经历了长期的演变过程，其中比较有代表性的是美国密歇根大学教授约翰·米勒（Jon D. Miller）1983年基于科学素养测度的角度提出的科学素养三维模型①：

- 理解基本的科学技术术语和概念；
- 理解对现实的设计进行科学检验的过程和方法；
- 理解科学技术对社会影响。

美国科学促进会（AAAS）1989年发表的著名的“2061计划”被认为是美国面向21世纪人才培养的“全民科学素质行动计划”，其纲领性文件《面向全体美国人的科学》（Science for All Americans）以及1993年发表的《科学素养的基准》（Benchmarks for Scientific Literacy）②，将世界对科学素养的理解提高到新的水平：科学素养包括数学、技术、自然科学和社会科学等许多方面，包括：熟悉自然界，尊重自然界的统一性；懂得科学、数学和技术相互依赖的一些重要方法；了解科学的一些重大概念和原理；有科学思维的能力；认识到科学、数学和技术是人类共同的事业，认识它们的长处和局限性。同时，还应该能够运用科学知识和思维方法处理个人和社会问题。③

美国国家研究理事会（NRC）1996年发布的《美国国家科学教育标准》

---

① 李大光．公众科学素养理论与评估［J］．科学，2016（7）：2.

② “2061计划”是美国科学促进会联合美国科学院、联邦教育部等12个机构，于1985年启动的一项面向21世纪人才培养、致力于中小学课程改革的跨世纪计划，旨在帮助所有美国人提高他们的科学、数学及技术素养。目前已经出版的系列著作包括：《面向全体美国人的科学》《科学素养的基准》《科学教育改革的蓝本》《科学素养的导航图》《科学素养的设计》《科学素养的资源》等。

③ 美国科学促进协会．面向全体美国人的科学［M］．中国科学技术协会，译．北京：科学普及出版社，2001.

（National Science Education Standards，NSES）是美国第一部关于科学教育的国家标准，进一步阐述了科学素养的概念和内涵：科学素养是指了解和深谙进行个人决策、参与公共和文化事务以及经济生产所需的科学知识（包括概念和过程）和能力。具备科学素养意味着一个人能够提出、发现并回答日常经历中因好奇心而引发出来的问题；有能力描述、解释甚至预言一些自然现象；能读懂通俗报刊刊载的科学文章，能参与就有关结论是否有充分根据的问题所作的社交谈话；能识别国家和地方决定所赖以为基础的科学问题，并且能提出有科学技术依据的见解；能根据信息源和产生此信息所用的方法来评估科学信息的可靠程度；有能力提出和评价有论据的论点，并且能恰如其分地运用从这些论点得出的结论。①

我国自20世纪90年代引入西方科学素养的概念和测量方法，经过学界长期的研究和讨论，于2006年发布了《全民科学素质行动计划纲要（2006—2010—2020年）》，对科学素养进行了本土化定义：科学素质是公民素质的重要组成部分。公民具备基本科学素质一般指了解必要的科学技术知识，掌握基本的科学方法，树立科学思想，崇尚科学精神，并具有一定的应用它们处理实际问题、参与公共事务的能力，即所谓的“四科两能力”。

科学素质决定人的思维方式和行为方式，是公民素质的重要组成部分，不仅是人们生存发展、实现美好生活的基础和前提，也是决定一个国家和地区综合实力、科技创新能力以及国际竞争力的关键因素。迄今为止，我国已经开展了九次中国公民科学素养调查，结果显示2015年我国具备科学素质的公民比例达到了6.2%，较2001年的1.4%提高了近4倍，但与西方发达国家相比还有不小的差距。《中华人民共和国科学技术普及法》明确指出，发展科普事业，提高公民科学素质，是我们国家的长期任务。

二、科学技术的本质及其教育价值

1. 科学是什么

“科学是什么?”，是科学教育必须首先回答的问题。《面向全体美国人的科学》、《科学素养的基准》详细阐述了科学的本质以及科学本质教育的重要性，《美国国家科学教育标准》明确把科学本质教育纳入K－12年级的科学课程。我国2011年颁布的新课标《义务教育初中科学课程标准》第一次明确提出，初中科学课程是“以科学本质的认识为基础，以提高学生科学素养为宗旨的综合课程”、“是体现科学本质的课程”。

① 国家研究理事会．美国国家科学教育标准［S］．戢守志，等，译．北京：科学技术文献出版社，1999.

一般认为，科学是一种知识体系，也就是大多数人通常理解的科学。《现代汉语词典》（1983 年版）对科学的定义是：科学是“反映自然、社会、思维等的客观规律的分科的知识体系。”《辞海》（1999 年版）的定义是：科学是“运用范畴、定理、定律等思维形式反映现实世界各种现象的本质的规律的知识体系。”《大英百科全书》的定义是：“科学是有关物质世界及其现象，并需要用到客观观察和系统实验的知识体系。科学包括对普遍真理以及运用基本定理的知识的追求。”

当代科学观认为，科学本质上不只是知识体系，还包括探索自然的过程以及与此相关的社会建制。美国科学促进会（AAAS）《面向全体美国人的科学》报告从“科学世界观”、“科学的探索方法”和“科学事业”三个维度论述了科学的本质：作为科学世界观，世界是可被认知的，研究科学的过程也是一个发掘和获得知识的过程，知识不是绝对真理，但绝大部分知识都具有持久性，科学不能解决所有问题；作为科学的探究方法，科学讲究证据，科学是逻辑和想象的融合，科学具有解释和预测功能，科学家要努力鉴别以避免偏见，科学不仰仗权威；作为科学事业，科学是一种复杂的社会活动，科学由学科内容组成、由不同机构研究，科学研究中有着普遍接受的道德规范，科学家参与公共事务时既是科学家也是公民。① 上述观点被一以贯之地反映在此后陆续发表的美国《科学素养的基准》《国家科学教育标准》《K－12 科学教育框架》以及《下一代科学教育标准》等一系列重要文件中。

我国学者 21 世纪以来围绕科学的本质进行了大量的讨论。陈琴等认为：“科学本质上既是一种过程，也是一种结果。”“科学是一种知识体系、研究过程和社会建制。”“从建构主义观点看；科学本质上是一种科学探究活动。”……②③④

2011 年，教育部颁布的新课标《义务教育初中科学课程标准》第一次对科学本质进行了全面阐述⑤：

首先，自然界是有规律的，这种规律是可以被认识的。科学是认识自然最有效的途径，其根本任务就是对自然界进行全面和深入的研究，从而产生新知识。科学知识是人类经过科学探究对客观世界和人类自身的系统认识，其表现形式包含科学事实、科学概念、科学原理、科学模型和科学理论，对

---

① 美国科学促进协会．面向全体美国人的科学［M］．中国科学技术协会，译．北京：科学普及出版社，2001.

② 陈琴，等．论科学的本质与科学教育［J］．北京大学教育评论，2005（2）：71.

③ 李醒民．科学是什么［J］．湖南社会科学，2007（1）：6.

④ 袁维新．科学的本质与科学本质教育［J］．课程·教材·教法，2004（7）：68—73.

⑤ 中华人民共和国教育部．义务教育初中科学课程标准［S］．北京：北京师范大学出版社，2012.

自然现象具有解释和预见的功能。科学知识的形成是一个不断修正、不断深入，以逐步逼近客观存在的过程。个体的创新知识只有充分接受集体的评议、判断、筛选后，才可能有选择地被接纳为共识而成为集体知识。只有充分认识到个体知识和集体知识的相互联系与转换，科学知识的形成才拥有坚实的社会基础。科学可以转化为技术，成为改变世界的物质力量。

其次，科学是以多样统一的自然界为研究对象的探究活动，是建立在证据和理性思维的基础上的，其基本动力是人类的好奇心和求知欲以及经济与技术发展的需求。科学探究是创造性思维活动、实验活动和逻辑推理交互作用的过程，往往需要经过多次循环，不断有新的发现和问题，在解决这些问题的过程中推动科学的发展。科学探究过程需要科学情感、态度和价值观的维系。科学知识是全人类，特别是科学家探究活动的结果，它是人类智慧和劳动的结晶。科学是一项全社会的事业，每一个人都应当关注科学与技术的发展。

再次，科学是一个开放的系统。科学知识具有相对的稳定性并不断发展和进步，它不是绝对真理，只能在一定的条件与范围内适用，也不能解决所有的问题。可验证性是科学知识的重要特征，科学强调和尊重经验事实对科学理论的检验。

最后，科学活动与其他人类活动一样，都是建立在诚信的基础之上的，崇尚求真务实，要求科学工作者正确处理利益、荣誉和伦理等问题，具备良好的职业道德与科学品行，以及热爱科学、坚持真理和创新的科学精神。因此，科学活动受到科学道德和社会一般道德的双重约束。

总之，当代社会对科学本质的认识已经发生了深刻转变，科学不再仅仅是一种知识体系，而是人类认知、科学探究和社会事业的统一体。正是基于以上对科学本质的理解，我国初中科学课程新课标明确要求从“科学探究，科学知识和技能，科学情感、态度与价值观，科学、技术、社会、环境的关系”四个方面体现和把握科学的本质。理解科学的本质，不仅是公民科学素质的基本内涵，也是做好科学教育与普及工作的根本出发点与落脚点。

2. 技术的内涵与本质

相对于科学来说，技术是更为复杂的范畴。自人类出现就有了技术，但是当今时代的技术早已今非昔比。一般认为，人类在利用自然和改造自然的过程中积累起来的知识和经验，包括方法、技巧、工艺、流程等。《现代汉语词典》（1983 年版）的定义是：“人类在利用自然和改造自然的过程中积累起来并在生产劳动中体现出来的经验和知识，也泛指其他操作方面的技巧。”《辞海》（1999 年版）：技术“泛指根据生产实践经验和自然科学原理而发展成的各种工艺操作方法与技能……除操作技能外，广义的还包括相应的生产工具和其他物质设备，以及生产的工艺过程或作业程序、方法。”《大英百科全书》：技术是“科学知识在人类生活实践、改造和控制外部环境中的应用。”

美国科学促进会（AAAS）在《面向全体美国人的科学》中指出：“在当今世界，技术变成了一项复杂的社会事业，不仅包括研究、设计和技巧，还涉及财政、制造、管理、劳动力、营销和维修。对‘科学的本质’的大部分观点、方法同样适用于工程技术。”①

我国学者翟丽华将技术概括为四个方面：“一是技术是工具或手段；二是技术是方法或者是关于方法的知识；三是技术是人类活动（过程）或人类行为；四是技术是技能、方法、手段、工具和知识的某种组合或总和。”②

鉴于以上讨论，参照美国科学促进会对科学本质的论述，或许可以这样去理解技术的本质：技术首先是一种知识体系，是人们控制、利用、改造自然的生产生活活动过程中积累的知识、经验、技巧、方法、设计等的知识总和；其次，技术也是一种人类活动，包括控制、利用、改造自然的生产生活实践；第三，技术还是一种社会事业，是与人类生产生活活动有关的社会建制，包括以仪器、工具、设备、设施等物质形式存在的保障条件。

3. 科学与技术的区别与联系

美国科学促进会（AAAS）在《面向全体美国人的科学》中从三个角度阐述了“技术与科学的关系”“技术与工程的关系”“技术与社会的关系”：首先，技术与科学存在着密切的关系，技术依靠科学又促进科学，工程使科学探索和实用价值结合起来；其次，工程即系统地运用科学知识开发和应用技术，每项工程设计都要受到条件的约束，所有技术都需要控制以保证系统正常运转，技术总有副作用并且有些副作用难以预料，所有的技术系统都存在出现故障的风险；再次，技术和其他社会系统之间的关系像网络一样交织在一起，许多影响的作用是双向的，人类智慧在许多方面改进人类的生存条件也给世界带来新的危险，技术对人类社会的性质和历史进程具有重大影响，技术增强了我们改变世界的能力，也为科学提供了眼睛、耳朵和一部分肌肉。③

我国技术哲学家陈昌曙教授比较全面地论述了科学与技术的关系：

一方面

---

① 美国科学促进协会．面向全体美国人的科学［M］．中国科学技术协会，译．北京：科学普及出版社，2001.

② 翟丽华．从技术的本质看教育技术的本质［J］．学理论，2013（8）：47.

③ 美国科学促进协会．面向全体美国人的科学［M］．中国科学技术协会，译．北京：科学普及出版社，2001.

- 从任务上看：科学为了发现，技术为了发明；
- 从要解决的问题看：科学要回答“是什么”“为什么”，技术要解决“做什么”“怎么做”；
- 从方法上看：科学实验从“经验”到理论，技术试验从原理到经验实现；
- 从过程看：科学研究“探索未知”活动的目标不确定，技术开发“利用已知”的活动目标相对明确；
- 从劳动特点看：科学活动的自由度大、个体性强，技术活动相对来说集体性强；
- 从人才因素看：科学工作者需要有丰富的知识和观察发现问题的能力，技术人员需要有丰富的解决问题的能力和经验；
- 从结果和评价看：科学问题的答案具有真理普遍性，技术问题的解决却是有效多样性……①

另一方面，技术虽未必都来自科学，但凡属行之有效的技术必定包含或暗合于科学上的道理，或者说具有潜在的科学理论的内容和意义；现实的技术必定有科学上的合理性，科学上的合理性必有自然的或技术上的现实性。②

总而言之，科学与技术之间既存在着明显的区别，又存在着密切的联系。当代科学与当代技术越来越密不可分，呈现出明显的“科学技术化”“技术科学化”倾向。

4. 科学技术本质的教育价值

科学素质的结构内容是由科学技术的本质决定的，科学技术的内涵与本质不仅是科学教育的重要内容，同时也是科学教育的思想根源。作为知识本质的科学技术，反映了人类对客观世界及其规律的认知与观点，是人类认识、利用、改造客观世界的智慧的集中体现，对知识本质的教育有助于培养学生的科学世界观；作为探究与实践本质的科学技术，反映了人类认识、利用、改造客观世界的基本过程、方法和规律，是人类知识转化为创新创造能力以及社会生产力的根本途径，对探究与实践本质的教育有助于学生掌握科学方法论；作为社会事业本质的科学技术，反映了科学、技术、社会、环境之间相互作用、相互影响的内在联系，对社会事业本质的教育有助于培养学生的科学技术情感、态度和价值观，树立科学发展观。总之，开展科学技术本质教育是科学教育的核心内容与内在要求。

---

① 陈昌曙．陈昌曙技术哲学文集［M］．沈阳：东北大学出版社，2002：22—26.

② 陈昌曙．陈昌曙技术哲学文集［M］．沈阳：东北大学出版社，2002：22—26.

三、当代科学教育的新发展

1. 从“科学探究”到“科学与工程实践”

“科学探究”(scientific inquiry)又称“探究式科学学习法(inquiry-based science learning)”,是基于建构主义学习理论和当代科学本质观的一种新的科学学习方法与教学方法,根本上也是科学研究的基本方法。1989 年美国科学促进会(AAAS)发表的《面向全体美国人的科学》报告提出“科学探究”是科学的本质属性后,美国国家研究理事会(NRC)经过多年研究,于 1996 年发布了《国家科学教育标准》,明确把“科学探究”作为美国科学教育的核心理念。此后,“科学探究”也成为国际科学教育研究的热点。我国在 2001 年、2011 年颁布的义务教育阶段新课程标准中明确把科学探究作为科学课程的首要目标和重要内容。“科学探究”源于 20 世纪 50 年代末美国教育家布鲁纳提出的“发现教学法”(discovery learning),其核心思想是改变学生被动接受知识的学习方式,倡导学生主动参与探究式学习,通过发现并提出科学问题、进行猜想和假设、制订探究方案、获取事实与证据、解释检验与评价、表达与交流等一系列过程,增进学生对科学探究的理解,学习科学研究的过程和方法,掌握观察、实验、收集处理信息的基本技能。

经过十几年的教学实践,美国国家研究理事会于 2011 年发布了《K-12 科学教育框架》(A Framework for K-12 Science Education[①],简称《框架》),并在此基础上于 2013 年发布了《下一代科学教育标准》(Next Generation Science Standards[②], NGSS,简称“新标准”),《框架》和新标准用“科学与工程实践”(Science and Engineering Practices)取代了 1996 年老标准的“科学探究”,这是基于两方面的考虑。

一是为了纠正科学教学中将科学探究简单化、模式化、教条化[③]的倾向。《框架》指出,科学教师在利用老标准时对科学探究的理解存在一些偏差,新标准是对老标准的改进:一是纠正科学教学中过分强调科学实验,把科学实践简化为单一过程的倾向;二是避免将科学探究误解为唯一的、普适的科学方法;三是避免因概念不统一导致教学上的千差万别。《框架》还强调,科学实践不仅需要科学探究的技能,也需要相应的科学知识;在探究式学习过程中,学生应

---

① National Research Council. A Framework for K-12 Science Education: Practice, Crosscutting Concepts, and Core Ideas [EB/OL]. (2016-11-14). https://www.nap.edu/read/13165/chapter/1.

② National Research Council. Next Generation Science Standards [EB/OL]. (2016-11-12). http://www.nextgenscience.org/get-to-know.

③ 唐小为,丁邦平.“科学探究”缘何变身“科学实践”?——解读美国科学教育框架理念的首位关键词之变[J].教育研究,2012(11):141—145.

该亲自参与到各种实践中去，而不是仅仅学习老师传授的“二手知识”；学生如果没有直接的亲身经历，就无法理解科学实践，更无法充分理解科学知识的本质。正应了中国的老古话：“纸上得来终觉浅，绝知此事要躬行”，“实践出真知”。

二是拓展科学探究的内涵，把工程和技术整合到科学教育体系中。《框架》和新标准指出，当今世界面临的主要挑战都需要科学、技术和工程共同来解决。新标准将工程与技术纳入科学课程的内容和目标中，并在 K－12 的所有年级、所有学科的教学标准中都把工程设计与科学探究放在同等重要的地位，旨在引导学生综合运用所学的科学、技术以及数学等知识，通过工程设计形成可实施的方案，来解决生产生活中遇到的真实问题，使学生的“学”与“做”、“知”和“行”真正统一起来，见表 2.1。①

概括起来，从“科学探究”到“科学与工程实践”的变化，反映了当代美国科学教育不仅重视科学探究的学习方法，更加重视多方位的科学实践；不仅重视各个学科的分科而学，更加重视跨学科的整合学习（如 STEM 教育）；不仅重视科学知识的学习，更加重视解决实际问题的能力培养。获得知识并非科学学习的最终目的，培养创新创造的能力才是根本。美国的科学教育很难想象会出现“高分低能”、“眼高手低”的现象。我们有理由相信，这样的科学教育必将有利于创新创造人才源源不断地脱颖而出。

表 2.1 K－12 教学标准中的科学、工程与技术

<table>
<tr><th colspan="2">年段</th><th>生命科学</th><th>地球与空间科学</th><th>物质科学</th><th>工程与技术</th></tr>
<tr><td>学前</td><td>幼儿园(K)</td><td>· 生物体与环境</td><td>· 天气</td><td>· 物质的结构与特征</td><td rowspan="7">· 在 K－5 年级段，工程与技术的核心概念以及在科学上的运用，包含在生命科学、地球与空间科学和物质科学标准中</td></tr>
<tr><td rowspan="6">小学</td><td>1 年级</td><td>· 结构与功能</td><td>· 模式和循环</td><td>· 光和声</td></tr>
<tr><td>2 年级</td><td>· 生物体与环境的相互依存</td><td>· 变化的地球表面</td><td>· 结构、特征和物质的相互作用
· 推与拉</td></tr>
<tr><td>3 年级</td><td>· 环境对生物体的影响
· 结构、功能和应激</td><td>· 天气、气候和影响</td><td>· 力的相互作用</td></tr>
<tr><td>4 年级</td><td>· 生命周期和特征</td><td>· 地球形成的过程</td><td>· 能量
· 波</td></tr>
<tr><td>5 年级</td><td>· 生态系统中的物质和能量</td><td>· 地球系统和内在相互作用
· 行星和太阳系</td><td>· 结构、特征和物质的相互作用</td></tr>
</table>

① 叶兆宁. 美国新一代科学教育标准概要（二）[J]. 中国科技教育，2012（7）：6—8.

续表

年段	生命科学	地球与空间科学	物质科学	工程与技术
初中	·结构、功能和信息加工 ·生物的生长、发育与繁殖 ·生物体和生态系统中的物质和能量 ·生态系统的相互依存关系 ·自然选择与适应性	·太空系统 ·地球的历史 ·地球内部过程 ·地球表面变化过程 ·天气与气候 ·人类的影响	·物质的结构与特点 ·化学变化 ·力与运动 ·力的相互作用 ·能量 ·波和电磁辐射	·工程设计 ·工程、技术、科学与社会的联系
高中	·结构、功能和信息加工 ·生物体和生态系统中的物质和能量 ·生态系统的相互依存关系 ·自然选择和进化 ·遗传与变异	·太空系统 ·地球系统 ·气候变化 ·人类可持续发展	·物质的结构与特点 ·化学反应 ·核过程 ·力与运动 ·力的相互作用 ·能量 ·力与能量 ·波 ·电磁辐射	·工程设计 ·工程、技术科学业与社会的联系

2. 从 STS 教育到 STSE 教育

STS 教育即科学（Science）、技术（Technology）、社会（Society）教育，是 20 世纪 60—70 年代从欧洲到美国兴起的一种新的科学教育思想和教育理论，是科技迅猛发展以及随之而来的问题矛盾凸显、社会急剧变革、交叉学科兴起等因素共同作用的产物。STS 教育的基本特征是“突出科学、技术与社会的相互联系，以及科学技术在社会生活、生产和发展中的应用”①，主张把科学技术教育与社会、政治、经济、文化的大背景紧密联系起来，把个人发展与社会发展紧密联系起来，引导学生联系社会与日常生活中的实际问题来学习科学与技术，在科学探究中理解科学的本质以及科学、技术、社会之间的相互关系，认识科学技术不仅对推动经济社会发展、改善人们生活有积极作用，也会对自然、人类生活和社会产生负面影响，从而使学生掌握参与经济生活、政治决策、公众对话等活动所需的知识、技能与态度，培养对科学事业的情感、价值观以及社会责任感。

① 高雪晶．STS 教育概述［J］．科技创新导报，2011（3）：173.

20 世纪 80—90 年代，资源短缺、环境恶化、生态危机等全球性问题凸显，严重威胁全人类的生存和发展，保护环境成为全人类的共同事业。1996 年，美国率先在其颁布的《国家科学教育标准》中把 STS 教育拓展为 STSE（Science，Technology，Society and Environment）教育，此后世界各国相继把 STSE 教育理念纳入国家科学教育课程标准。我国 2001 年颁布的新课程标准明确提出人与自然和谐相处、科学发展、可持续发展等观念，并在 2013 年颁布的《义务教育初中科学课程标准》中正式将 STSE 教育纳入课程目标和内容标准。

STSE 教育在 STS 教育的基础上，进一步强调科学教育应该与当前的经济发展、社会生产生活特别是生态环境等紧密结合，引导学生与真实的世界建立联系，充分理解和关心科学、技术、社会、环境之间存在着的密切交互关系，学会衡量和正确判断科学技术进步与人类社会、外部环境之间交互影响所产生的正负效应，进一步增强环境保护意识，树立正确的科学观、发展观。

3. STEM 教育与跨学科整合

STEM 是科学（Science）、技术（Technology）、工程（Engineering）、数学（Mathematics）的英文首字母缩写。STEM 教育起源于美国，主要指科学、技术、工程、数学领域的教育。1986 年，美国国家科学委员会（NSB）发表了《本科的科学、数学和工程教育》报告，首次明确提出“科学、数学、工程和技术”教育，该报告被视作美国 STEM 教育的战略开端。

STEM 教育历来受到美国政府的高度重视，被认为是美国国家创新战略的重要组成部分。2006 年，美国总统布什在其国情咨文中公布《美国竞争力计划》（ACI），提出知识经济时代教育目标之一是培养具有 STEM 素养的人才，并称其为全球竞争力的关键。2007 年，美国国会通过的《美国竞争法》，是美国关于 STEM 教育的第一部正式法案。2010 年，美国总统行政办公室和总统科技顾问委员会发布了《准备与激励：为了美国未来的 K－12 科学、技术、工程和数学教育》，这是专门针对中小学阶段 STEM 教育的政策文本。2011 年，奥巴马总统推出新版的《美国创新战略》，指出美国未来的经济增长和国际竞争力取决于其创新能力，指引公共和私营部门联合加强 STEM 教育。2013 年，美国国家科技委员会（NSTC）牵头并联合联邦教育部、国防部、能源部等十余家部门和机构（简称为 CoSTEM）发布《联邦 STEM 教育五年战略计划》，明确指出“STEM 教育应优先于政府在教育方面的其他工作。”①

① 上官剑，李天露．美国 STEM 教育政策文本述评［J］．高等教育研究学报，2015（6）：64—72.

STEM 作为一个有机整体，有其独特的内涵与特征。其核心思想是通过科学、技术、工程和数学领域以及相关交叉领域知识的综合运用，培养学生解决实际问题的能力即 STEM 素养。STEM 素养包含了科学素养、技术素养、工程素养和数学素养，同时又不是四者的简单组合，它以跨学科整合的教学方式培养学生掌握知识和技能，并能进行灵活迁移应用解决真实世界的问题①。这一点在美国 2013 年颁布的《下一代科学教育标准》中得到再次强调。《新标准》通过三个维度即“科学与工程实践”“跨学科共同”“学科核心概念”来整合发展学生的知识与能力，即：通过科学实践发展学生研究自然世界的能力，通过工程设计解决实际的问题；通过聚焦于核心概念来掌握四个科学领域（物质科学，生命科学，地球与空间科学，工程、技术和应用科学）的重要知识；通过跨学科共同概念进一步理解和联系科学知识。STEM 教育在我国还处于起步阶段，美国的 STEM 教育政策和实践经验值得借鉴。

第三节　博物馆非正式环境下的观众学习

传统的讲解往往“以讲解员为中心”，通过讲解员的解说向观众单向灌输展览所要传递的知识和信息，给人留下死记硬背的印象，讲者吃力，听者乏味。随着公众科学素质的不断提高以及博物馆教育功能的日益凸显，需要从科学教育、观众学习的视角重新审视科普，以当代教育学、传播学的理论指导实践，推动科普讲解向“以观众为中心”转型。

一、博物馆与非正式教育

1. 当代教育的三种基本模式

美国教育家菲利普·库姆斯（Philip H. Coombs）将教育分为三种基本模式：正规教育（Formal Education）、非正规教育（Non-formal Education）和非正式教育（Informal Education）②，共同构成了终身教育的完整体系，如今已普遍被世界各国采用。

三种模式中，正规教育比较容易理解，人们会马上联想到学校教育。对于非正规教育和非正式教育，则很容易混淆，因此有必要厘清。根据库姆斯

---

① 余胜泉，胡翔．STEM 教育理念与跨学科整合模式［J］．开放教育研究，2015（8）：13—22.

② 菲利普·库姆斯．世界教育危机［M］．赵宝恒，等，译．北京：人民教育出版社，2001：22—23.

和世界经合组织 OECD 的定义[①]，综合国内外学者的观点[②③④⑤]：

正规教育是由专门机构和专职人员承担的有组织、有计划、有系统、有学习目的和目标的教育，一般指以学校系统为核心的教育制度，又称为制度化教育。

非正规教育是在正规教育制度以外、由教育或培训机构提供、针对特定人群自愿参与的有组织、有计划、有系统、有学习目的和目标的教育和培训活动，一般指非学历教育如成人职业教育、继续教育、岗位培训、校外培训等。

非正式教育泛指每个人在日常生活中（家庭、单位、社交/休闲场所等）随时随地发生的无组织、无计划、无系统、无特定目的和目标的学习活动，如读书、看报、与人交谈、上网、校外活动、参观博物馆、科技馆、图书馆、动物园、植物园、水族馆等。

根据孟田芳的研究，正规教育与非正规教育之间有很多共同的特点：都是在学校或教育机构、社区组织中开展；都有明确的培养目标，教学过程有计划、有组织；都需要一定的教学条件；都有确定的教师和学生。二者的区别是：非正规教育以学校或其他教育机构为依托，需要教育场地，但不如正规教育那样严格；有人才培养目标，但比正规教育更灵活：有教师和学生，但不如正规教育那样固定；有一定的教学周期，但不如正规教育稳定[⑤]。

由此可见，非正规教育是介于正规教育和非正式教育之间、与正规教育更为接近的一种教育形式，因此正规教育和非正规教育又被统称为正式教育。与之相对的非正式教育则完全是由学习者个人兴趣主导的自主、自愿、自发、随意、随时、随地都在发生的学习行为，学习者掌握着他们自身的学习安排，没有特点的学习目标（如考试、学分等）的压力，不像在学校、工作场所中一样被迫学习。这种非正式的学习之所以被称为非正式教育，库姆斯认为："教育即学习"。非正式教育实质是一种自我教育，是贯穿于人一生的学习活动。

---

① Recognition of Non-formal and Informal Learning-Home [EB/OL]. 2016-11-25. http://www.oecd.org/education/skills-beyond-school/recognition ofnon-formalandinformal-learning-home.htm.

② WIKIPEDIA. Nonformal learning [EB/OL]. 2016-11-25. https://en.wikipedia.org/wiki/Non-formal_ learning.

③ 闻书玲．浅析非正式教育的功能［J］．黑河学刊，2005（11）：72—73.

④ 崔红艳．发展中的非正式教育［J］．辽宁教育，2006（14）：18—19.

⑤ 孟田芳．国外非正式教育思潮及其对我国教育改革的启示［D］．天津：天津师范大学，2005.

2. 非正式环境下的科学学习

美国国家研究理事会（NRC）下属“非正式环境下的科学学习项目委员会”菲利普·贝尔等学者通过大量的研究认为，非正式环境促进科学学习。这种非正式环境包括四种场合：日常经历（生活、工作等）、经过设计的空间（博物馆、科学中心等）、学校和社区的科学活动项目、大众媒体（包括广播、电视、网路、手持设备等）。非正式环境下的科学学习，具有六个方面的目标特征①。

一是发展科学兴趣：体验探索自然世界和物质世界的兴奋、兴趣和动机；

二是理解科学知识：逐步概括、理解、记忆和运用与科学有关的概念、解释、论点、模型和事实；

三是从事科学推理：对自然世界和物质世界进行操作、验证、探索、预测、质疑、观察并建构意义；

四是反思科学：包括对科学过程、概念、机制的反思，以及对自身学习过程的反思；

五是参与科学实践：运用科学语言和工具，同他人一起参与科学活动和学习实践；

六是认同科学事业：发展一种身份认同，成为认识科学、运用科学、将来为科学做出贡献的人。

贝尔等指出，“鼓励并满足人类好奇心是科学学习的非正式环境自身的一个重要目标”②。他们的研究，对于进一步理解博物馆、科技馆等非正式环境的科学教育不无裨益。

3. 博物馆的科学教育与观众学习

当代博物馆学更加关注博物馆自身的目的性和社会功能，国际博协 ICOM 在 2007 年的博物馆定义中把教育明确为博物馆的第一功能。我国很多博物馆、科技馆近年来开始大力兴办基于展览的各种教育活动，比如国家博物馆和北京史家小学联合推出的“漫步国博——史家课程”“中华传统文化——博物馆综合实践课程”，中国科技馆推出的“百门主题科学实践课”，上海科技馆推出的 STEM 系列科学课程等，都深受观众的欢迎和社会的好评。与此同时，观众参观博物馆、科技馆的目的也不再是走马观花，而是开始更多地关注能学到从学校和书本学不到的知识。博物馆、科技馆正在成为当代人日常

---

① 菲利普·贝尔，等. 非正式环境下的科学学习［M］. 赵健，王茹，译. 北京：科学普及出版社，2015：38—43.

② 菲利普·贝尔，等. 非正式环境下的科学学习［M］. 赵健，王茹，译. 北京：科学普及出版社，2015：9.

生活的一部分，成为一种生活方式。

与学校的正规教育相比，博物馆教育具有自身的优势和特点：一是博物馆是经过设计的空间，有藏品、展品和展览等这些观众可以直接看到、接触到的实物，给观众以沉浸式的学习体验；二是观众在博物馆的学习具有自主性、自愿性、自发性，完全由自身兴趣引导，有更好的主观能动性；三是博物馆教育更加注重观众的参与和体验的过程，鼓励和满足观众的好奇心，从而激发学习兴趣；四是博物馆的内容除了一般性的知识学习外，观众还可以实现自我和人类文明生存发展的见证物之间的交流，实现主流意识形态和观众自我构建之间的交流，从而达到文化对人潜移默化、润物无声的效果。

然而，不可否认的是，博物馆教育虽是一个老话题，但却是一个新课题。长期以来，博物馆和教育就像两条平行线，各自在自己的系统里沿着各自的路径运行。非正式教育的提出，使得这两条平行线开始靠拢。作为正规教育的学校，需要打开围墙，开拓博物馆的学习资源；作为非正式教育的博物馆，则需要敞开大门服务学校教育，同时让博物馆的教育更加专业。

二、建构主义学习理论：一种新的学习观

1. 学习理论

学习是什么？一般认为，学习实质上是通过反复经验引起的行为或行为潜能变化。经验的产生有两种类型，一种是有计划训练的正规学习，另一种偶然的生活经历而产生的随机学习。教育学中的学习理论主要任务就是探究人类学习本质及其形成机制的心理学理论，研究学习的性质、过程、动机以及方法和策略等。

当代学习理论主要有行为主义、认知主义、人本主义和建构主义，每种理论都代表着人们对学习的认知，包括学习是怎样发生的，学习过程受到什么因素的影响等问题，都从不同的角度进行了阐述。

行为主义学习理论的代表人物是桑代克和斯金纳，桑代克利用著名的“桑代克迷笼”[①] 创立了学习的“联结—试误说”，他将人和动物的学习看作是刺激与反应之间的联结，这种联结是学习者通过盲目地尝试，逐渐减少错误，再尝试的反复过程中逐步形成。斯金纳基于桑代克的“联结—试误说”发展出了操作性条件反射论。他利用“斯金纳箱”进行试验，通过白鼠学会按压杠杆来获取食物的现象，说明学习的发生是随着一个起强化作用的刺激

① 桑代克迷笼，即饿猫打开迷笼的实验，将饿猫关进笼中，笼外放食物，猫需要不断尝试逃出迷笼，经过多次尝试，会意外触碰到开关。把猫多次放进同一个笼中，会发现猫打开迷笼的速度越来越快。

而产生。

认知主义学习理论认为，学习是可以通过理解做到的，学习者主动在头脑内部构造认知结构，并且不受到习惯的影响，只会受到自己的主观意识引导。认知主义的代表人物是布鲁纳，他的发现学习论，强调学习者的主动探索寻找，在探索的过程中得到问题的答案。

人本主义学习理论兴起于20世纪60年代的美国，不同于行为主义和认知主义主张从验证性的研究中得出结论，人本主义主张根据经验原则来提出新的观点和建议，强调教育环境的创设要符合学习者人性发展的实际需要。人本主义更加关注人自身的价值和自我实现，比如库姆斯主张的是学习的目的不仅仅只是学习知识或谋生技能，更重要的是培养学习者健全的人格。

2. 建构主义学习理论①

20世纪80年代，一种新的学习理论——建构主义学习理论（Constructivism Learning Theory）的兴起对世界教育改革产生了深远影响，被誉为教育心理学的一场革命。建构主义的基本观点是：学习是一个意义建构的过程，是学习者将个体原有经验与社会环境互动的加工过程，也就是学习者通过新旧知识经验之间反复、双向的相互作用，形成和调整自己的经验结构的过程。世界是客观存在的，但是对于世界的理解是由每个人自己决定的，人们根据自己的经验来建构现实、解释现实。每个人的经验不同，因而对外部世界的理解也不同。建构主义是行为主义发展到认知主义后的进一步发展，其理论渊源最早可以追溯到苏格拉底和柏拉图时期，苏格拉底著名的“产婆术”②就是使用建构主义的教学方法。之后18世纪的意大利哲学家维柯的“新科学”、19世纪德国哲学家康德的“哲学革命”和20世纪美国哲学家杜威的经验自然主义，都是建构主义理论的思想来源。

建构主义在学习上，更加关注学习者是如何以原有的经验、心理结构和信念为基础来建构知识，强调学习者的主动性、社会性和情境性。建构主义对于学习的基本观点主要体现在新知识观、新学习者观、新学习观和新教学观四个方面。

新知识观，强调知识不是对现实世界的绝对正确的表征，不是适用于各种情况的普世教条，只是一种关于各种现象的较为可靠地解释或者假设。建构主义的知识观对传统的教学提出了很大的挑战，课本知识或者老师自身的知识，都不能当作预先准备好的东西教授给学习者。因为这些知识不是绝对

① 张大均．教育心理学［M］．北京：人民教育出版社，2015：92—97.

② 产婆术，即苏格拉底方法，主要过程是通过老师与学习者之间不断的对话，在对话中老师不会将答案告诉学习者，而是在对话过程中逐渐引导学习者得出结论。

正确的，教师不能通过强调知识的正确性和权威性来让学习者必须接受这些知识。学习者对知识的接受只能是出于自己对知识的建构，基于自己的经验、信念等背景去分析新知识，再加上对新知识进行分析、检验和批判，最终形成每个学习者自己的知识。

新学习者观，认为学习者走进学校时头脑是一片空白的，在日常生活中，他已经积累了非常丰富的经验，这些经验来源于身边的衣食住行、自然现象、社会生活等诸多方面，并且都有着自己看法。当他们开始构建新的知识时，这些经验和看法会起着非常重要的作用。即使有些问题，是学习者没有接触过的，没有现成的经验提供参考，学习者也能通过以往的相关经验推测，形成自己对问题的解释。对于施教者来说，建构主义理论要求他们不能无视学习者已有的经验，直接向他们灌输新的知识，而是要将新的知识看作是已有知识的引申，应该重视学习者自己对各种现象的理解，引导他们丰富和调整自己的理解。这就需要施教者与学习者之间不是简单的“你说我听”的关系，而是需要两者之间不断的对话和交流，在交流中互相质疑，理解彼此的想法。

新学习观，强调学习的主动构建性、社会互动性和情境性。学习的主动构建性认为，学习是每个个体基于自己原有的经验背景构建知识的过程，不是施教者向学习者单向传递的过程。学习者是知识的主动构建者，不是被刺激后被动接受的。学习过程中的核心认知活动是高水平思维，它需要学习者对知识进行分析、综合、评价和灵活运用，解决问题的方式也是多元的，同时也是不确定的。学习的社会互动性强调，学习是通过参与某种社会文化来内化相关的知识和技能的过程，并且这一过程需要一个学习共同体①的合作互助。学习的情境性，提出了情境性认知的观点，强调了学习、知识和智慧的情境性，认为知识是不可能脱离活动情境而抽象存在的，学习应该与情景化的实践活动结合起来。知识存在于可以感知的、具体的、情境性的实践活动中，而不是抽象的符号，只有被运用到实际生活实践中去，才能被学习者真正理解。

新教学观，核心观点是让学习者通过解决问题来学习。具体来说，就是让学习者具有对知识的好奇，想知道“为什么会这样的”，之后带着这个问题去探索和寻找答案，消除自己认知上的冲突，通过这一过程让学习者构建自己对知识的理解。这就要求教学者关注解决实际生活中的问题，并且将教学放置在与现实相似的环境中去。在教学的开始时就给学习者设置一些问题、两难选择或者提问，从而激发学习者的兴趣，启发他们进行思考、分析和知

---

① 学习共同体，由学习者和助学者（如老师、专家等）共同构成的团体，在学习过程中相互之间可以经常进行沟通交流，分享学习资源，共同完成学习任务，并且形成一定的规范和文化。

识建构。

三、建构主义学习理论在科普讲解中的运用

由于缺乏理论指导，如何将科普场馆中最基础的教育形式——科普讲解，变成大众喜闻乐见的科学传播，一直是困扰着科普讲解员的一大难题。将建构主义学习理论引入科普讲解，将科普讲解视为一种特殊的教学活动，科普讲解员充当“老师”的角色，观众是“学生”，一次科普讲解相当于一堂科学课，或可取得意想不到的效果。有别于传统课堂的地方是，科普讲解是发生在场馆内，能够营造出真切的环境，形式也可以不用像正规教育那样老师讲授、学生听课。在场馆内还能借助展项，让“学生”亲身体验一些科学原理，反而更有助于他们建构自己的经验和知识。

建构主义强调“以学习者为中心”，关注学习者自身的经验和特点，调动学习者的学习兴趣与动机，强调学习情境以及互动对意义建构的重要作用，过程中注重交流合作，通过自身的意义构建而不是通过他人的灌输来获得知识。基于建构主义学习理论的博物馆科普讲解、非正式科学教育，应该牢固树立“以观众为中心”的理念，重在鼓励学习者自主探索，而非获得既有的科学知识；创设有助于学习者意义建构的真实问题情境，激发和启迪学习者的思维；鼓励学习者的协作与交流对话，使学习者扩展和修正自己的知识系统，促进共同学习；做学习者建构意义的引导者、启发者、支持者，使学习者的认知能力得到发展。

总而言之，科普讲解员是博物馆非正式科学教育的实施者，需要转变传统的观念和方法，由原先的单向信息传递者，转为学习的引导者和启发者，通过引导学习者思考，帮助他们建构自身的科学知识、科学方法、科学思想和科学精神，从而构建三观——世界观、价值观和人生观。

第三章　科普讲解工作的发展

第一节　讲解形式的演进

一、讲解工作的发展

纵观国内外，展览解说是信息传播最普遍的形式之一，它具有重要的辅助教育功能，其功能与形式始终在适应社会的需求中不断创新与发展。

1. 国外讲解工作发展

展览解说是科普基础设施中最普遍的教育项目之一。教育人员往往从教育的角度介入展览规划、展品标牌及说明的配备，指导参观、准备参观指南。[①] 最早创办导览计划的人是波士顿美术馆长吉尔曼，早在1907年，他便在展览现场指导计划中运用“老师兼讲解员”，以教育大众及提升大众的生活品质，这些服务是免费的，并由受过训练的导览员担任。随后其他的博物馆也相继推出导览员，不过美术馆训练新导览员最用心。[②] 20世纪初，美国各博物馆普遍认同于博物馆扮演着教育中心的角色，虽然当时认为展品旁的文字说明牌对于科学性博物馆而言极为重要，但美术馆更为强调的是由解说员来促进参观者与展览品的进一步了解。近年来，导览的方式虽然不再限于人员解说，而是以不同的方式满足各类观众的喜好与需求，然而导览人员在美术馆教育中仍旧扮演着关键角色。[③] 欧洲主要的博物馆在20世纪初也出现了义工解说员，不过直到20世纪上半叶，必须是专攻某一主题的专门人才方能胜任导览员才得到了各个博物馆的认同，博物馆鼓励导览员使用藏品教学，而非照本宣科。到1971年，美术馆的义工已经占据其工作人员的67%，时至

---

① Victor J Danilov. 科学与技术中心［M］. 中国科技馆，编译. 北京：学苑出版社，1989：200.

② Alison Grinder，E Sue McCoy. 如何培养优秀的导览员［M］. 闫蕙群，译. 台北：五观艺术管理有限公司，2006：42.

③ 刘婉珍. 美术馆导览人员之角色与训练［J］. 博物馆学季刊，1992，6（4）：43—46.

今日，义工导览已经成为各类型博物馆不可或缺的人力资源，美国的博物馆相当仰赖义工，在收藏、保存、展示与教育活动各方面，义工都提供协助。许多机构甚至只用义工来担任导览员，义工导览员成为这些博物馆中唯一的教育工作者。[①] 史密森博物馆群培训志愿者担任讲师、解说员与诠释讲师。台湾的博物馆也广泛聘雇义工。

欧美科学技术博物馆与科学中心都有聘用导览员或讲解员的传统。如：法国国立工艺学院（CNAM）让工作的科学家们走进展厅，与观众沟通和交流，阐述他们的研究工作，这种讲解形式，非常受观众欢迎；法国巴黎发现宫在建立伊始就设有专门的引导员为观众讲解科学的理论和科学研究中的原理，这些讲解的科学范围涉及数学、天文学、物理、化学、生物学和医药等多个领域，讲解员们通过讲解活动为各个年龄段的观众理解展览中所体现的科学原理提供便利；旧金山探索馆也借鉴了发现宫的实践经验，由讲解员随时为观众提供讲解服务。[②]

大多数博物馆中，教育项目都和导览有联系，在少数博物馆，导览也被归到游客服务里。学校团体旅游和课程计划属于传统教育活动。对学校的孩子们来说，教育人员导览式参观，长期以来一直是博物馆教育产品的经典项目。传统意义上这是由针对走进博物馆的学生的导览式讲解构成的。尽管教育项目形式的改变使其对今天的年轻人更有吸引力了，例如用双向的互动交流取代单向的讲解，或者用突出主题式的方法代替只讲博物馆重要展项的方法，但不可否认的是，导览讲解仍然是教育项目的一个重要组成部分。[③]

尽管几乎一半的科学中心都有导游，但由于用人开销大，且在可参与的条件下难以集中导游，所以科学中心的导游逐渐减少。为了学校团队观众参观方便，已有馆方配备了教师指导手册、答卷及其他导游材料；有馆方标出参观学习的重点及建议；有的科技馆设有专门的指导室，辅导集体参观；还有的馆设有观众中心，用多种语言进行导游；[④] 为了缩短与儿童的心理距离，一些儿童博物馆还聘用青少年学生作为义工，在展厅担任讲解或其他服务工作。这些青少年学生也可通过在博物馆做义工获取一定的学分。[⑤]

---

① Alison Grinder，E Sue McCoy. 如何培养优秀的导览员［M］. 闫蕙群，译. 台北：五观艺术管理有限公司，2006：42.

② Edward P Alexander，Mary Alexander. 博物馆变迁［M］. 陈双双，译. 南京：译林出版社，2014：94，108—109.

③ 美国史密森政策与分析办公室. 为了明天的课程——史密森教育研究［M］. 王芳，等，译. 中国博物馆协会编. 广州：暨南大学，2014：131，145.

④ Victor J Danilov. 科学与技术中心［M］. 中国科技馆，编译. 北京：学苑出版社，1989：200.

⑤ 段勇. 当代美国博物馆［M］. 北京：科学出版社，2003.

2. 我国讲解工作发展①

张謇将办博物馆提到“教育救国”的高度。1905 年，张謇上书张之洞，于《上学部请设博览馆议》与《上南皮相国请京师建设帝国博览馆议》中写道：“庶使莘莘学子，得有所观摩研究以辅益于学校”，“当遴派视察员、招待员，用为纠监导观之助。必得通东西洋语言文字二三员，以便外宾来观，有可咨询。”

20 世纪 30 年代虽是中国博物馆事业发展的重要时期，但由于条件的限制，博物馆似乎都没设置专门的讲解员，普遍由业务人员兼任讲解员工作，但是一批国立重要博物馆已经开始了讲解工作的理论与实践探索。如上海市博物馆，首任馆长胡肇椿曾设计了适合于幼儿与青少年的讲解方式：团体讨论、博物馆竞赛、班级和团会活动，均采取不同的讲解方式。

李济、曾昭燏在《博物馆》中也指出：博物馆应有专为学生班级演讲的教室，讲演人员由博物馆教育事业部的职员任职。针对成人观众，博物馆的讲解有四个方面的工作内容：一是指导参观，二是举行讲演，三是开办讲习，四是答复疑问。

1956 年全国第一次博物馆工作会议召开，时任文化部副部长、国家文物事业管理局局长郑振铎对博物馆讲解工作提出要求：“要尽可能给学校的学生们、广大的群众及专家们以参观、参考的便利，并把介绍、解释、宣传工作作为经常性工作。”时任国家文物局副局长王冶秋在大会报告中强调：“讲解工作是博物馆文化教育工作的最前线，讲解的效果直接影响广大观众，讲解员就是观众的老师，作为老师只有进行科学研究，精通自己的业务，熟悉每一件展品，并能解答观众，才能更好地吸引观众，提高思想水平和科学文化水平，才能更好地发挥博物馆的文化教育作用。”我国讲解工作步入了专业化的进程。

中共十一届三中全会后，讲解工作重新走上正轨。王继红总结出的一套“讲解员基本功训练法”至今依然对讲解工作具有积极作用。1987 年召开的“天津会议”为博物馆宣教工作走向规范化、专职化、讲解员知识化打下了良好基础。

有研究者认为目前我国的讲解工作普遍存在着一些不足：重知识的灌输而轻信息的交流，重抽象的结论而轻启发式的引导，重严肃的教化而轻亲和的互动，重单一的知识体系而轻辐射的信息联系等，特别是讲解员重自身的主观感受而轻观众的客观需求。随着博物馆事业的发展与观众欣赏水平的提

① 葛云莉，赵翀．中国博物馆讲解工作百年回顾与展望［C］//回顾与展望：中国博物馆发展百年——2005 年中国博物馆学会学术研讨会文集．北京：紫禁城出版社，2005：135—141.

高，无论是观众还是工作人员都不再满足于填鸭式的讲解，这就要求科普讲解须适应社会和公众的各种科学文化需求，转变工作思路。

二、从讲解多样化趋势到科学诠释的兴起

1. 讲解内容的多样化

讲解旨在一个特定的地方，如公园，动物园，博物馆，历史、自然或文化遗址等为参观者提供更多地信息与活动的趣味性，讲解内容多样化为科普带来极大的挑战。比如，主题公园是根据某个特定的主题，采用现代科学技术和多层次活动设置方式，集诸多娱乐活动、休闲要素和服务接待设施于一体的现代旅游目的地。主题公园多为创意性活动方式的现代旅游场所，大家熟知的迪斯尼乐园就是典型的主题公园。它是根据特定的主题创意，以文化复制、文化移植、文化陈列以及高新技术等手段，以虚拟环境塑造与园林环境为载体来迎合消费者的好奇心，以主题情节贯穿整个游乐项目的休闲娱乐活动空间，讲解内容涵盖主题故事、典故到创意。动物园，从广义上讲野生动物园、专类动物园、水族馆等也归属其范围。动物园一方面是饲养管理着野生动物，另一方面向公众开放，既有供观赏或普及科学知识，也有供科研及教学专用的实验室，讲解的动物种类繁多，涉及其习性特点，生存环境及与人类的关系等。博物馆是传统讲解的诞生地，但如今也出现诸多不同的分支类型。自然博物馆是收藏、制作和陈列天文、地质、植物、动物、古生物和人类等方面具有历史意义的标本，并提供科学研究和文化教育的。遗址博物馆是为保护已发掘遗址或为展示发掘成果而在遗址上修建。纪念馆则为纪念有卓越贡献的人或重大历史事件而建立的纪念地。讲解的内容主要更具所展示的内容进行有机结合，大多具有知识普及与爱国主义教育的功能。

徐康在《新形势下博物馆讲解的突出问题及解决策略》中指出，博物馆承载着宣传和教育的重要社会功能，随着社会经济的发展，人们对精神文化的需求越来越高，这给博物馆讲解工作也带来了新的挑战。新形势下博物馆讲解工作还有很多不足，针对目前存在的突出问题，分别从更新理念、规范语言仪态、构建文博平台、创新展示模式等方面提出了合理化建议，以期为提高博物馆讲解水平提供新思路。将讲解与教育活动结合起来。

近年来，自然科学博物馆比如科技馆、科学中心、专题科技类场馆在全国兴起。自然科学博物馆作为面向社会实施科普教育的重要基地，在提高公众科学文化素质、宣传科学发展观、培养创新意识及构建生态文明社会中起着积极的推动作用。此类场馆主要通过常设和短期展览，以参与、体验、互动性的展品及辅助性展示手段，以激发科学兴趣、启迪科学观念为目的，对公众进行科普教育；也可举办其他科普教育、科技传播和科学文化交流活动。

目前，科技馆已覆盖国内各大省市，中国科技馆新馆、上海科技馆、广东科学中心都已列入世界建设规模最大的十大科技馆之列。2015 年 10 月 1 日，随着西藏自然科学博物馆“十一”在拉萨开馆试运营，结束了“中国唯一没有科技馆省份”的历史。此外，各类博览会、科技会展也要求讲解接待及展示内容的推广普及，如大型博览会如世博会、行业技术展览会等。由于从实体功能定位、类型的不同，讲解内容有着多样化的区别，这要求传统讲解模式下进行创新与发展。

2. 讲解风格的多样化

讲解如何在准确的同时具有吸引力，如何服务不同的团体及个体，让其参观过程中有所获，这些问题始终是讲解员所面临并需要积极思考的问题。梅耀元博士在《地质公园博物馆导游讲解初探》一文中，阐述地质公园博物馆讲解员在讲解过程中存在基础知识掌握不系统，讲解内容枯燥、乏味，过于书面化及讲解方法等存在问题，依据从“藏品为本”到以“游客为本”的发展原则，提出了让讲解从“阳春白雪”到“下里巴人”，从“专业”到“非专业”，从“学术”到“一般性认知和了解”的思维转换。从而在讲解的过程中，把专业、学术、观赏、趣味和知识糅合在一起，将地质公园里所蕴含的深奥广博的地学知识，以最通俗易通的语言和最易于接受的方式传播给游客。使参观者能切实体会到科学旅游的收获，更好的实现和发挥地质公园博物馆的作用，提升地质公园的地质影响力和旅游影响力。

关婉君在《关于提高科技馆讲解质量的探讨》论文中认为，科技馆的大部分展项操作性强，侧重于观众的参与性，所以传统的说教式讲解已经不能满足观众的需要。科技馆的讲解应该是交流式的讲解，它能更适合观众参与操作展项，启发观众去探索。讲解应把展项的设计理念、核心精华浓缩为最精练的语言，再用生动的语言和多变的手段调动观众参与的积极性，深入浅出地从学术的角度阐述科学知识，把它说清、说明、说精、说透。做到从某一个领域的知识拓展到另外一个或者多个不同领域方面的知识，把展项从科学原理的阐述拓展到实际的运用再而拔高到深层次的作用。提出讲解中增加交流。

有些则强调讲解方式中应注重互动性，沈君芳撰写论文题为《互动式教学到互动式讲解——论革命纪念馆讲解方式的创新》。文章对革命纪念馆的讲解提出创新的要求，试图通过对互动式教学的认识，学习借鉴互动式教学的优点，将其引入纪念馆讲解过程中，促进讲解方式的创新，为游客观众提高讲解水平，满足其需求。认为互动则是有效的方式，处于革命纪念馆前沿阵地的讲解员，其讲解应该是一种依托文物、结合史实、讲究技巧、展开互动的出彩“演出”。从传统的“我讲你听”的被动模式，已逐渐融入了“有趣”

“互动”“演出”等诸多元素，这些方式在创新的讲解领域发挥着积极作用，未来，讲解方式更将具多样化趋势，让讲解更具表现力，形式上更加丰富多彩。

3. 讲解理论应用的多样化

讲解是科普素养与综合能力的体现，讲解的发展往往是与新理论紧密相关。比如，传播学理论的应用。根据传播的基本模式“传播者→信息→媒介→受传者→效果”，这一过程可以解释为：在一个完整的信息传播过程中传播者需要将信息进行编码，然后通过媒介传递给受传者（受体），受传者接收信息后需要解码，解码后又需要再一次编码从而将信息解读的反馈内容再传回给传播者，传受双方互为传播过程的主、客体，都要编码和解码。所谓编码，就是将信息用语言或非语言符号表示出来，所谓解码，是将接收到的经过编码后的语言符号还原为信息。在信息传播过程中必定有其特定的受体，这些受体可以理解为读者，他们不仅仅是传播活动的参与者，更是传播效果的反馈者。所以讲解在传播学理论的支持下具有呈现性、整体性、超陈性、实用性特点。

讲解的教育功能。最典型教育学理论的应用是近些年来西方的“建构主义”理论。建构主义教学观对培养创新型人才具有重要作用，现代建构主义理论明确提出四大要素：会话、情境、意义构建与协作，重点强调学习者的社会性、主动性与情境性，而且建构主义理论对教学与学习有很多设想，所提出的设想对创新教育具有重要价值。现代建构主义理论明确指出，学习是不断学习与掌握新知识的一个整体过程，并非教师传授习得，基于原有经验，学习者主动加工、选择及处理外部信息，以此获取自身价值建构的整体过程。该过程只有在环境和个体彼此作用中才能实现，而且重点强调意义构建中“情境”的重要作用。所以，基于这一理论的应用，讲解可以被视为是知识构建的综合过程，并非对信息的被动接收，是自觉建构知识的价值，且不能由外界取代，所有受众都将基于原有观念与知识来建构新知识。此外，全球诠释学理论的兴起，也对讲解起到理论支持的作用。学界逐渐意识到经验知识作为全部科学知识来源的基础地位并不十分妥当，理解应存在于科学全域之中，并把其关联至当今社会科学理论与实践研究之中，同样，讲解这种实践智慧也应将在科普传播的整体过程与科学诠释学的建立与发展中发挥更加重要的作用。

4. 讲解评价纬度的多样化

讲解评价是讲解工作不断提高的重要工作，目前主要分为定性分析和定量分析。定性研究法则是指在讲解环境下使用实地体验、开放型访谈、参与型与非参与型观察、文献分析和个案调查等方法对讲解进行深入细致和长期的研究，具体分析方法以归纳为主。定性研究的实践者认为对于世界或事物的了解由于研究人员的视角不同而存在差异，这和研究人员的背景如教育水平、社会地位和宗教信仰有关。主要方法有案例分析、观察法、文献分析。通常，定量研究又称为量化研究方法和实证研究方法。它是在占有大量量化事实的基础上，描述、解释和预测研究对象，通过逻辑推论和相关分析，提出理论观点。不以人的意识为转移，依靠量化的手段对事物的可量化部分进行测量，通过统计分析来发现变量之间的关系以达到对事物的理解和把握。目前，此类研究国内开展较少，定量研究的方法有实地调查法、内容分析法、个案研究法等。中国科学技术馆刘芳、王洪鹏《从讲解角度浅谈如何提高中国科学技术馆的科学传播效益》论文中认为，学校是科学传播的首要教育阵地，而随着科学技术日新月异的发展，科技馆已经成为新型的社会教育阵地。明确为科技馆赋予了“弘扬科学精神、普及科学知识、传播科学思想和科学方法”，这“四科”相结合的理念也是现代科技馆教育的新观念。提高科技馆科学传播的效益，更好地促进公众对科学的理解是现代科技馆需要思考的一项重要内容。博物馆的讲解是一项基本的辅助教育手段，通常采用“我讲你听”的方式进行讲解，可以说是一种“自上而下”的学习方式，通常讲解内容是根据观众的时间需求进行讲解。科技馆要改变“自上而下的学习策略”为“自下而上的学习策略”，就是要营造一种环境，在这里观众能够探索出一条主动改变他自己与科学技术之间关系的路径。在科技馆应大力加强“启发式讲解”，只有这种形式的讲解才能够更好地引导、激励公众在科学实践中进行学习和思考，真正达到弘扬科学精神、传播科学思想和科学方法的目的。此外，可以借鉴国外的测评体系，如美国国家科学院 STEM 教育监测指标体系。其相关制度有很清晰的目标和定位，非常重视对指标体系各项指标的及时完善和更新以及对指标相关的数据和信息的收集和分析，提出要建立常态化的监测报告制度，掌握和监控各项指标的进展和运行。同时，强调要调动各利益相关者的积极性和参与热情，充分发挥各个层面和类别的 STEM 教育利益相关者的作用，努力构建出多维主体共同参与的积极动态的完善指标体系的制度体系。

5. 科学诠释的兴起

讲解形式的发展随着创新时代地到来也发生着变化，从单一的讲述到形式多样的科学诠释成为新的风向标。“科学诠释者”概念最早由欧盟科学诠释者学院启用。2004 年，由意大利国家科学院创办的欧盟科学诠释者学院，其目的是为让传播者能成为连接科学的共同体与大众的纽带和桥梁，除科学知识外，科学诠释者更需要掌握有效传递科学知识应具备的技巧，并为全球培训适合本土化的科学诠释者。我国是近年来才开始引入“科学诠释者”的培训，社会各方人士已充分认识到科学诠释者工作的重要性。2012 年，上海市科协在国内率先引进“科学诠释者”理念，培训科普场馆一线的讲解员，将每一次的科学诠释都赋予全新的创新过程，积极将展览解说与表演艺术相结合，针对不同对象的提问，研究知识背景的基础上设定表演角色，或启发、或演示、或实验、或激辩，这种极具吸引力的科学表演成为讲解的新趋势。本书在第八章会重点讲述科学表演的创新与实践。

创新氛围营造以及公众对科学的互动愿望，促发了对科学诠释的形式创新与发展，其中，科学节活动就是这一需求的具体体现。科学节极具创造力，这种集中对科学与技术诠释的公共活动形式多样，通过展览、体验、表演、演讲、研讨会、讨论会以及辩论方式；也可以在咖啡馆、酒吧和餐馆讲述科学故事，让科学家与喜剧演员们共同演绎，科技 + 艺术的形式让公众参与进来，促进了公众同科学家和工程师平等交流，对社会具有积极的影响。

第二节　新技术时代科普工作的发展

一、“互联网 + 新媒体技术”推动科学教育方式的转变

“互联网 + 新媒体技术”让“随时随地学习”成为可能，这种转变对于整个社会的学习具有划时代的影响。整合、移动化和宽带化是新媒体发展的主要趋势①。讲解工作为了满足多样化和个性化的科普需要，积极引入中外先进的科学教育理念，并不断探索多样化的实施方式，以帮助参观者获取科学知识，体验新成果并逐渐形成新观念。其中，体验学习就是一种独具魅力的科学教育方式。体验学习是一个学习的过程，而不是结果；体验学习是以体验为基础的持续过程；体验学习是在辩证对立方式中解决冲突的过程；体验学习是一个适应世界的完整过程；体验学习是个体与环境之间不断交互作用的过程；体验学习是一个创造知识的过程②。新媒体技术与学习渠道融合、终端融合所带来的变化将是学习方式改变的重要因素。如新媒体技术具有快速传输信息的特点，这要求科普要能够快速反应最新的内容，让参观者可以在第一时间看到科技动态，体验科技成果，甚至是可以实时看到正在发生的动态视频画面。随着移动通讯设备的普及，如智能手机、平板电脑等为参观者提供了移动学习的便利。利用移动终端能够及时方便地获取所需科技信息和

① 张文俊. 数字新媒体概论［M］. 上海：复旦大学出版社，2009：293.

② 张际平，许亚锋. 新媒体、新技术体验学习的设计与实践［J］. 现代远程教育研究，2012（6）：18—24.

资源，这种移动学习的方式已被越来越多的参观者所接受，在面对参观者学习方式的转变，讲解方式也开始尝试对其的适应。参观者随时通过便携电脑、智能手机等轻松获取信息，还能通过手机短信、飞信、博客、微博、微信、电子公告牌系统等多种途径发送信息或对信息进行讨论反馈，对其所喜欢的信息进行互动，表达观点，发表意见或电子留言，最终实现自愿参与和主动交流。讲解的物理空间被打破，讲解中还需顾及线上的互动与交流。

在讲解过程中，需要充分正视环境中的变化。目前，对于学习的研究，学者又提出了“泛在学习”的概念。从广义角度而言，泛在学习，即任何人通过任何设备对任何内容，在任何地点、任何时间进行的一种无缝连接的学习方式①。泛在学习具有学习及时性、学习情景化、实时交互性的特征，这与新媒体技术的特征有着较大的相似之处。体验学习、移动学习其实都是泛在学习的一种具体表现形式。只要参观者愿意就可以通过适当的工具和环境适时地获取信息和资源，并根据个体选择的内容和认知目标，实施主动学习。这种学习方式是从参观者自身需求出发，体现了科普的个性化和共享性。学习方式的改变促使科学教育方式进一步开放，为参观者提供更为便捷的学习环境。在教育活动中，可以通过引入 App 软件和二维码等新技术，让参与者直接通过智能手机参与教育活动，参与者视角出发，实现导览与学习单一体化的功能，使得教育活动充分体现自愿性、功能性和趣味性。再如，通过卫星传输让现场的参观者可以与南极科考人员直接对话，及时了解科研人员在极地的生活情况和最新发现。同时，Web2.0 的快速推广，也让网上虚拟呈蓬勃发展之势，利用网络平台优势能够实现与学校的优势资源整合，进一步扩大合作范围，促进了科学教育的社会化的横向延伸。集娱乐、休闲和教育功能于一体的发展趋势让教育和乐趣都是紧密联系在一起的，娱乐和教育之间的界线本不清晰，而且将越来越模糊。此外，自助设备及配套的运营模式也满足了部分科普受众的需求。

二、WIFI、RFID、VR/AR 等新技术的渗透

传统的讲解形式，观众最熟悉的画面是讲解员佩戴讲解器，在所展示的现场向观众讲述，早期讲解主要是针对团队讲解和贵宾讲解。随着近年来科技不断进步，逐步形成自助导览讲解、专题辅导讲解、各类活动/表演定制讲解等不同的多元化形式。与传统的讲解陈述相比，借助新技术展示内容可以营造多样化的学习氛围，构建新的学习方式，满足个性化的需求，激发兴趣，进而提高传播的有效性。具代表性的新技术应用主要包括：基于 WiFi 技术的

① 潘基鑫，等．泛在学习理论研究综述［J］．远程教育杂志，2010，28（2）：93—98.

无线多媒体智能导览、RFID 技术及 VR/AR 等。

基于 WiFi 技术的无线多媒体智能导览系统。该技术适应于展馆内部，提供良好的信号覆盖，无明显的信号盲区。多媒体智能导览所用终端符合用户操作习惯，系统功能应包括文字、图像、视频、语音（音效）等。早期系统多采用 PDA 作为导览设备，具有局限性，具体表现为系统依赖后台服务器，所以对现场环境要求太高，以致设备响应慢，操作中容易死机。维护复杂，外设成本高。设备本身运行耗电量较大。目前该设备电池容量小，持续运行时间仅 2 小时左右。要满足全天连续工作，只能加大电池容量，从而加大设备体积和重量。按键和定位有局限性。内容制作和写入复杂，存储量小，设备性能已落后，缺少配件。基于 WiFi 网络下的 PDA 导览系统已逐步淡出主流市场。

RFID 技术在科普场馆中的应用。RFID 技术应用于科普场馆、旅游景区等区域，国外很多景区、博物馆、展览场馆都有此类应用，结合展项拓展个性化的应用模式，为观众提供新的教育体验和更为完善的服务。RFID 技术的主要优点：无需布网进行信号覆盖。RFID 技术可自动识别对象目标并获取相关信息，可在各种恶劣环境下工作。RFID 系统只有两个基本器件：应答器（发射器），每个发射器都有一个唯一的电子编码，俗称电子标签；接收器（终端器），它可进行数据交换。接收器上操作界面直观，简单易懂，且支持多国多种语言，讲解信号自动接收或数字点播。美国加利福尼亚创新科技馆自 2005 年起，观众在参观过程中只需佩戴基于 RFID 技术制作的手环，并用手环对准展项上方的 RFID 识别器，即可参与展项的相关拓展活动。在参观结束之后，观众还可以凭借手环浏览科技馆针对自己设计的个性化网站，进一步加深对展项知识的理解，同时也可以用手环体验新的展项。

近年来，VR/AR 技术的出现将虚拟世界和现实世界相结合。VR（Virtual Reality），即虚拟现实技术，是一种可以创建和体验虚拟世界的计算机仿真系统。它利用计算机生成一种模拟环境是一种多源信息融合的交互式的三维动态视景和实体行为的系统仿真使用户沉浸到该环境中。是一种通过计算机模拟真实感的图像，声音和其他感觉，从而复制出一个真实或者假想的场景，并且让人觉得身处这个场景之中，还能够与这个场景发生交互。AR（Augmented Reality），指的是增强现实技术，是一种实时地计算摄影机影像的位置及角度并加上相应图像、视频、3D 模型的技术，这种技术的目标是在屏幕上把虚拟世界套在现实世界并进行互动。简单而言，是一种直接或间接地观察真实场景，但其内容通过计算机生成的组成部分被增强，计算机生成的组成部分包括图像、声音、视频或其他类型的信息。

从虚拟成分及现实成分的视角而言，VR 呈现的是完全封闭的虚拟世界，而 AR 是基于现实环境叠加虚拟物体或电子信息，从而对现实达到“增强”的效果。VR 技术主要具有沉浸感、交互性及假想性特征。沉浸感，一种让人身处虚拟场景内的感觉，依靠遮挡真实场景的光线，提供尽可能大的视角，具有真实感的画面，三维、立体的视觉，环绕声场和其他感官的刺激实现。交互性，用户可以和虚拟场景中的内容发生实时交互，对用户行为具有真实感的响应，可以有视觉上、听觉上和其他感官上的回馈，依靠传感器、软件运算、执行机构等系统实现。假想性，可以根据设计者的想象设计出各种各样的虚拟场景，内容来源于现实而高于现实，可以在一定程度上违反物理定律，超现实的虚拟场景，依靠人为想象，软件设计，特效等途径实现。VR 装备更多的是用于用户与虚拟场景的互动交互，更多的使用位置跟踪器、动捕系统、数据头盔/手套等。

AR 技术主要具有现场感、增强性、相关性特征。现场感，通过直接（镜片透视）或间接（摄像头拍摄，实时播放）观察真实世界，处于什么现场就显示什么现场。增强性，对现场显示的内容增加额外信息，包括图像、声音、视频或其他信息。相关性，计算机必须对现场进行认知，增加的内容和现场具有相关性，包括位置相关、内容相关、时间相关等。AR 设备则需要摄像头，在摄像头拍摄的画面基础上，结合虚拟画面进行展示和互动。带摄像头的智能手机、IPAD 等终端设备，只要安装 AR 软件都可以使用。

VR/AR 技术的发展让信息传播方式有了新的选择。如 2015 年 8 月，大英博物馆通过 VR 技术让观众穿越到青铜时代，利用灯光和气氛体验青铜器时代的生活，并参与古人的各种仪式，包括祭祀太阳仪式等。2016 年 1 月，美国佛罗里达州的达利博物馆推出了全新的虚拟现实 VR 艺术体验“达利梦境之旅”展览，讲述了迪士尼创始人 Walt Disney 和 19 世纪著名的西班牙画家 Salvador Dali 之间的故事。参观者佩戴 VR 眼镜后，可以像蚂蚁仰望着高塔那样的角度体验到在沙漠中央看到巨人般雕像时那种孤寂的感觉，并在这幅三维景象中随意走动，将进入到达利 1935 年的画作《考古回忆》（《Archeological Reminiscence of Millet’s Angelus》）当中，亲自感受超现实主义画作的魅力，整个漫游体验为 5 分钟。为了达到理想的虚拟现实效果，使用了顶级建模、灯光以及机理工具，并建立新型导航系统，从而实现了漫游梦境的奇异艺术效果。全球顶尖的 AR 技术公司微软 Hololens 和 Magic Leap，他们力图将世界上一切现实环境与虚拟信息结合。有些厂商也正积极研制适用于创造性增强现实（Creative AR）互动产品，比如将自己创作的作品与身边的环境带入屏幕互动，像“乐高”一样提供一个无限创作的空间，培养创造力，随时随地从现实世界中寻找灵感和元素，创造个性化的互动世界。

VR 相关技术正在起步，新技术应用于教育的例子也不少，但技术标准的制定尚未出台，技术缺乏内容的属性，以致内容的普适性不强。AR 技术大多是通过扫描二维码来叠加信息，利用图像识别技术识别预设的图片，存在同质化严重，内容受限，大多数是传统识字卡片和故事书的升级，只有简单的认知体验。相应的开发平台、应用套件以及硬件设备等逐渐得到完善和普及。

三、全球化和“大众创业，万众创新”背景下科学传播工作的新挑战

当今，创新已成为全球可持续发展的核心动力，创新意识和创新能力越来越受到社会公众的广泛关注。创新动力是指那些促进和推动创新的力量，可以分为外部和内部动力。外部动力主要包括技术发展的推动力、市场需求的拉动力、市场竞争的压力和政策鼓励的拉引力。内部的创新动力包括有物质动力、精神动力和信息动力。在具体的创新过程中，需要尽可能把外部因素转化为内在力量，进而追求创新过程中的涌现①。构成城市动力机制的要素有富有创意的人、意志与领导力、人的多样性与智慧获取、开放的组织文化、对本地身份的强烈的正面认同感、城市空间与设施和上网机会②。城市的创新离不开公众的理解与参与，在经济全球化和知识经济背景下，最基础也是最关键的，就是要提升公众的创新意识和创新能力。科技创新中心的建设需要社会多方参与创新活动。除了战略合作和高强度的研发经费投入外，会有大量的知识转移和传播，而知识和资源的信息集聚会产生新知识，这些新知识溢出、转移到其他研究共同体，引发更多知识的产生。科学传播的未来是在一种“多元、平等、民主、开放、互动、协调”的社会文化氛围中，由公众自发、自愿参与科学传播的实践③。近 20 年来，国际学术界对世界大都市的关注不再局限于经济、科技与政治效能的评价指标，而更多地聚焦于其“社会文化土壤”的支撑作用。Saxenian（1994）在探讨硅谷的科技创新优势时，就曾指出，硅谷的成功不单纯依赖技术集聚和资本效应，同时也依赖其独特的社会环境与文化支持，只有当生产和技术研发植根于特定的社会结构和制度网络时，专业化才能转变为灵感来源与创新源泉。Michael（1997）提出，

① 连冬花．从“科学革命的结构”看创新——对创新的一般性规律探索［J］．科技管理研究，2011，31（15）：4—7.

② Charles Landry. *The Creative City*: *A Toolkit for Urban Innovators* ［M］．London：Earthscan Ltd，2000：35—38.

③ 黄时进．科学传播导论［M］．上海：华东理工大学，2010：293.

惯例、习俗与社会关系是全球城市区别于其他城市的核心要素。Hal（1998）认为，全球城市经历了技术—生产创新、文化—智能创新、文化—技术创新三个阶段，在后两个阶段中，社会文化条件的支持作用更为重要。但关于全球城市和全球科创中心的“社会文化土壤”的研究，迄今为止仍是高度碎片化的，其主要原因看来是缺乏一个可以用来分析此类问题缘由的理论框架。例如，上海作为重要的中心城市，已具备建设全球科创中心的良好基础和实力。其研发投入强度达3.37%，人才总量达413.8万，拥有一批科研实力较强的院校及国家实验室。截至2014年底，上海有效发明专利拥有量5.65万件，每万人拥有发明专利达23.7件①。2015年上海市政府发布的《关于加快建设具有全球影响力的科技创新中心的意见》，上海最终要建成具有全球影响力的科技创新中心，成为与我国经济科技实力和综合国力相匹配的全球创新城市。“科技创新的先进理念和全民的科技创新意识和创新素养”是具有全球影响力的科技创新中心的特质之一②。创新驱动发展的关键是科技创新。创新人才是以其知识、能力从事创新活动，推动创新成果应用、商业化、产业化的人才③。“十三五”期间，加快建设创新人才集聚高地和创新思想汇集地④。其基础在于全民科学素质。因此，传播方式创新成为科普满足个性化需求的必然趋势。传统的传播模式、科技教育目标和目的似乎都难以满足当今社会迫切培养有创新意识、创新思维和创新能力人才的要求。作为科普传播的重要手段之一的讲解同样需要应对社会的需求与变化。

第三节 讲解大赛及参赛建议

国际博物馆协会于1974年将博物馆定义为“博物馆是一个不追求营利、为社会和社会发展服务的公开的永久性机构。它把收集、保存、研究有关人类及其环境见证物当作自己的基本职责，以便展出，公之于众，提供学习、教育、欣赏的机会”。讲解是博物馆开展宣传教育的重要手段。近几年，科普讲解备受社会高度重视，不断在传承中创新与拓展，全国性的讲解赛成为新的风向标。

---

① 盛垒，等．从资本驱动到创新驱动——纽约全球科创中心的崛起及对上海的启示［J］．城市发展研究，2015，22（10）：92—101.

② 王莲华．科创中心呼唤“大科普”［N］．文汇报，2015－06－11（005）.

③ 周振华，周国平．科技创新：上海转型发展的突破口［M］．上海：上海人民出版社，2013：284.

④ 上海市人民政府发展研究中心课题组．上海市“十三五”规划基本思路研究［J］．科学发展，2015（3）：28—48.

一、全国主要的讲解大赛类别及特点

（1）全国科普讲解大赛：大赛旨在向全社会广泛普及科学知识、弘扬科学精神、传播科学思想，倡导科学方法，为全国科普传播者、讲解人员和科普志愿者搭建学习交流的平台，提升各科普场馆、科普基地的科普传播能力，推动科普事业的发展。赛事每年一次。大赛分淘汰赛及总决赛两个部分。

淘汰赛由选手自主命题讲解、科技知识问答两部分组成。自主命题讲解由选手自行确定一个科普内容命题进行讲解。讲解时，选手可借助多媒体、实物等多种手段辅助进行讲解。科技知识考核为中国公民应具备的基本科学技术、方法与能力等（比赛前为选手提供科技常识题库），主要考察选手的基本科学素养状况。比赛时由选手随机从题库中抽取 4 道科技常识题目进行回答。总决赛由自主命题讲解、随机命题讲解两部分组成。自主命题讲解的命题可与淘汰赛重复，具体要求与淘汰赛相同。随机命题讲解考核选手的随机应变能力和对相关问题的个人见解。比赛前为选手提供 20 个随机命题讲解图片或视频，比赛时抽取其一进行讲解。讲解时，选手不得借助多媒体等辅助方式进行讲解。随机命题讲解考核选手的随机应变能力和对相关问题的个人见解，讲解内容必须与图片或视频内容密切相关。

（2）全国科技馆辅导员大赛：赛事两年一次。主要是依托科技馆的展品资源，实施分众辅导，大赛分为展品辅导赛、科学表演赛及其他科学表演节目。

展品辅导赛重点考察选手的辅导基本功，针对辅导员对科技馆展品的理解、主题式辅导开发能力的比赛，参赛形式为个人赛，比赛时选手随机从大赛展品题库中抽取题卡，根据题卡指定的展品和辅导观众对象，分为青少年、普通观众、科普爱好者，对相关展品的操作体验方式、科学内容、教育目的、知识拓展等进行现场辅导。除展品视频或动画之外，选手不得使用其他辅助手段。通常分三类辅导对象，如青少年——本届大赛特指小学 1—6 年级学生，普通观众——本届大赛特指父母携子女参观的家庭。科普爱好者——本届大赛特指中学生科普爱好者。参赛选手可在上述规定范围内，自行确定并向评审专家说明辅导对象的具体年级，如小学 4 年级、高中 2 年级等、个体或团组等。综合能力的考察主要分为科技知识水平及主题式辅导开发能力。比赛内容为科技知识问答，主要从科技知识广博性和积累水平的角度，重点考察选手作为科技辅导员的基本科学素质，而不是背书。主题式辅导采取 PK 形式，重点考察选手的辅导开发能力。同组选手在赛前 1 小时先后抽取题卡，并根据题卡上指定的 3—5 件展品及素材资料，经准备后至少挑选 3 件展品进行主题式辅导。

科技馆辅导员大赛中的科学表演赛最具吸引力，可以说是讲解形式拓展的试验场，包括趣味科学实验、科普剧、其他科学表演。其中，趣味科学实验要求以科学实验为主要表现方式，表达确定的科学原理或概念；科普剧是以表现科学内涵为目的的戏剧作品，是集合了剧作、导演、表演、舞美、灯光等艺术手段的综合性艺术表现形式，要求是小型科普剧，类别可以是话剧、歌舞剧，也可以是京剧或地方戏，全剧情节一般在一幕内完成，要拥有完整的故事情节和鲜明的人物角色或拟人化的动物、植物等。此外，设有其他科学表演，如科学秀和表现科学内涵的歌舞、诗歌朗诵、相声、脱口秀、童话故事等，要有较强的艺术表现形式，鼓励形式和手段创新性。均限时 8 分钟，每个节目参演人数在 10 人以内。题材、道具不限，均可辅助使用投影、效果灯光和音乐等表现手段。比赛还借助中国数字科技馆平台，开展多项线上活动。如决赛网络直播、科普剧作品在线提交与展示、在线评选“最牛辅导员”担任大众评委、最具人气奖在线评选、展品辅导赛复活环节在线投票等。各类线上活动增加了比赛的大众参与性，对大赛及科技辅导员这一职业起到良好的社会宣传效果。

（3）爱国主义教育基地讲解员大赛：爱国主义教育基地讲解员大赛目标主要是为打造一支业务精湛的爱国主义教育基地讲解员队伍，深入挖掘爱国主义教育基地所蕴含的精神内涵，进一步发挥爱国主义教育基地宣传教育功能。各地市委宣传部、市爱国主义教育基地工作领导小组都会定期举办爱国主义教育基地讲解员大赛。讲解形式主要是演讲方式，以情动人，模式相对固定。每位选手准备 5 分钟内的演讲内容，可配合 PPT 演示，有些大赛，决赛会有才艺展示环节。内容要求主要是围绕特定主题，结合各教育基地陈列展示内容和人物故事，凸显作为红色之源的历史底蕴，呈现中华民族为实现中国梦奋勇前行的历程，讲述中华儿女的“追梦”故事，展现“追梦人”始终不渝的坚定信念和追梦情怀。

（4）景区景点讲解员大赛：景区景点讲解员大赛旨在激发旅游景区景点讲解服务人员爱岗敬业的热情，树立一批岗位成才典型，全力打造一支优秀的旅游讲解员队伍，在行业内树立了模范的楷模。讲解员承担着景点与游客的桥梁作用，是城市和行业的形象代表，开展景区景点讲解员服务技能大赛，不仅对提高讲解员综合素质有着积极作用，同时也对景区景点培养讲解员起到引领作用，培养出出色的“金牌讲解员”。景区景点讲解员大赛包括笔试、讲解、才艺展示等部分，笔试主要考察参赛人员对景点概况、地域文化、时政热点、景点导游服务规范、旅游政策法规、旅游信息等内容的掌握情况；讲解主要是对景点的内容及表达及现场应对能力考核。才艺展示以自我素质及综合能力的展示，通过大赛为提升游景区景点服务水平，打造国际化旅游城市，发挥积极作用。

从以上讲解赛的设置上，可以看到大赛的共性点及细分化趋势。

共性方面：评分标准，均采用百分制。通常，讲解内容，要求主题鲜明、结构严谨、观点正确、语言生动；语言表达，要求声音洪亮、吐字清晰、感情真挚、表达恰当、感染力强；讲解仪态，要求端庄得体、精神饱满。

差异性方面：科普讲解大赛、全国科技馆辅导员大赛更注重科学传播、表现形式、互动演示的创新。爱国主义教育基地讲解员大赛、景区景点讲解员大赛更佳关注精神与文化传承，另增设有笔试、才艺展示等环节。

二、参赛建议

讲解大赛搭建了讲解学习交流的平台，对参赛选手而言，大赛是对自身讲解工作的一次检验与总结，了解业内讲解水平及发展趋势，进而促进讲解工作。

参赛选手都希望在大赛中取得好成绩，然而，“台上十分钟、台下十年功”在赢到掌声的背后可以看到的是选手们多年的付出，离不开其刻苦学习与经验的不断积累。大赛是要求每一位选手在知识性、专业性和艺术性的综合展示，讲解是运用有声语言、态势语言和其他辅助表达方式向听众表达信息的一种社会实践活动。从讲解内容的理解、讲解稿的撰写，到现场语言表达、讲解技巧及礼仪规范都可以体现选手的基本功，练好内功，所以，提升综合素质是非常必要的。选手在参赛中常出现的讲解机械、突发紧张、表达不畅及整体效果差。究其原因，大多是因为对内容不熟、理解深度不足、缺乏有效的表达及演绎。建议参赛前，选手进行讲解赛对标，对参赛的内容、形式及自身的不足有一个全面地了解，在集中培训中加强训练，通过观摩、试讲等方式快速补缺。讲解赛营造出一个参观环境。然后，再把要讲解的正文切进来，这样容易使听众身临其境的真实感。讲解时，讲解者可以主动沟通听众，吸引听众，从而达到最佳的现场感和效果。

此外，从以往参赛获奖者来看，除扎实的基本功外，个人的创新性、独特性，亮点凸显，让选手脱颖而出。在科学诠释、通俗易懂、自然亲和等基本要求，富于其新的表现形式，直观、生动、幽默地吸引听众，从而达到最佳的现场传播效果。本书在后面的章节，将具体从讲解内容、讲解稿的编写、语言表达、讲解技巧、礼仪规范方面提出建议与交流。

新时代对讲解提出了更高的要求，讲解过程中人的主动性和创造性是独具魅力的，讲解不应仅给公众展现风度、修养，言谈举止、待人接物等良好印象，具有出色的语言组织和表达的能力和技巧等，也应具有较高的学习和研究能力，掌握讲解所涉及内容的专业性知识；并兼具有科学教育、创新教育的对接经验。同时，要具有当代传播技术的基本技能、知识综合及创新能力。科普讲解不仅仅在于传播科技知识，同时也必须注重对科学过程、科学思想和方法的传播，强调对科学精神的弘扬，对科学本性及其社会影响的认识和理解。

讲解工作的服务质量和水平直接影响到观众对所展示的科普知识的理解和吸收，讲解员既是科普教育的宣传员，更是弘扬科普文化、与社会对话的使者。未来，科普讲解员需要不断加强自身修养，丰富各种知识，加强研究能力和综合能力的培养，才能满足不同层次观众的需要，真正无愧于科普传播者的称号。

第二篇

技　能　篇

第四章　讲解词的编写

第一节　讲解词的意涵

近年来，科普工作得到社会各界越来越多的支持与关注，自然科学博物馆在硬件的建设方面投入了很大的精力，水平得到快速提升，场馆内的展品展项对参观者的吸引力也越来越强。从专业人士到普通参观都能够感觉到这种变化。在硬件条件不断提升的同时也就意味着对科普场馆的软件实力提出了更高地要求。面对大量的先进性的展品展项，如何用好这些展品展项也就成为了自然科学博物馆所要考虑的最为迫切的问题，同时对于自然科学博物馆的讲解员来说就是要思考“究竟该如何诠释这些展品展项”、“怎样说效果才会更好”等问题。这些问题的答案就能体现科普讲解员做好科普讲解工作的思路和模式。

从科学传播的角度来看，公众对于自然科学博物馆的参与度程度在近些年的确是随着公民科学素质的提高而不断提升。曾几何时，自然科学博物馆已经成为了公众主要的科普教育的场所。但与此同时我们也看到，科学传播的发出端也就是自然科学博物馆和接收端公众之间的信息往往是不对称的。绝大多数来到自然科学博物馆的公众在展品展项面前接收信息的时候是较为被动的。在现有模式下的讲解可以实现公众对于眼前展品展项的清晰认识，但是这种认识过于浅显与表面化。公众参观之后的结果就是“听一而知一”或者“听过即忘”“走马观花”，不太可能出现“举一而反三”。这其实并不是一个自然科学博物馆讲解所追求的理想结果，现代的自然科学博物馆与以往博物馆的功能已经有所不同，自然科学博物馆到了近代已经成为一种文化教育机构，承担宣传教育群众的职责。因此对于公众的讲解不能只停留在介绍展品展项的基础上，要向公众传播科学知识。

许多场馆的讲解员在现在的讲解思路设计中尚缺少统筹管理。面对越来越多的展品展项，讲解员力求将自己知道的全部讲解给公众听，希望把讲解内容全部传达给参观者，通常是走马观花。讲解员口若悬河，就像一个复读机背诵着大段的讲解词，参观者常常也是脚步匆匆、晕头转向，看完“A 展品”后立刻转换思路跟随讲解员开始参观相邻的“B 展品”。但即使这样，在一些大型的自然科学博物馆，完整走上一圈也会耗时很长。这样的结果主要是因为讲解员对全部展品没有通盘考虑，很多有着内在联系的展品展项没有形成整体一并讲解，导致每件展品都要从头说起，有的甚至还要来个“温故知新”，再次回顾一些已讲过的概念才能讲解清楚，时间就在这一过程中浪费了。通过一次的参观，讲解员大费口舌，讲得口干舌燥，公众听得云里雾里，当再次回忆起来觉得没有什么是让人记忆深刻的，参观在一定意义上就成为了“到此一游”。

如何做好自然科学博物馆的讲解工作，撰写好讲解稿就是首要任务。

一、讲解词的定义

讲解是以陈列为基础，运用科学语言和其他辅助表达方式，将知识传递给观众，是在一定的时境内，运用有声语言、态势语言面向听众表达信息的一种社会实践活动。讲解不是讲课，也有别于演讲。讲解是知识和语言高度综合的艺术，讲解职业特点综合了教师、播音员、演讲者、话剧演员、表演者等专业的技术手段，是专业性、知识性和艺术性的综合。讲解的对象千差万别，包括知识层次和年龄层次不同的特殊团体。随着信息技术进步，特别是多媒体技术的广泛应用，图片、音乐、视频开始运用在讲解中，展示了其独特的功能和作用。

讲解词是对人物、画面、展品或旅游景观进行讲解、说明、介绍的一种应用性文体，采用口头或书面解释的形式，或介绍人物的经历、身份、所做出的贡献（成绩）、社会对他（她）的评价等，或就事物的性质、特征、形状、成因、关系、功用等进行说明。①

讲解词，是对讲解内容和形式的规范和提示，它体现着讲解的目的和手段。从一般意义上说，编写讲解词是为现场讲解活动所作的准备，从特殊意义上说，讲解词的编写对讲解思维模式的形成和发展大有益处。

讲解词有补充观众在看与听时得到不完全信息的作用，是对观众获取信息的一种补充。电影讲解词，文物古迹讲解词，专题展览讲解词等，可帮助观众观看实物和形象的过程中，让其在发挥视觉作用的同时，也发挥听觉的作用。

讲解词主要是以听觉的方式来传达给参观者，是通过语言的表达来向参

---

① 解说词［EB/OL］. http：//baike. baidu. com/link？ url = HwpVZ7GJp-jQo8Vix_ Tfqz6KMzujZ6zrCyoiPiFvGcyRXNsz_ gXqFKYZlBQgLfElYoWmMKl_ CAqAPpb4MWGTGBiCkJc1z8XnK2QOAekirbptwjiDhdYHDVADi11mQfZe.

观者表述的，为此要求读起来上口、听起来顺耳。另外，讲解词是对实物和形象的补充解说，以实物和形象为编写的依据，它起着启承和转合的作用。讲解词的结构不太拘泥于结构，不苛求严谨，段落之间不苟求紧扣。讲解词的文体不同于一般的说明和说教，而是通过形象化的语言对实物和形象进行描绘，文艺性比较强。从某种角度上看，它是说明和诗词的结合，一篇好的讲解词，就是一首感人的诗词。

二、讲解词的特点

讲解词是配合实物或图画的文字说明，它既要便于讲解，又要便于观众一目了然。这就必须三言两语，用不多的文字把实物介绍给观众，使观众在观看实物或图画时，借助于简明的文字介绍，对实物或图画获得深刻的认识。

讲解词的编写有别于一般文章的顺序，它是按照展馆内展品展项陈列的顺序或画面推移的顺序编写的。但陈列的各种实物或各画面有一定的联系性但也有相对的独立性，反映在讲解词里，应该节段分明，每一件实物或一个画面有一节或一段文字说明。在书面形式上，或用标题标明，或用空行表示。既要做到合理的衔接，也要做到相对的独立。

讲解词是解说客观事物的，而客观事物又是复杂多变的，只有仔细地观察，深刻地研究，才能把它如实地反映出来，介绍给观众。因此，要写好讲解词，首先要认真的观察和研究你所讲解的事或物，对它们进行深入的了解，理清事物之间的关系。它们之间的关系可能是先后的，可能是总分的，可能是主次的，也可能是并列的。只有对你所讲解的事物有了一定的认识和了解才能将这些零散的内容和文字有机地结合在一起，形成一片有组织的讲解词。

讲解词的写作形式多样，讲解词也没有什么特定的文体，讲解的方法灵活，可用口语化的语言，也可用文学的语言，可用散文形式，也可用韵文形式。讲解词是各种自然科技博物馆中所经常使用的一种文体。但是讲解词也有一点它自己的特点。

1. 有声性

讲解词是口头传播的文稿，是讲给参观者听的，所以要求运用口语化的表达，明白如话，讲解者能顺畅上口，而倾听的人也能听着清楚明白易懂，能在短暂的参观时间内弄明白讲解者的意图，对展品展项有所了解。

2. 鼓动性

讲解词是现场带动参观者情绪的一种有效形式，所以具有一定的鼓动性。讲解词中将理、事、情有机地交融统一，冷静严肃的层层剖析，高度概括的哲理，生动形象的述事，辅之以热情的鼓动、感人的情怀，造成一种感染力极强的氛围。让参观者随着讲解员的讲解内容不断起伏波动。

3. 临场性

讲解词是供现场讲解用的，内容要根据参观者的反应而随之微调，以适应参观者的需要。所以既要有简单的提纲，又要有详细的讲解内容。在说明主要问题或疑难问题时，要准备几个能说明问题的例子，以便必要时使用。讲解过程是一个非常随机的过程，很多时候无法预料到现在可能发生的问题，因此要尽可能充分地准备。

三、编写讲解稿的基本要求

1. 科学性

科学性是指讲解稿的内容是否符合客观实际，是否反映出事物的本质和内在规律，即概念、定义、论点是否正确，论据是否充分，实验材料、实验数据、实验结果是否可靠等。应本着科学准确的原则，不虚构，不夸大。在撰写过程中应充分尊重历史和科学的资料，严格地按照事实和人文记录充分全面地归纳整理，防止凭空捏造；在必须美化或艺术加工时，也要有依据，不以作者个人的意愿或理解任意歪曲事实；必须充分而准确地体现展品展项陈列的价值内涵，不仅是历史价值、科学价值，而且包括审美价值；在引用名人名言或精妙佳句时，要充分考虑讲解效果和引文的准确性。

2. 通俗性

通俗性是指话语要浅显易懂，不能运用大量书面语，因注重书面语言和口头语言的适当运用。讲解的受众是观众，他们是信息的接受者。对于过于书面化的语言，观众可能无法在第一时间很好的接收到正确的信息，要以通俗简单的语言将你所要传递的信息传递给观众。

3. 生动性

一篇好的讲解词要能得到观众的认可，能让观众记忆犹新，生动的语言表达尤为重要。要充分利用观众的文化修养状况与接受心理，尊重观众感情意愿，使讲解词紧扣观众的参观动机与情感脉搏，并尽可能地给观众以知识与情感的启迪。

4. 整体性

讲解词并不能独立地完成讲解任务，它只是讲解的一个文字依据，是整个讲解活动的一个组成部分。讲解主体、听众对象、特定的时空条件共同构成了讲解活动的整体。撰写讲解稿时，不能将它从整体中剥离出来。[①] 为此，

① 讲解词的撰写［EB/OL］. http：//www. docin. com/p-1140739726. html.

讲解词的撰写要注意以下几个方面。

首先，要根据参观者的文化层次、工作性质、生存环境、品位修养、爱好愿望来确立选题，选择表达方式，以便更好地沟通。许多时候讲解员工在接待参观者前就已经知道参观者的一些背景，这样就可以事先按照参观者的整体情况来进行讲解稿的调整。

其次，讲解词不仅要充分体现讲解者独到、深刻的观点和见解，而且还要对声调的高低、语速的快慢、体态语的运用进行设计并加以注释，以达到最佳的传播效果。

另外，还要考虑讲解的时间、空间、现场氛围等因素，以强化讲解的现场效果。

5. 随机性

讲解活动是讲解员与听众面对面的一种交流和沟通。听众会对讲解内容及时作出反应：或表示赞同，或表示反对，或饶有兴趣，或无动于衷。讲解员对听众的各种反映不能置之不顾，因此，写讲解稿时，要充分考虑它的随机性，在保证内容完整的前提下，要注意留有伸缩的余地。要充分考虑到讲解时可能出现的种种问题，以及应对各种情况的对策。总之，讲解稿要具有弹性，要体现出必要的控场技巧。

四、讲解词的结构

讲解词的结构与一般文章的结构原则大致相同，由开头（像老虎）、中间（像猪肚子丰满）和结尾（像豹子）三部分组成。开头提出问题，中间分析问题，结尾解决问题。开头定好基调，中间形成高潮，结尾发人深省。

1. 开头

讲解词的开头很重要，一个好的开头可以立刻抓住观众，有一种引人入胜的感觉，如果开头就不吸引人的话，就会让观众失去了继续听下去的愿望。题目是讲解稿开头的“开头”。好的题目也就是一个好的构思。题目要既能提供信息又能吸引人的眼球，做到生动、精炼、新颖。

比如说，“穿墙而过”“扫码时代”等都极容易吸引到观众。问候和自我介绍是讲解稿的开始，让大家对这次的讲解员有一定的认识。一般科普讲解都是在科普场所内开展，讲解员会概括介绍科普场馆内容及相关背景。这一部分讲解词一般都会有科普场所进行统一的设计，因为这是观众认识和了解场馆的第一印象，可以说是场馆门面的形象语言，也是推荐自己场馆的一次机会。因此，前言、序语的创作应既礼貌又热情，既要有概括性又要简明扼要，以吸引观众的注意。在序言后就是对科普场馆内各个展品展项的介绍，对于展品展项讲解稿的开头大致分为以下几种。

（1）开门见山，直奔主题：很多讲解词都会采取直奔主题的开头方式，这样可以让参观者对你所讲解的内容一目了然。

以“鲎”的讲解稿为例：今天我要向大家介绍一个比恐龙还要古老的家族——鲎家族。它们的祖先诞生于4亿多年前，历经5次生物大灭绝的考验，至今唯剩4种，保留了它原始而又古老的相貌，穿越时光来到你我身边。这个开头就直接向观众说明自己今天要讲解的主题，还将观众有兴趣的恐龙与鲎作比较，显示了鲎比恐龙还要古老，保留了原始而又古老的相貌，让观众在第一时间就会产生去了解鲎这种动物的想法。

（2）提出问题，引人思考：讲解词的开头可以采用提出问题的方式，将自己要讲解的内容以问题的形式抛给观众，让他们思考。

以“从猿到人”的讲解稿为例：观众朋友们，你们知道人类的祖先是谁？昨天的他们如何演化成今天的我们？这样一种比较有悬念的开始方式，让观众可以马上思考人类的祖先和人类的演化过程，在头脑中形成一个自己的逻辑思维的框架，然后讲解员再将人类的进化过程告知大家，这样会在观众的头脑中留下较为深刻的印象，也便于观众与讲解员之间的沟通。

（3）制造悬念，扣人心弦：这种开头方式也叫做“故事式”，但这种方式适用于一些有故事的展品展项，就是开头讲一个内容生动、发人深思的故事，将观众带入到自己所讲的展品中，设计出特定的氛围，让观众很想听下去，知道故事的发展和最后的结果。

以“泗水拔鼎”的讲解词为例：相传在秦朝时期，泗水河中有一只鼎倒置在河底。秦始皇为了拔起这只鼎，组织了许多人一起来拔。结果绳子拔断了，这只鼎还是拔不起来。现在就请观众们来模拟当时拔鼎时的场景，来试一下您的身手吧。这个讲解稿的开头就是以故事的形式来引出展品，最后想大家提出大气压强的概念。

（4）直接参与，真切感受：这种讲解的开头就是让观众在没有听讲解之前先参与到演示中，通过自身的直接感受，再听取讲解员的讲解来认识展品展项。在科普场馆内有较多的参与性展品展项，因此很多观众都希望亲身参与其中。以“怒发冲冠”展品为例，单一的讲解无法满足观众的探究心态，在讲解原理前，先让观众亲身体验一下怒发冲冠是一种怎样的感受，当20万伏的电压通过人体时会不会有什么感觉，是否安全，在观众体验后再向其解释其中的原理可以达到事半功倍的效果。

还有几种开头的方式，也是比较多地运用在讲解词的编写之中。

● 新闻式

讲解员首先当众宣布一条引人注目的新闻以引起全场听众的高度注意。这样的开头，一下子就使听众为之震惊，并对事态关注起来。但这种新闻首先必须真实可靠，切不可故弄玄虚，否则，愚弄听众只会引起反感；其次要新，不能是过时的“旧闻”。对于科普场所的讲解稿来说，科技的发展可以说是一日千里，对于科学技术的新闻报道也实时更新，所以，以新闻作为开头可以获得观众更好的关注度，也能更好的结合当前社会科学技术的发展。

● 赞扬式

人们一般有听表扬语言的心理，讲解员在开场时说几句赞扬性的话，可以尽快缩短与听众的感情距离。但要注意分寸，不然会给人哗众取宠、油嘴滑舌的印象。

● “套近乎”式

讲解员根据听众的社会阅历、兴趣爱好、思想感情等方面的特点，描述自己的一段生活经历或学习工作上遇到的问题，甚至自己的烦恼，自己的喜乐，这样容易给听众一种亲切感，从而产生共同语言，双方的感情距离一下子就缩短了。

● 幽默式

用幽默诙谐的语言和新奇贴切的比喻开头，既能紧紧抓住听众的心，引人发笑，又能活跃会场气氛，让人在笑声中思考。

● 忠告式

讲解员采取郑重其事的态度，向听众讲明利害关系，以引起大家的警觉，从而增强演讲的实际效果的一种方式，一开始就讲出了事态的严峻，引起了听众的注意和警惕，使听众产生了急于听下去的迫切感。

● 渲染式

创造适宜的环境气氛，引发听众相应的感情，引导听众很快进入讲题开头的方法。这个开头，只用短短的两句话，便把听众引进了一个庄严、肃穆、沉痛、对革命导师敬仰的气氛之中，有利于听众接受正文所欲展开的谈论。

其实讲解词的开头方式多种多样，还是要根据不同的展品展项和所针对人群的不同进行撰写。

2. 主体

自然科学博物馆讲解词的主体就是对展品展项现象的演示和对原理的解释，一定要把握好讲解词的科学性和准确性。这部分讲解词要根据展馆的陈列路线，划分不同的参观阶段。在各个不同的阶段中，合理划分主次内容。主要内容多讲、细讲，可以在语言上加入艺术加工，进行语言艺术渲染，而次要内容少讲、粗讲，内容清淡，一带而过。注意在撰写时要层次分明，让观众参观时能够轻松地理解和接受。讲解稿有十分独特的问题要求，它是一种成文性的口语，它是一种口语化文章（文字是立起来的）。讲解稿的语言特点：听众的明确性、语言的即时性、表达的现场性。林语堂先生说：“一个好的演说稿，在他的演说讲完之后，他会感觉到他的演说有着四份的，一份是他原来预备的；一份是他实际讲出来的；一份是在报纸上刊登的；还有一份，就是他在回家途中想到当时应该怎样讲法的。”其实讲解稿也应如此，一份是最初写的讲解稿，一份是在实际讲解中讲出来的，一份是留给其他讲解员看的，最后一份就是在不断改进中的，可以说讲解词永远没有最终稿，尤其是自然科技博物馆的讲解词，随着科技水平的不断提高，讲解词的内容也会不断的更新和提高，让讲解内容更具有时代性。

讲解词主题的写作也是一个资料的搜集过程，在搜集资料之前要先分析一下观众，分析观众主要做以下三个方面的工作：收集有关观众的重要信息，以确定大部分观众的类似点；预测观众对话题的兴趣、了解程度和态度，已决定讲解的内容；了解观众的规模以及他们的态度以制定讲解稿写作的战略。搜集资料注意以下四个问题：要搜集适合广大参观者的材料；要搜集多种不同类型的材料（多样化、趣味性）；把搜集到的材料连同其材料来源一起写在单独的笔记卡片上，并将卡片分类；还有额外的材料。讲解稿的写作是一个深入的过程，又需经历如此的艰辛，所以才使讲解的主题更加深化。

在编写讲解词时也可以适当的设计态势语言，这样有助于观众更好地理解讲解词的意思。态势语言既是一种表情达意的手段，同时也是观众的审美对象。言之不足，手之舞之，足之蹈之。林语堂所言：既防止“过”，也不要不“足”。

如“声音”的讲解词：今天就请大家跟我一起来做三个实验。首先，举起右手中间的三个手指，轻轻地放在喉咙的位置，和我一起说：“奇特怪异的声音”“1，2，3，奇特怪异的声音！”各位，有没有感觉到什么？没错，我们感觉到了喉咙在振动！当我们说话的时候，空气经过喉咙，到达声带的位置，使声带产生了振动，便有了声音。不仅是我们说话的声音，所有的声音都是由振动产生的！我们再来做一个实验。请举起左手的一根食指，并且举起右手，让我们轻敲一下右手的手肘。各位，有没有听到声音？可能声音比较轻，现在请伸出右手的食指，塞进耳朵，我们再来试试看。怎么样，声音是不是比较清楚了？那是因为手臂就是固体，声音在固体中的传播速度比空气中更快，所以我们听的更清楚。在这段讲解稿中就大量的运用到了手部的动作，让大家更易于了解声音的传播，在听讲解的同时还无意识地参与到了讲解中。

又如“穿墙而过”的讲解词：为了便于理解，现在请大家跟我一起来做一个游戏。各位观众，请像我一样伸出左手，五指微微张开，这就好比是水平方向的偏振膜，它可以让水平方向的光线透过，接着，我们伸出另外一只手，这好比就是垂直方向的偏振膜，当我们把手重叠时，大家想一下光线还能够透过吗？说到这儿，我相信绝大部分的观众都已经猜到了：“墙”的两侧，就贴有这样两种偏振方向相互垂直的偏振膜。在它们重叠的地方就形成了一块不透光的区域，这就是我们所看到的两堵墙。其实，管中内部没有任何的遮挡，小球当然可以自由地来回滚动。这些讲解词都不约而同地在其中运用了大量和观众进行互动的态势语言，这些互动的态势语言让观众在参与到讲解的同时也会对所讲解的展品展项记忆犹新。

因为一篇好的讲解词具有延续性和广泛运用性，好的讲解词是要让每一位拿到稿子的讲解员工能很快理解讲解词中的内容并在最短的时间内讲述给观众听，因此在编写讲解词时还可以适当地编制摘要。使用摘要的这种方式可以保证你是在向观众“说”稿子而不是“背”稿子，可以有效地加强讲解与观众的交流。如何准备一份讲解摘要：写出要点和次要点；列出结构提纲；摘录重要材料的关键性信息；提示词和标记。

3. 结尾

结束语和开头同等重要，是讲解员表达思想、打动观众的最后机会。良好的结尾能使讲解在热烈的气氛中圆满结束，给观众留下强烈的印象。要注意：激情洋溢，富有鼓动性；新颖巧妙，不落俗套，简洁精练；收拢全文，提示要旨；不能匆匆了事，要耐人寻味。迪金森说：结尾留下些没讲的东西应该与你讲过的东西同等重要。结语为总结与告别性语言。对主体内容进行简明扼要的回顾，留给观众一个总体的印象。当礼貌优雅的告别语在观众耳畔萦绕之时，会在他们心中增加回味和留恋之情。这就是结语的动人之处。结尾一般有“谢”圆场表真情，就是对倾听自己讲解的观众表示感谢；总结式，就是对展品展项的概况总结；余味式，就是在结尾对观众提出一些发人深思的问题，给观众留下哲理性的思索和回味。

下面就以几个结尾作为举例，如讲解词“鲎”的结尾；这样一个传奇的“活化石”家族，近年来由于人类活动，家族成员急剧锐减，濒临灭绝。世界各国医学界和动物界专家都在呼吁保护这种珍贵的蓝血生物。鲎已经在地球上生活了4亿多年，希望人类不要伤害它们，让这个神秘而又奇特的生灵还能一直守“鲎”下去。这是一种余味试的结尾，在结尾处为观众留下一点深思，留下一点共鸣，呼吁大家一起来保护鲎这种“活化石”。

如讲解词“从猿到人”的结尾：各位观众，如果有兴趣，欢迎来到上海自然博物馆与我一起回溯人类的足迹，揭晓起源之谜。这种结尾就是要牢牢抓住观众，让观众在听完讲解后有对上海自然博物馆一探究竟的想法。

如“声音”讲解词的结尾：但我们可以用另一种方式用手来发声。请大家和我一样，举起左手和右手，1，2，3，就这样感受声音。你们听到了什么？谢谢大家给我鼓励的掌声！这也是一种间接求得观众掌声的方法，无疑很好地调动了现场的气氛。对于单一展品展项的结束语还应当考虑到与下一展品展项的合理过渡，要注意前后之间的衔接，要流畅，不能生硬和呆板，让观众对下一陈列产生不好的影响。

第二节　讲解词的内容

一、认识展品内涵

经常出门旅游的朋友肯定知道一句话，“山水美不美，全靠导游一张嘴”，一名优秀的导游能够通过自己的讲解帮助游客丰富阅历、增长见识，拨动游客心弦，引发共鸣。其实对于自然科学博物馆的讲解员来说，也是如此。通过讲解不仅能够让观众获得科学知识，更加能够产生科学人文升华。所以，讲解员的讲解内容就起到了至关重要的作用。一名优秀的讲解员需要做到“上知天文地理，下知鸡毛蒜皮”，在讲解的过程中要做到成竹在胸，这就要求讲解员要有丰富的科学知识背景，掌握大量的与展品相关的内容，熟悉和准确理解展品，做到言之有物、言之有序和言之有“色”。①

优秀的讲解内容首先要做到言之有物。言之有物指的是每个讲解员要明确讲解的目的，也就是为什么要讲解。还需要讲解员充分理解展品内涵，明白自己究竟需要讲些什么。所以在策划讲解内容之前，要先明确展览的背景、主题和意义。然后是每件展品和主题的关系、在展览中所起到的作用、展示的原则等。这样就能在讲解中充分发挥讲解的目的性。当然，对于一名经验较少的讲解员或者没有参与到展览前期工作的讲解员来说，有时还可以听取一些展览设计师的介绍，这样也可以帮助讲解员理解展览的内涵。

优秀的讲解其次要做到言之有序。所谓言之有序是指在讲解的时候要按照一定的顺序来实施讲解。这就要求讲解员要事先理清体系，分清重点。每个展览在布展的时候都是按照一定的顺序体系来进行的。这个体系是展览设计师创作思想的呈现。一般而言，一个展览总体上都有一个整体的框架结构，然后再细分成若干个单元，每个单元中都有若干具有内在联系的展品构成。所以，讲解员要事先了解展览的框架、展品的表现形式、展示手段等。而我们讲解的重点就是整体框架中最能体现主题、最具典型性和最有代表性的展品。只有做到理清体系，分清重点才能真正做到明确主题，详略恰当。

优秀的讲解内容还要做到言之有“色”，这个“色”指的就是整个讲解的基调。所有的展览除了要将展示的展品介绍给公众以外，还饱含了展示感

---

① 贾雪虹．博物馆讲解如何“因人施讲”［J］．上海文博论丛，2010（2）：60—63.

情。有人质疑，这种感情在一些人文展览、博物馆展览中肯定是存在的，那么在科技类展览，比如科技馆中是否一样存在。其实在科普展览中，人文精神的升华一样存在。很多展品在介绍了科学知识的同时，还体现了很多哲学、人文主义精神、科学精神等。所以，讲解员在准备讲解内容的时候就要定下合适的讲解基调。根据展品的精神及观点，通过讲解来表现出展览总体的人文精神。这就要求讲解员在做到理解展览基本内容的基础上，能够将内容与精神、理解和表达完全统一起来。

因此编写讲解词就应该在完整明确并理解展品的基础上，定下讲解基调，配合各种艺术表达方式，这样才能做到真正的绘声绘色。

综上所述，在撰写讲解词之前一定要深刻认识展品，了解自然科学博物馆展品的由来、分类，观众的需求以及不同类型展品的讲解重点。

1. 自然科学博物馆展品的由来及其基本特征①

随着自然科学博物馆事业的蓬勃发展，学界普遍认为自然科学博物馆展品应该具有科学性、知识性、趣味性、参与性和体验性这五个基本特征。前三个特征是科普场馆的展品所必须具有的特质，然而后面的两个特性同时也是很多游乐场或者主题乐园所具有的，比如风靡世界的迪士尼乐园等。那么，自然科学博物馆和游乐场究竟应该如何区分呢？里面的展品又有些怎样的区别呢？

当今的自然科学博物馆或者一些地方称为科学中心的互动性展品经历了以下的发展过程：

- 1851 年伦敦万国博览会上以展示科技工业发明为目的的动态演示型展品
- 1906 年慕尼黑科学与工业成就博物馆（即德意志博物馆）以科学教育为目的的动态演示型展品
- 1937 年法国发现宫以演示科学原理和现象为目的的参与体验型展品
- 1969 年美国探索馆以体验和探究科学为目的的参与体验型展品

从这个发展历程中，我们不难总结出最早的科学工业博物馆中那些动态的、具有演示功能的展品，它们的起源就是一些日常生产劳动的机械工具及设备。而后期的科学中心里，那些可以让公众亲手参与并体验的展品则是来源于科学实验、生产工具、自然和生活中的科学现象。

直到法国巴黎发现宫的创始人让·佩兰和美国旧金山“探索馆”的创始人弗兰克·奥本海默将在实验室中广泛运用的科学研究仪器转化为学校课堂

① 朱幼文．科技馆教育的基本属性与特征［C］．中国科协年会——分 16 以科学发展的新视野，努力创新科技教育内容论坛论文集，2014.

的教具，并且为学生们授课，由此诞生了最早的自然科学博物馆展品，并且把这一原型逐渐扩大至生产工具（机械）、自然和生活中的科学现象。

在这一过程中，有两个基本要求也就是现在自然科学博物馆展品的两个种类——演示类和互动类展品。演示类展品通过形象、动态、直观的展示手段，将实验仪器、实验设备内部以及生活中和自然界里的一些常见现象中所蕴含的主要科学原理展示在公众面前。而互动类的展品就是在演示类展品的基础上，通过模拟及再现的展示手段，重现实验、生产及生活中这些现场发生的过程，并最终达到让公众了解科学的目的。

科学家们如何通过实验设备观察自然、生活中的现象进行科学研究，发明家如何通过研究发明工具等这些都属于“科技实践”的范畴。当代自然科学博物馆的展品之所以能够备受公众的欢迎，就是因为它们可以为受众提供良好的学习体验的情境，很好地还原这一“科技实践”的过程。

人类在学习的过程中主要就是为了获得“间接经验”和“直接经验”。“间接经验”主要是通过书本学习而获得的。“直接经验”则是通过实践获得的。

观众可以在自然科学博物馆里体验、学习、实践，这个正是通过自然科学博物馆的展品所营造的获得“直接经验”的过程。而一般大部分学校的课堂教育，博物馆静态的展示品以及各大媒体比如报纸、书本、影视等，提供给受众的都是“间接经验”。

美国旧金山探索馆的展品要求能够满足两个条件：第一，展品必须营造出和科学家工作环境一样的氛围；第二，每个展览的对象都是学习者，所以，展品要以学习者为出发点来设计，以达到学习者自主探究、发现、学习的目的。这样才能真正实现科学教育的宗旨——尽可能地还原科学的真实。

同时，很多游乐场，主题乐园中不乏大型的游乐项目，虽然他们的结构、运行都和科学相关，但是他们的最终目的是娱乐大众，并非教育，更谈不上让游客从中获得“直接经验”了。

2. 自然科学博物馆展品的分类

自然科学博物馆的展品种类繁多，可以根据学科、展示手段的不同分成不同类型：

按学科分有历史类、物理类、化学类、数学类、生物类等。比如常见的电磁类展品“怒发冲冠”就是属于物理类展品。而大部分的动物标本则属于生物类。

按展示手段分有互动型、展览型和多媒体综合展示型等。比如国内科技馆经典展品“高空骑车”就属于互动型展品。而一些大型的剧场就属于多媒体综合展示型。

3. 准确了解和设法满足观众的需求①

讲解员面对观众的时候，不可能满足观众的所有个性需求。但是，可以努力找到所有观众共性的需求，并且可以从讲解的教育功能和服务功能上尽可能地加以满足。

自然科学博物馆的观众形式主要有家庭观众、旅游团队观众、及其他一些观众群体，无论哪类观众，都会有一些共同的需求，比如门票价格、博物馆规模和概况、餐饮、交通等。这些最基础的讲解内容都是需要讲解员掌握的。

另外在教育功能的需求上，尽管自然科学博物馆是普及科技知识的场馆，但是它更大的作用是让观众感受科技，接受科学熏陶，激发科学兴趣，培养创新能力。可是由于场馆本身展览的限制，使得场馆无法系统地介绍科技及其他相关知识，难以满足广大观众众多方面知识的需求。同时自然科学博物馆教育是基于现代科技教育思想和传播规律的教育，强调主动学习和自由探索。它和学校的基础教育不同。基础教育从来不是以受教育者的感性愿望和表面需求为依据的。除非是各类短期技能类的培训学校，否则是不能简单按学生的需求而设置教学内容和教学大纲的。然而自然科学博物馆是一种新的、非正式的教育方式，远未达到家喻户晓。因此，要让更多的人了解自然科学博物馆，进而成为自然科学博物馆的观众，这就需要自然科学博物馆的讲解员必须根据基本的教育和认知规律，选择能有效激发和培养观众兴趣的内容，创造能有效激发和培养观众兴趣的手段和形式。观众对场馆感兴趣与否决定于讲解员对于讲解内容的设计水平，如果设计得好，观众就喜欢，就感兴趣。

4. 明确不同类型的展品的讲解重点

一般而言，自然科学博物馆的讲解员都要求具有各个学科的基本知识。所以，在面对不同学科分类展品的时候，要明确展品所要传递的主要科学知识，但是在实际的讲解过程中，光有学科知识是远远不够的，因为自然科学博物馆的展品讲解不同于学校老师的授课过程，只需说清知识原理就行，但是在讲解过程中，还需要结合展品的展示手法，不同的展示展品在讲解时的侧重点也是不同的。

1）互动型

自然科学博物馆里的展品展项大多是以参与性较强的互动展品。其目的就是让观众在参与体验的过程中可以获得知识。但是观众在参与过程中往往会忽略展品展项本身所要说明的科学原理，而过分重视他们的参与体验。同时很多讲解员在讲解这类展品的时候也会只注重操作的介绍，而对展品展项

① 黄体茂. 关于科技馆观众需求的思考［J］. 中国博物馆，2007（1）：78—83.

的原理一笔带过。因此面对这类互动型的展品讲解方式，为了使观众能够更好地了解和体验科普知识，讲解员不仅要重视观众的参与体验，同时还要对科技展品的科学原理进行讲解，将理论与实际生活进行联系，充分展示展品所要表达的内涵。

2）展览型

展览型展品在一般自然科学博物馆里也是比较常见的。它与互动型展品最明显的区别就是它是静态的，观众需要依靠学习图文说明和讲解员的介绍来了解展品的内涵。所以针对这类展品进行讲解时，可以适当地扩充，采用故事叙述的方式使观众更加充分地了解科技展品。

3）多媒体综合展示型

这类展品往往在大型的自然科学博物馆里比较常见。它通过多媒体展示的手段将科学知识生动形象地介绍给观众。讲解这类展品的时候可以让观众先进行多媒体展示的体验、观看等，然后发现问题并经过思考后再给观众机会向讲解员提问，这将极大地促进观众的主动发现和自主学习，有利于培养观众独立发现问题和解决问题的能力。这种答疑解惑的讲解方式使讲解员的工作不再是简单的灌输，而变成讲解员与观众的双向交流，再运用启发教育方式，就非常符合自然科学博物馆的教育理念了。另外，在介绍展示的内容以外，还可以适当介绍展示技术手段。

二、拓展讲解内容

自然科学博物馆的讲解仅仅介绍展品的原理是远远不够的，这种讲解只会让人感觉枯燥乏味，缺乏吸引，无法让观众自始至终跟随讲解员的步伐，反而会让人失去参观的兴趣。所以，在除了基本展品的资料以及科学原理以外，还应该在讲解内容上进行拓展和补充。同时这种拓展式的讲解也是拓展教育的一种，也是今后自然科学博物馆和学校共建的良好机制。

1. 拓展式教育的兴起①

自然科学博物馆拓展式教育的兴起在服务于教育的信息、定位展览问世以后，自然科学博物馆并没有停下为社会科普教育进一步努力的脚步，这种努力集中体现在场馆所开展的拓展式教育方面。所谓拓展式教育，是指围绕着展览中的内容所开展的辅助性公共教育，这是一种具有更明确教育意图的科普教育活动，旨在拓展展览的内容，帮助观众更好地理解展品及展览所传播的内容。而自然科学博物馆的讲解其实也是属于拓展活动的一种。

① 严建强．拓展式教育：博物馆文化的新内涵［J］．中国博物馆，2013（1）：2—12.

2. 拓展式教育的特征和意义

拓展式教育主要是围绕场馆的部分展品进行知识点的深化和补充，从而能够使展品的科普教育传播的目的得到更好的发挥。它只是自然科学博物馆教育的一种补充，并不能够真正取代场馆基本展示的教育目的。同时，由于拓展式教育不受场地、展品等方面的限制，而且形式多样，所以近年来，越来越多的场馆开始采用了这种方式作为展区科普教育的补充，使得自然科学博物馆的科普教育功能发挥地更为淋漓尽致。

通常而言，自然科学博物馆是通过实际的展品作为主要传播媒介的，展品采用各种展示技术和手段将里面所蕴含的科学知识传递出去，甚至还会重现科学原理诞生的某个阶段、场景等。而拓展式讲解就是围绕着展品的内涵展开，是展品基本介绍的补充、深化与延伸。

自然科学博物馆的观众群体通常有两类。一是专家类的观众。他们在看到展品的时候，就能够准确明白展品的内涵以及其中科学原理的实践延伸。但是这类观众的比例较少。更多的是第二类观众群体。他们是普通人，一般都没有受过专门的训练，他们可以通过自己解读图文版或者听讲解员的简单介绍来了解展品所要传递的科学知识，但是，很难更深层次地理解展品所要表达的内涵。因此，针对大多数的观众而言，拓展式讲解是很有必要的。

拓展式讲解与常规的基础讲解不同，在拓展讲解的环节中，它虽然是由实际的展品开始的，但是却不再以实物作为拓展的核心，它不局限于简单的实物介绍，更注重实物背后所要传递的科学精神，从而使科普教育内容更加广泛和系统。

在自然科学博物馆刚刚兴起的时候，人们只要谈及自然科学博物馆，基本上就是指参观展览与展品。尽管当代自然科学博物馆已经逐渐将重点指向科普教育，但其内容的广度、深度与系统性都受制于实物展品。实物展品要必须紧紧围绕科学内涵，虽然在前期布展的时候，可以通过若干个展品组合，使得展览具有一定的系统化、全面化，但这种方法却有一定的局限性。因为，就算是一组展品也不能完整呈现科学内涵，同时过多的组合展品反而会使整个展览显得臃肿。但是拓展性的讲解则可以涉及展品的背景知识，展品知识点所派生的其他更为广泛的方面。由于它是从展品而来，却不受展品的限制。所以可以以教育目的为出发点，成为展品科普教育功能的延伸。

自然科学博物馆学习的主要方式是参观展览、参与展项。在现代场馆里，随着展览技术水平的提高，展示手段也增加了，因此展览现场的形式就更加多样化。除了传统的环境模拟、视听设备等，现在还有虚拟现实技术、全息技术。这代表了，观众在参观场馆的时候，可以采用观察、比较、阅读、模拟、互动等更多的方式来获得知识。然而这并不代表，自然科学博物馆里就不再需要讲解了，反之拓展式讲解则显得更有必要。这是因为，虽然展区里会设置一些专门的教育展项或者活动，比如剧场、舞台、探索中心、科学推车等。虽然它们是在展区里的，有人认为属于展览的一部分，但本质上它们是展区里的拓展式教育，属于拓展教育的一种类型。另外，作为一个科普场馆，必须考虑场馆的特征和要素以及展品展项的比例，所以这类不是以实物展品形式出现的项目必须有一定的限制。无论当代科技馆的展示手段如何多样化，如何形象生动，但是对于参观场馆的观众而言，实际存在的实物则依然重要，因为它们是最具内涵和教育意义的媒体。因此专门的拓展性讲解有其存在的充分理由。另一方面是，对于儿童而言，自然科学博物馆中部分展品涉及的科学知识并没有达到他们的认知水平。对于他们而言，让他们用成年人学习的方法来进行探究未免有点强人所难，他们可能对自然科学博物馆有兴趣，因为活动的展品多，但是有些展项需要持续观察现象和阅读图文介绍，他们就无法适应。儿童的特点是精力旺盛、好奇心强烈，所以要利用好这一特点，让他们多参与一些类似于游戏的互动性体验展品。让他们在游戏中激发科学兴趣，获得简单的科学知识，则是一种更有效的学习方式。而这种配合学校课程的、有组织的、适合学龄儿童的专门性拓展讲解，则是拓展式讲解中最具活力的。

3. 拓展式讲解要结合学校课程标准

如果说展览考虑的主要是一般公众的话，拓展式讲解则可以更多地着眼于在校学生。所以，在规划拓展讲解的内容时，应该充分关注与学校教育的配合。在许多国家，学校也提出了拓展教育的需求。2006 年，英国政府发布了“课堂外学习”宣言，提出学生除了学习学校必修课程外，还有大量知识要在课外学习。所以，英国自小学起就有在博物馆内授课的课程，这些课程根据各馆的发展而调整设置，使教学内容与时代同步。瑞士在颁布的学校法案中为教学科目制定了新课程计划、教学大纲和课时要求，其中的一些课程即以博物馆作为教学的辅助场所。在加拿大，博物馆根据不同年龄的学生编班，围绕展览设计了相关的兴趣课。安大略省教育部还在其法定的历史课程标准中规定了学生在博物馆的学习课时与学分。日本多数博物馆都与附近的中小学结成对子，为学校提供免费参观或是到学校举行讲座，普及知识，实现资源共享。如东京国立博物馆就与学校结成了合作关系，横滨美术馆每年免费为幼儿园、中小学提供场地，每月举办活动，如博物馆教室选择特定的题目，由博物馆人员进行专门的解说或辅导。这种社会背景为博物馆的拓展式教育提供了绝佳的机会。

在我国，随着学校课改的进行，学校和自然科学博物馆之间的联系也越来越密切。其实，自然科学博物馆里很多展示内容与学校的课程是相关的，所以我们在设计讲解拓展内容的时候，完全可以将相关展品和中小学课本中科学、物理、生物、化学等学科的知识点相结合，这样也会让更多的学校将第二课堂搬入自然科学博物馆。

自然科学博物馆的拓展讲解和传统的场馆科普教育不同，也和普通的学校教育有别。它是紧紧围绕着展品中所蕴藏的科学知识而展开的。与课堂老师讲课相比，更为形象、生动，而且利用了现场的展品则更具现场性和实证性。设计自然科学博物馆拓展讲解的讲解内容与学校课堂的教案是不同的。首先内容由展品展开，却要围绕展品，其次为了帮助观众能够更好地理解展品，也要善于利用现场展品的形象、直观等作用，以及可以直接体验的优势。这种讲解形式就能够成为科技馆和学校的桥梁，使自然科学博物馆拓展教育能够真正成为学校课堂教育的补充与深化。

综上所述，我们可以从以下四个方面来进行讲解内容的整合，从而把自然科学博物馆打造成和学校教室不同的第二课堂。

一是德育教育。尽管自然科学博物馆是传递科普知识的基地，但是很多科学家的科学科研精神、事迹、同样也是自然科学博物馆教育传播的重点。并且在博物馆中还有很多食品安全、文明交通、生态环保等内容。同时在我国德育为先是新时期教育发展的战略主题。所以，和德育教育相结合可以使学生在博物馆里，就能获得在课堂中很少涉及的科学知识和生活常识，提高青少年的道德修养和文明生活的素质。

二是课程设置。根据学校课程标准及科学教育的需求，利用场馆内现有的展品，设计出与学校教学紧密结合的讲解内容，形成一套形式多样，内容新颖同时还结合课程标准的校外活动内容。自然科学博物馆是理论联系实际的最佳场所。

三是创新教学。从教材中来，又不拘泥于教材。结合自然科学博物馆的展品，鼓励学生提出独特的新思想、新见解，培养学生的创新能力。

四是学科整合。自然科学博物馆的展品丰富，所涉及的学科领域广泛，不仅有物理学中的声、光、电等知识，还有生物、化学、数学等领域的内容。甚至还有多个学科的交叉和融合。同时，由于现代科技进步，学科之间既分化又统一，它们彼此渗透促进。单一学科要得到发展都要在整个科学领域和其他学科相结合才能有进一步的发展。但是，在学校课堂教育中，每门课程之间的分界鲜明，显然，这不利于学生们对当代科技有综合地了解。而自然科学博物馆则是最大的学科整合体，有很多综合的大型展项。如“奇妙肥皂膜”这件展品，它通过肥皂膜这一生活中常见的事物，以互动的形式出现，介绍了液体表面张力的知识点，并融合了数学中最小面积的概念，同时还展示了光的干涉这种光学现象。这种覆盖多学科的展品在博物馆里举不胜举。

通过参观博物馆、参与这类互动展品可以帮助学生们进行知识的拓展。①

三、建构讲解层次

在对于展品的技术、原理和观众需求有了明确的认知，并且准备了丰富的拓展内容以后，就可以对讲解词的整体内容层次进行建构了。一般而言一篇优秀的讲解词需要满足以下四个要求：了解观众对于展品的认知程度；激发观众科学兴趣；针对不同类型的展品采用不同形式的讲解；让观众在获得科学知识的同时获得人文精神的升华。

1. 了解观众对展品的认知程度②

观众对自然科学博物馆展品的认识有三个层次：

第一个层次是直接感知。它是指观众在看到展品后，由于不同的展品具有不同的外形和结构，因此会给人带来不同的直接感知。并且展品能够通过它们的外在特征直接向观众传递某些知识。这些特征可能是视觉上的、听觉上的或者味觉上的，甚至是触觉上的。它对展品形式的把握和外在形象的感受。观众需要调动自己的感知力，包括视觉、听觉等去观察展品，从而获得趣味和愉悦。这是参观的初步。如果观众不能感知展品的形式美或者说没有从中领略展品的趣味，就等于没有参观。

但是，这一层次的认识是浅层次的，一般观众都不会仅仅停留在第一层的感知，而是马上进入第二个认识层次。就是，观众要把见到展品后获得的第一印象进行提炼，对展品产生抽象认知。观众根据初步获得的信息，进行分析然后取舍，留下关键的、本质的信息。可能这个过程并不十分准确，但是，这是人类学习过程中一个必然的阶段。是在初步认识展品的基础上，进行的感性向理性的认识。根据观众已有的知识，将这些知识进行简单的整理和概括，并结合现场展品的信息传递，进行完善和补充、充实和提炼。这其实就是对于内容的理解与体验，需要观众主动调动理解力去把握展品的具体内容，把自己已有的知识和经验融入对展品内容的理解中，这是参观的深入。

比如很多科技馆都有的“动力传递”这件展品（图 4. 1）。在观众第一眼看到展品的时候，便会由它的外形、材质产生了第一层次的认识。景箱中有很多金属材质的机械传动机构，包括齿轮、轴承等，齿轮和轴承相互交错联合。这样就初步形成了传动机构的第一层次的认识。接着进入第二阶段抽象认知。这里就是对于传动机构分类、功能的理解。观众从若干组不同的传动

---

① 扈先勤，刘静，李占超. 浅议科技馆教育与学校教育的有机结合［J］. 科协论坛，2010（11）：153—154.

② 朱琳. 关于观众认识结构和展品内容结构的思考［J］. 中国博物馆，1988（2）：50—51.

机构的观察研究里，认识、把握传动机构更多的种类及不同的作用，形成有关传动机构的一个类别概念。

图 4.1　展品“动力传递”

这种从形象到抽象，从抽象到具体，再到更为深层次的完善，就是科技馆利用自身所具有的丰富的展品资源，通过现场展示，给观众的认知造成的影响。这是自然科学博物馆的优势。

接着，观众便进入了第三个认识层次，就是人文精神的升华。其实，每个展览、展品在设计的时候，除了要传递一定的科学知识以外，潜在的人文精神、生活哲理、人生感受也是设计者想要传递给公众的。其实自然科学博物馆的每件展品除了传播科学知识的功能以外，都有人文内涵的。需要观众在深刻理解展品知识的基础上，发挥想象力，进行联想，在实际应用中对照，使展品和生活相融合，而这正是展示设计最终的境界。对于观众来说，就是生活的反思和作用的探究。

2. 激发观众科学兴趣

关于激发科学兴趣（即体验学习自然世界和物质世界现象的兴奋、兴趣和动机），海蒂和伦宁格提出了一个兴趣发展四阶段的模式：①触发的情境兴趣，通常触发这种兴趣是由于环境具有不协调的、令人惊异的信息，或者环境与个人有关联；②持续的情境兴趣，它是通过有意义的任务和个人参与而得以保持的；③逐渐产生的个人兴趣；④发展良好的个人兴趣，个体通过使用系统性方法来提问和寻找答案从而参与到拓展的研究中来。

韩育蕾等人（2015）就做过《关于科普场馆互动展项中观众科学兴趣的研究》，① 选取了上海科技馆两个备受欢迎的代表性展品“辉光球群”和“食

① 韩育蕾，等. 关于科普场馆互动展项中观众科学兴趣的研究［J］. 科学教育与博物馆，2015，1（5）：343—346.

物的旅行”（表 4.1）。

表 4.1　展品“辉光球群”和“食物的旅行”

	辉光球群	食物的旅行
展品类型	开放式的自我体验型互动项目	大型多媒体体验型互动展项
演示内容	电离气体的等离子态（物质第四态）	介绍了食物在人体中的消化过程
参与方式	多名观众同时参与，观众用手轻轻触摸玻璃球面，就会有亮丽的辉光随手移动。 人人都可以伸手触摸，没有任何阻碍。同时玻璃球的分布也有高低之分，大人小孩都能各取所需	观众可以同时结伴参与。观众进入等候区就来到了一个食物的世界，坐上轨道车不知不觉就成了食物大家庭的一员。他们与四周的食物一起，被突然送入巨大的“嘴巴”中，在食物被咀嚼的“嘎吱”声中，又被送入“食道”，并依次来到“胃”、“十二指肠”、“小肠”、“大肠”、“直肠”。最后游客们像食物的残渣一样被“直肠”从“人体”中挤出。这时来自“抽水马桶”的水雾出其不意地喷出，在观众们哈哈大笑时留下一张张满心欢喜的留影
知识原理	在充满低压气体的球体内，有一个连接着高频电压电源的电极。当手触摸玻璃球表面时，手与电极之间的强电场会使气体电离、复合，从而产生亮丽多彩的辉光	通过立体影视、仿真布景、机械特技、动感轨道车以及灯效、音效的综合运用，模拟出消化道内部环境。 通过身临其境的体验，观众亲身感受食物被消化和吸收的巨变，了解消化系统主要器官的结构和功能，以及不良饮食方式对人体健康的影响

辉光球群（图 4.2）在参与的过程中，可以看到非常炫目的视觉效果，使观众对这一展项产生兴趣，引发思考。通过现场观察、访谈分析发现现场 98% 的观众表示对此展项充满兴趣，并且觉得非常美丽，想要和其拍照合影。但当问其是否知道该展项的内部科学原理时，纷纷表示不知道，只是觉得好看、新奇。可见，激发观众的短时兴趣非常容易，但要培养观众的长时兴趣，就非常困难了。它的形式较为简单，容易使观众失去兴趣。所以在讲解的时候可以导入情节，增加趣味性。

图 4.2 展项“辉光球群”

食物的旅行展项（图 4.3）所要展示的知识内容已经通过图文版说明的形式在排队休息区域展示出来，当观众坐上水果轨道车进入人体模拟情境的时候，又进一步直观地感受到这些知识内容，达到巩固和强化知识的作用，使观众在潜移默化中掌握知识。通过现场调查研究分析，98% 的观众表示愿意再参与一次。88% 的观众参与后能简单、清晰地说出消化系统的内部结构。总体来说，观众们对此展项充满了兴趣，并且这份兴趣持续到参观结束都没有削减。

图 4.3 展项“食物的旅行”

因为有情节的加入，使观众有身临其境的体验。不仅增加了展项的趣味性，也把背后的知识原理形象而直观地告诉了观众。因此在讲解这类大型多媒体互动的展品时，由于展项本身的设计内容新颖、外观有吸引力，同时还有高科技的辅助支撑，所以讲解员就要通过适当的学习情境设置激发观众的兴趣，这样就会取得更好的效果。

3. 针对不同类型的展品讲解

（1）互动型展品：其实，针对这类展品讲解员在介绍的时候可以先介绍一下这个展品的构成，然后指导观众进行互动性体验，最后将展品展项所想要表达的科学原理，甚至是该展品的展示手段逐一介绍给观众。比如很多科技馆都有的大型互动性展品“怒发冲冠”（图4.4）。

图4.4　展品“怒发冲冠”

主要演示高压静电现象。该展项属于定时演示的互动项目，有专门的工作人员进行指导。观众在工作人员的指导下，站在绝缘台上，把手放在球体上，摇晃头部，头发便会竖立起来。它的科学原理是人体和球壳的电位随球壳外的电荷逐渐积累而升高。一部分电荷传到头发上，由于电荷为同种电荷，因而在静电斥力的作用下头发会蓬散竖立起来。讲解员在讲解时，就可以先介绍一下展品的结构，从金属球到绝缘平台。然后让观众站上绝缘平台，手放在金属球上来亲自体验一下头发一根根竖立的感觉。在参与结束后再介绍一下刚才头发竖立的原因是由于高压静电的作用，以及生活中常见的静电现象等等。这样的讲解从观众认识展品的三个层次着手，并激发了观众的探究兴趣，由浅入深，由理论到实际就慢慢地将这件展品所要表达的内涵全部介绍完毕了，真正起到了科学传播的目的。

（2）展览型展品：比如上海科技馆里一个非常受观众欢迎的展区“动物世界”。该展区完全是由动物标本构成，讲解该展区的动物标本时就需要将动物的食性、生活习惯等介绍全面。但是很多讲解员的介绍往往会让观众觉得枯燥乏味。其实介绍这类静止的展品展项时可以采用拟人的方法，按照一定的故事情节来介绍。

比如在介绍非洲动物群时为了表现动物与动物之间那种物竞天择的生存关系（图4.5），就可以将食肉动物比喻成“猎人”，而他们的食物则成为了

“猎物”。“猎人”与“猎物”之间关系则可以描述成：对于猎手而言，一次狩猎的失败仅仅是失去了一顿晚餐，而对于猎物来说，一次逃亡的失败就意味着生命的终结。在长期的生存竞争中，猎手和猎物都进化出一系列形态、生理和行为上的适应。接着再以猎豹和跳羚来举例说明，同时也将跳羚采用集群生活这样一种生存策略介绍给观众。这样既增加了观众的兴趣，又将展品原先想告诉观众的知识点全部介绍到位。①

图 4.5 展区“动物的世界”

（3）多媒体综合展示型展品：上海科技馆的“相对论剧场”（图 4.6）就是一个非常具代表性的多媒体综合展示型的展品。它采用了平面镜二次反射成像的技术，配合视频播放、灯光音效等方式将复杂深奥的相对论介绍给观众。由于在剧场里关于相对论有介绍，所以讲解员在介绍这类展品的时候就可以省略有关相对论实际内容的介绍，只做些许点拨即可。但这并不代表碰到这样的展品讲解就无所谓了。其实这类展品往往可以着重介绍它所采用的先进科学技术手段。甚至有时还需要解答观众在观看完展示后的各种疑问。

图 4.6 展品“相对论剧场”

（来源于 www.sstm.org.cn.）

---

① 李楠．简述科普场馆展品讲解技巧［J］．科技视界，2012（21）：307—308.

4. 人文精神的升华

教育是对人类灵魂的教育，而非理智知识和认识的堆积。因此教育的重要本质特征就是它的人文性。学校教育如此，自然科学博物馆的科普教育同样如此。

（1）人文教育的内涵：人们谈到的人文教育，最常见的有三个方面，一是人文主义教育，它特指欧洲文艺复兴时期的人文主义教育。这是当时进步的思想家和教育家们从新兴资产阶级的利益和人性论出发，冲破中世纪经院哲学和教会蒙昧主义教育的统治，歌颂人的价值和力量，要求自由平等和个性解放，提倡以培养身心健康、知识广博、多才多艺的新人为教育理想并据此进行教育革新的一种教育思想和教育实践，在近代教育史上具有重要的进步意义，其基本精神对今天的教育仍有着有益的启示。二是人文学科教育，指以人文学科为基本内容的教育。这种教育在中国古代的“六艺”教育和希腊的“七艺”教育传统中就已有体现。三是关于“成人”的教育，它以全人教育为理念，力求通过德、智、体等多方面的教育培养完整的人，强调给人以广博训练而不仅仅是专业训练，认为教育的目的是使人的身心全面协调发展，使人成为真正的人，并实现人的全面价值。

在自然科学博物馆里，人文教育应该基于三个方面：

a. 顺应社会的发展需要。在我国无论是国家、社会、公民，都凸显出对人文教育的重视。把培育和践行社会主义核心价值观融入到科普传播的全过程、各环节，是当前和今后的科普教育所面临的根本任务。

b. 回归教育本质。教育的本质是促进人的发展。对科普教育而言，本质就是促进观众的科普知识的增长，这些知识不仅仅是理论技术上的，有的甚至应该是思想、精神上的。只有思想精神健康了，才是一个真正健康的现代人。一个人只有具备丰富的人文知识、成熟的人文思想，才会自觉遵循人文精神。对自然科学博物馆而言，为观众营造一个优良的人文环境，是服务他人，服务社会的根本途径。

c. 在传承中促进科普教育发展。持续发展的事业，而发展靠的就是传承。传承人文精神、科学家的钻研精神，同样也是自然科学博物馆的文化核心。

（2）科普展品的人文教育功能：人文学科主要包括语言、文学、历史、哲学、艺术及具有人文主义内容或运用人文主义方法的社会科学。科普展品中人文学科的融合以哲学、历史最为常见，下面我们来看看世界各地的自然科学博物馆中富有人文学科代表性的科普展品是如何在这两个方面进行结合的。

a. 哲学教育功能。位于日本东京的“日本科学未来馆”是以科学的观点来理解我们现今世界发生的事情，思考今后应创造一个怎样未来的交流场所。

在这里，不仅有可以亲手触摸、亲身参与的常设展览和企划展，还有实验教室、演示说明会等丰富多彩的活动。从日常生活中遇到的问题到最新科技、地球环境和宇宙探索，您可以通过与科学交流员的对话交流，体验正在不断发展的科学技术。它的理念是为所有人提供一个场所，来共同思考和探讨科技作为一种文化，会对社会起到怎样的作用、对未来产生怎样的影响。

图 4.7 展品 Geo-Cosmos

（来源于 http：//www. miraikan. jst. go. jp/zh/）

走进日本科学未来馆的大门，抬头就可看到未来馆的标志——悬挂在 6 层顶部的巨大地球仪（图 4.7）。Geo-Cosmos 是日本科学未来馆的标志性展品，也是“镇馆之球”，1000 万像素以上的高分辨率生动再现了闪耀在太空的地球形象。它是根据馆长、日本航天第一人毛利卫先生的愿望，“希望能够与更多的人共同分享从宇宙看到的美丽地球”而设计制成的。在直径 6.5 米的球径表面镶入了 100 万个 LED，映射出地球上精彩纷呈的景象。球幕上展现的内容包括“今天的地球”，是从多数气象卫星上拍摄到的地球云层合成后的图像，每天都在更新，可以看到当天早晨的地球景象。“地球的四季”，展现卫星所拍摄到的美丽地球，既可以看到北方的积冰随着冬天的来临而逐渐扩散的样子，还可以看到在夏季来临之际，陆地上漾起的一片绿波。“气温变化模拟系统”版块的内容展现未来的气候将发生什么样的变化，通过模拟系统可以预测从现在到 2100 年的气温状况，从中生动感受到气温上升的情景。“大海的植物生产量”展现营养丰富的极圈附近大海里高效的光合作用。“英格·甘特（Ingo Gunther）的艺术内容”版块展现 20 多年来以地球仪作为画布来传达甘特先生的新内容，通过语言和图形来讲述人类行为所带来的结果。影像展示还有一个版块是中文解说“万物关系之源”，介绍地球上如大气、水、生命等彼此之间相互依存相互影响的各种各样的关系之源。

未来馆的馆长毛利卫说道，科技的发达虽然丰富了我们的生活，但同时也让我们意识到了气候变化、能源问题等地球的承受极限。为使100亿人在地球这个行星上得以继续生存，我们有必要面对现今整个地球所存在的问题。为此，日本科学未来馆将倚靠科学的作用，汇集各种领域的“智慧”，与大家一起思考、提出建议，为未来做出应有的贡献。①

上海科技馆“地球家园”展区有个“免换水生态循环系统”展品（图4.8）。

图4.8 展品“免换水生态循环系统”

它是通过高密度养殖的鱼类，大家可以了解现代高科技生物技术，可以替代传统养殖方式大量抽水、换水对水资源的浪费。展品运用Hi-Q专利技术，在从事室内工厂化养殖过程中，养殖水体全封闭，循环使用，模拟海洋生态，通过培养生物菌床，不断分解排泄物中氨氮、亚硝酸、磷酸盐等有害成分，实现海水自我净化，从而污水排放为0，永久不必换水。并且在“永久免换水”时，单位绝对水体鱼类产量比传统方式高出10—15倍。在一个生态环境系统中，生物的数量不会无限增多，这一系统所允许的生物种群数总有一个最大值，这就是环境容纳量。随着环境的改变，环境容纳量也会发生相应的变化。随着社会的发展，传统生产方式难以容纳更多的人口。免换水生态循环系统实现的水产密集养殖就成为解决这一问题的重要技术，同时，这种技术还能使自然生态环境免受污染的影响。

由以上两个案例可以看到，在科技展品中渗透哲学教育，哲学是一种思维方式，用思维来判断事物的对错。科学是一种实践方法，用步骤来推理事物的真假。有一定哲学素养的人更容易去主动思考科学，去实验去证实某种现象或者定理定律。习惯用科学的方法来解释事物的表象。并更容易从科学中发展隐藏在表象中的本质。可以通过它使受众形成一种思维，思考根本问题的能力和习惯。通过哲学教育使我们能够开拓自己的思路，哲学教育是对

① 日本科学未来馆官网［EB/OL］.（2016-12-06）. http：//www.miraikan.jst.go.jp/zh/.

人的一种质的提升，尤其是人的精神素质、灵魂的一个提升。

b. 科普展品中的历史教育。在上海科技馆“地壳探秘”展区里，有个展厅叫做地层的故事（图 4.9）。

图 4.9　展厅“地层的故事”图景

展示了许多生物化石，这里的氛围将把观众带入地球远古的时期。但同时也引出了一个有趣的问题：自从地球形成以后，过了 40 多亿年才有人类的出现，那么是谁记下它的历史呢？是用什么方法来了解它的过去呢？我们知道，人类的历史可以根据考古的文物和文字记载来编写。但是，在人类还没有出现前的漫长地质历史时期中，既没有文字记载，又没有文物，那么历史是根据什么来编写的？化石：展柜里有许多大小不一、形态各异的化石珍品，有元古代的藻类化石；古生代的三叶虫、角石、石燕；中生代中龙、鱼、菊石以及新生代的哺乳动物化石等，它们都是生活在当时的动植物，死后被泥沙迅速掩埋，在与氧气隔绝的环境中，遗骸被矿物质逐渐充填和取代，变成了化石。它们仍然保留原来的神态，看起来栩栩如生。生物总是遵循从简单到复杂，从低级到高级的演化规律。同时，不同种类的生物生活在不同的生态环境中。例如，古生代的三叶虫身体结构简单，中生代的恐龙比三叶虫复杂；新生代的哺乳动物比恐龙更复杂。又如，角石和菊石浮游在海洋中；中龙则爬行在陆地上。据此，地质学家就能判断它们生存年代的先后及当时的环境，从而恢复地球的发展历史。地层：海洋和湖泊中的沉积物都是一层层堆积起来的，先形成的在下，后形成的在上，层层叠置形成地层。每一层都犹如书的一页，记载着当时的时代特征。因此说，地层是一本按时间的先后记录着各个时代地质特征的“天书”，破译这本天书就可以编写出地球演化的历史。

很多人以为自然科学博物馆里展示的不是科普常识，就是高新技术，但是并不尽然，全国各地很多自然科学博物馆里都有富含我国古代科技精华的展品。因为这类展品能激发中国观众的民族自豪感，并能对观众普及中国科技史知识。例如广州科学中心的“实验与发现”展馆，主要展示的是历史上著名的科学发现、科学实验。为了更好地融入中华文化，在展项中不但新增了几项中国古代科学发明的展品，如指南鱼、地动仪、水运仪等，让参观者对中国古代科学文明产生敬仰之情，激励他们传承中华文明的热情。同时对于这类展品的展示内容上，采用多媒体技术，选用中国古代传说故事中的人物来解说，形象而又生动、亲切。

科学是求真，人文是求善。科学需要人文导向，求真需要求善导向。人文需要科学奠基，求善需要求真奠基。科学与人文都是承认与尊重客观实际，提炼与抽取客观实际的本质，探索与揭示客观实际规律。科学教育和人文精神教育是互动互补。这种互补有利于形成正确的人生追求，有利于形成完备的知识基础，有利于形成优秀的思维品质，有利于形成健康的生活方式，有利于形成和谐的个人同外界的关系。讲解员在准备讲解内容的时候，均须深入认识并挖掘科技展品的人文教育功能，有效地将科学与哲学、历史结合起来，将科技展品作为有生命个体，不仅是具有功能性价值的物品，而且是能激发人的情感、有生命的物品，将它与人、与历史、与世界建立起情感联系，展现展品内涵的另类人文资源，发挥科学教育独特的价值。

第三节　讲解词的表述

讲解词的撰写与一般的文学作品有所不同，它的撰写基础在于陈列的展品展项。虽然自然科学博物馆的讲解词较多的注重其科学性和准确性，但是在撰写讲解词的时候也不能忽略了其中的艺术性，讲解词中的艺术性主要表现在语言语句的修辞手法方面。讲解词的文学语言应在准确、规范、鲜明、生动的前提下赋予一定的艺术联想，也就是说，需要运用一定优美的语句来将观众带入到你所营造的讲解氛围中。充分发挥各种联想的心理作用，让观众随着讲解词的引导，触景生情。讲解是一种艺术，是形象表现的艺术，是语言表现的艺术，是创造出讲解员与讲解对象整体融合的个性形象的艺术，是大众传播融合人际传播体现在口语传播之中的“媒介人”。

一、运用多种比喻

在一般的文学作品中比喻是一种比较常用的修辞手法，对于自然科学博物馆的讲解词来说也是一样的，在撰写讲解词的时候比喻也是经常大量地被运用的一种方法。讲解词的写作规律确定了讲解词应当既根据展览陈列的展品展项的科学含义创作，又不能简单地重复展览陈列已经表达了的内容。这就要求在撰写讲解词时，一是要具有敏锐的觉察力，善于捕捉、发掘展品中最有兴味、最能感人、最富有寓意的细节，来作为自己撰写讲解词的基础。二是要有丰富的想象力，或是依据自己已有的生活经验，使讲解词与展品在空间、时间上发生有机的联系，或慢慢诱导观众的逻辑推理和概括能力，使展品展项的含义获得再次升华，或是根据展品展项与文学语言在形象上的逻辑关系，制造讲解词在展品意境上的彼此烘托、引起共鸣的作用，使得讲解词的艺术性建立在展品展项的逻辑依据之上。在运用比喻时，必须注意以下两点：

1. 要做到就熟比喻和就近比喻

也就是说，在进行比喻的时候要选择受众所熟悉的所知晓的事或物进行比喻。所谓比喻就是用跟甲事物有相似之点的乙事物来描写或说明甲事物。之所以在讲解词中运用比喻就是要让受众更好地理解展品展项，如果用受众比较陌生的或是很深奥的道理来进行比喻的话反而会造成越比越糊涂，倒是起到了适得其反的作用。

2. 力求新颖，不落俗套

在讲解词中运用比喻是为了让观众更好地认识和理解展品展项，也是为了让讲解词更为生动和丰满，但千万不能为了比喻而进行比喻，也不能反复使用一种比喻。

二、运用对比的联想

除了比喻之外，对比的联想也是讲解词补充展品陈列信息、提升展品展项意境的有力武器。对比，就是把具有明显差异、矛盾和对立的双方安排在一起，进行对照比较的表现手法。对比是把对立的意思或事物、或把事物的两个方面放在一起作比较，让观众在比较中分清好坏、辨别是非。写作中的对比手法，就是把事物、现象和过程中矛盾的双方，安置在一定条件下，使之集中在一个完整的艺术统一体中，形成相辅相成的比照和呼应关系。运用这种手法，有利于充分显示事物的矛盾，突出被表现事物的本质特征，加强文章的艺术效果和感染力。人们由某一事物的感知或回忆引起和它具有相反特点的事物的回忆和联系，也是经常发生的心理作用。对比手法就是建立在这种心理作用的基础上的。

如展品“视错觉”的讲解词：现在大家看到这是二幅可旋转的视觉图案，你能看出这图形的奥妙之处吗？右边圆盘上四个图形完全相同，二个横置，二个竖放，看上去竖放的图形中线条间隔总比较宽。揿下按钮，旋转 90°，有否变化，其实它们的间隔都一样，只是视觉上造成错觉所致；另一幅是五条平行线被不同方向的斜线遮掩时，总觉得五条直线变成不平行的视错觉现象。这种具有强烈对比的图形就会让观众在第一时间就能看清图形的本质，从而通过本质来理解科学原理。

三、运用其他修辞手法

1. 拟人

就是把事物人格化，将本来不具备人的动作和感情的事物变成和人一样具有动作和感情的样子。

如“鲎”的讲解词：作为幸存下来的后裔，鲎家几位兄弟姐妹可谓不辱使命，为家族赢得了不少“光荣称号”。由于体内含铜离子，鲎的血液呈蓝色，被人们称为“蓝血精灵”。科学家从鲎血中提取的一种试剂，能够检测出含量低至万亿分之一的细菌和其他污染物。目前国际空间站中使用的便携试剂就含有鲎血的成分。此外，美洲鲎早在 20 世纪便成了“科学之星”。1967 年美国生理学家哈特兰因为对它眼睛的研究，获得了诺贝尔医学生理学奖。鲎拥有动物界最大的一对复眼，并且会产生一种奇特的侧抑制作用。通过拟人的手法将“鲎”这种动物描写的栩栩如生，让观众更易于了解它们。

2. 引用

就是在撰写讲解词时，有意引用成语、诗句、格言、典故等，以表达自己想要表达的思想感情，说明自己对新问题、新道理的见解，这种修辞手法叫引用。其实在许多的讲解词中都会使用引用这一方法，可以引用故事、引用诗文、引用民谣等。

如在介绍“西红柿”的讲解词中：今天我要来谈一谈——西红柿。关于西红柿，您了解多少呢？西红柿又叫番茄，原产于南美洲，是一种生长在森林里的野生浆果。不知为何，当地人认为这是一种有毒的果子，虽然它成熟时鲜红欲滴，红果配绿叶，十分美丽诱人，但人们还是对它敬而远之。16 世纪，英国有位公爵从南美洲带回西红柿，献给伊丽莎白女王表达爱意，从此，“爱情果”“情人果”之名就广为流传，人们将它象征爱情的礼品赠送给爱人。但是欧洲人也迷信于番茄有毒传说，一百多年过去了，仍没有人敢去吃它。一直到了 17 世纪后，一位法国画家实在抵挡不住番茄的诱惑。因此，他冒着生命危险吃了一个，觉得酸酸甜甜的。然后，便躺到床上等着死神的光临。当然，他会清醒地活着，这才让大家相信西红柿是没有毒的。在介绍类似于西红柿这样每天都可以接触到的身边事物的时候，如果单单从科学的角度来介绍其实效果不一定理想，但通过引用故事的方式更容易让观众记住。

撰写讲解词的修辞手法还有很多，如对偶、排比、反复等，但是要根据展品展项的实际情况而定，要使用得当。总之，在讲解词中合理使用修辞手法可以使整个讲解过程生动活泼、贴近观众，让观众在感受科学的同时也能有艺术的享受。

四、讲解词撰写技巧

1. 找准撰写讲解词的主题

首先讲解词的主题要集中，讲解是一个双向性的活动，不但是讲解员在讲，向参观者传递信息，同时也是参观者接收信息的一个过程。对于参观者而言，声音如风过耳，如果讲解词主题过于分散或是中心过多的话，参观者听过之后便会很难抓到主题，也容易忘记。这就范了讲解主题不集中、不能给参观者留下清晰深刻印象的忌讳。主题在集中单一的基础上，可谓旗帜鲜明，让大家一听就明白。大多数自然科学博物馆的讲解词都是针对某一展品展项进行介绍，但要确切把握好每个主题之间的本质联系。

2. 选准撰写讲解词的角度

讲解词的撰写角度要准确，切忌线索模糊。同一展品展项可以从不同角度撰写讲解词。就同一篇讲解词而言，最好是选准一个角度，采用一条主线进行阐述。从文理上讲，可以确保讲解词条理清楚，行文流畅。相关调查表明，参观者在听完一场讲解后，存贮在记忆中的仅为讲解内容的大概脉络和自己特别感兴趣的三两个知识点。因此，有好的撰写角度的讲解词，才容易被观众接受，才称得上是一篇成功的讲解词。

比如在讲猎豹和跳羚这两种动物的时候，如果讲解词只是介绍这两种动物的特性难免显得单调和无趣，要是换一个角度将它们联系起来：对于猎手而言，一次狩猎的失败仅仅是失去了一顿晚餐，而对于猎物来说，一次逃亡的失败就意味着生命的终结。在长期的生存竞争中，猎手和猎物都进化出一系列形态、生理和行为上的适应。我们先来看一下猎豹和跳羚之间的竞争。猎豹为了追求速度而放弃了猫科动物所固有的力量上的优势，而跳羚为了生存，用集群生活以及危险时刻四散跳跃逃窜的方式来避免成为猎豹的美餐。从猎手和猎物的角度出发介绍这两种动物不但将它们的生活习性介绍了，同时也将这两者之间的关系进行了阐述，反映出大自然的规律。

3. 撰写多版本讲解词与因人施讲

自然科学博物馆讲解的因人施讲，是指在对展品展项的讲解过程中，讲解员根据不同类型观众的不同特点和需求、不同接受能力，有针对性地选择讲解内容、讲解方式、讲解技巧进行讲解。“因人”就是要分析你所针对的不同人群的不同文化层次，不同年龄的兴趣爱好和心里活动。“施讲”就是要通过对不同人群的分析结果来向他们进行讲解。讲解并不是单一的讲解过程，它是一种信息交互的过程，讲解是满足人类探索未知的欲望。对同一展品展项的内容，撰写不同“版本”的讲解词，根据不同类型观众的不同特点和需求、不同的接受能力，选择有针对性的内容、方式、技巧的讲解实践，其核心是具有针对性。“因人施讲”是“一切从实际出发”在讲解工作中的具体运用，是衡量讲解水平和质量的重要标准和条件，是讲解员讲解词撰写的综合“软实力”。满足了不同文化层次、不同年龄、不同地方的观众需求，这样必将大大激发他们的参观兴趣和求知欲望，从而取得更好的讲解效果。

4. 讲解稿的语言要口语化

不要一动笔就往书面语言上靠。写完后自己照稿念一念，看看是否上口，然后把那些不适合讲解的书面语改为口语化的语言。要注意选择那些有利于口语表达的词语和句式。双音节和多音节的词语比单音节的词语容易上口，而且也好听。如“当我要写讲解稿时”就不如“当我要写讲解稿的时候”好听。因为整个讲解稿的写作不是为了给观众看的，说到底还是为了最后能说给观众听，如果用过于书面化的语言，一是会让观众听的觉得奇怪，二是会在讲解中不知不觉地就与观众产生了距离感。一篇好的讲解稿就是要贴近观众的生活，让观众在听取讲解的时候完全融入到整个讲解的氛围中，让他们忘却自己是在听一名讲解员传播科学知识，而是和一位朋友在有互动地交谈。

如“扫码时代”的讲解稿：大家好，首先请大家拿出手机扫个二维码来认识我吧。通过扫码，大家知道了吧，我是来自×××的××。这样一种口语化的介绍方式瞬间就拉近了讲解员和听众之间的距离。也让听众对接下来扫码知识有了一定的兴趣。

5. 讲解的语言要个性化

马克思曾经说过：“你怎么想就怎么写，怎么写就怎么说。”这就告诉我们，不管“说”也好，“写”也好，都要用自己的语言，而不是别人的语言或现成的语言。因为讲解词的最终目的还是讲解员说给观众听，如果用的是别人的语言可能在背得比较流利的情况下还能顺利地表达给观众，但经过一段时间就会有所遗忘，在讲解的时候难免会出现不熟悉的情况。还有就是用自己的语言更能表达自己所想表达的意思。

6. 讲解语言要贴近生活

大家现在生活在一个网络盛行的时代，越来越多的网络用语被大家所熟知和运用在日常生活中。有些讲解员也将这些网络语言运用到自己的讲解词中，在运用这些网络时髦用语时一定要和你所介绍的展品展项很好地结合起来，不要为了用而用，这样不但不能达到你所想吸引人的效果，反而会让观众产生反感。还有在运用网络语言的时候也要分清观众的年龄层次，对于一些年龄较为年轻的观众可以适当地使用一些网络词汇，这样可以拉近大家之间的距离，也可以产生互动。但对于年龄较大的观众应该少用或避免使用，因为他们对于网络词汇不一定知道，倒会使他们误解了讲解内容，同时也显得对他们不尊重。

五、讲解词记背技巧

讲解，顾名思义。它是讲与解的统一体，是讲述内容和解疑答惑的有机结合，但它是以讲的内容为主的，以解为辅。要做一次成功的讲解，在讲解词写成之后，最重要的就是必须要把讲解词烂熟于心。记忆讲解词，一般地说可分为三步。

第一步是通读，即大概阅读。就是将讲解词通篇进行了解，对整个稿子有一个大概的了解和认知，把握题旨，将讲解词中的关键字和句进行简单的记忆。重点做到理解，对于文中不理解或拗口的地方进行反复阅读，尤其对讲解词中涉及科学原理的部分要能对其进行理解，将其原理自己吃透。

第二步是响读背诵。古代著名教育家朱熹说过，凡读书，需要读得字字响亮，不可误一字，不可牵强暗记。这一要求不但是对读书，对于讲解词的背诵也是适用的。在讲解词的背诵过程中，要善于响读，敢于响读，响读是讲解词记忆的关键之处，也就是“立体记忆”的一个必要的途径。

第三步是情读。就是要理解感受讲解词的真正含义，在充分理解的基础上进行讲解词的背诵。在这一阶段，对于讲解词的顺利背诵已经没有什么问题，关键是要将背诵的内容转化为说给观众听的内容。这个时候除了有感情的讲之外还可以为讲解词加上适当的手部语言和行走姿势。

讲解，绝不是简单的死记硬背，把现成的字句传达给观众，而是要将科学知识、展品展项的原理以一种特有的方式传达给参观者，并在他们心中留下点共鸣。讲解词里包罗万象，根据不同的展品展项向观众传递不同的信息。

因此，讲解的记忆，一要用眼睛——阅读，二要使嘴巴——响读，三要用感情——情读。只有运用立体性的记忆方法，对于讲解词深入理解，对于观众深入分析，对于动作深入设计，才能深入人脑，打动人心。但是，要记住讲解词要很好的运用到讲解中，具体还要掌握讲解词的具体写作风格，并结合展品展项。

显而易见，在背诵讲解词的时候要抓住文稿中的各种逻辑构成，即讲解词中的各种讲解原理及科学方法，也就抓住了讲解词记忆的要领。讲解词思想轨迹基本有两种，一是基本型，二是变化型。

基本型，也就是按照最基本的讲解词的思路，以事物的发展规律或事情发展的顺序进行。这种类型讲解词的背诵只要将其顺利的背诵下来，记住一些关键词或关键点，再适当地配合现场的展品展项进行记忆即可。

变化型，与基本型不同，其中含有更多的互动环节，也可以称为互动型。这就需要讲解员在背诵讲解词的同时还要有更多的知识储备和现在的灵活运用。这种类型的讲解词的背诵可能不需要过多的死记硬背，但对于讲解员自身素质的要求较高。

总之，讲解词的记忆，要抓住讲解词本身的特征以及感情表达方式，把握逻辑构成的基本型和变化型，眼、口、心综合记忆，记忆力就会提高起来。其实，讲解词最好的记忆方式就是讲解员自己撰写讲解词，即便是现成的讲解词也应将其中的语言转换为自己的语言，这样不但便于讲解员在最短的时间内背诵出讲解词，还能有长时间的记忆。

第五章　语言表达

第一节　发声训练

一、声音器官

语音是由声音器官发出，声音器官及其活动决定语音的区别。

人体的声音器官（图 5.1）大致可分为三个部分：动力区、声源区、调音区。[①]

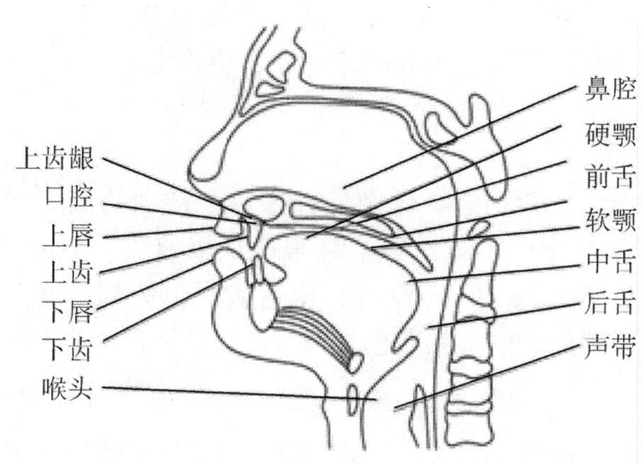

图 5.1　人体的发声器官示意

1. 动力区——肺、横膈膜

肺是人体的呼吸器官，位于胸腔，左右各一，覆盖于心之上。肺主呼吸之气，也就是说肺是气体交换的场所。肺经肺系（指气管、支气管等）与喉、鼻相连，故称喉为肺之门户，鼻为肺之外窍。肺部呼出的气流，通过支气管

---

① 发音器官［EB/OL］. http：//baike. baidu. com/link？ url = O8s1vFzxJSP5ntgjAyTUIWNW_IRabLuYsDw1dL1WE-uVX99gfi5G59m5S2NIh7sEM-mbIlD4Q8hqVP0Tym05s_ .

等器官到达喉头，作用于声带、咽腔、口腔、鼻腔等声音器官。

2. 声源区——声带

声带，又叫声壁，位于喉腔中部，是两片富有弹性的带状薄膜。两片声带之间的空隙叫声门。声带张开时，会出现一个等腰三角形的裂隙，称为声门裂，空气由此进出，也为喉部最窄的地方。发声时，两侧声带拉紧，声门裂变窄、甚至几乎关闭，从气管和肺冲出的气流不断冲击声带，引起振动从而发出声音。在喉内肌肉的协调作用下，声门裂会受到有规律性的控制。所以声带的长短、松紧和声门裂的大小，均能影响声调高低。成年男子声带长而宽，女子声带短而狭，所以女子比男子声调高。

3. 调音区——口腔、鼻腔、咽腔

在发音时，口腔自然上下打开，笑肌微提，下腭自然放下向后拉，上腭有上提的感觉，这就可以引起口腔共鸣。声音通过声带附近的肌肉、软骨和气息的传送，使声波沿着硬腭向上齿背方向推送。这时，声波随着气息的推送离开喉咽部分流畅向前，在口腔的前上部分引起振动，声音即在硬腭前部集中反射，这时兼有鼻腔打开、畅通的感觉。这种共鸣使声音明亮靠前，但过多的口腔共鸣，容易使声音出现“白声”。发中音（中声区的音）时，以口腔、咽腔为主要共鸣器官。头腔次之，胸腔更次之。

二、口部训练

口腔灵活，说话才会利索。做做口腔操，会帮助我们更好地使用嘴巴及发声。大家肯定会有一个感觉，早晨起来说话没有下午或者晚上那么顺畅。因为嘴巴肌肉休息了一晚上，还没有完全适应开口说话。所以每天早晨起床最好做做口腔操，帮助我们放松嘴巴。

1. 开合练习

张嘴像打哈欠，闭嘴如啃苹果。首先在思想上先做打哈欠的准备，然后顺其自然打出哈欠，发出声音。开口的动作要柔和，两嘴角向斜上方抬起，上下唇稍放松，舌头自然放平。打呵欠动作可以使喉部肌肉松弛，喉结下降，声带处于发声的最佳状态。多做此练习，可以扩大口腔开度。每天清晨洗漱完毕后进行，每做 10 次休息 1 分钟，共分三次完成此练习。

2. 咀嚼练习

张口咀嚼与闭口咀嚼结合进行，舌头自然放平。首先练习闭口咀嚼，练习时，可以在口中放一粒口香糖或饼干之类的食物，然后闭口咀嚼。第二步练习张口咀嚼，舌头要活动自如。第三步练习咀嚼发声，就是边咀嚼边发声。第四步，在上述练习非常熟练之后，练习头脑中边想咀嚼边发声，但此时牙齿并不做咀嚼动作，而咀嚼的时候喉肌放松的效果，能够在发声时得以体现。

3. 双唇练习

- 双唇闭拢，向前、后、左、右、上、下 360°转圈，双唇打响以放松唇部。具体操作方式如下：
- 喷：也称作双唇打响。双唇紧闭，将唇的力量集中于中央 1/3 的部位，唇齿相依，不裹唇，阻住气流，然后突然连续喷气出声。发出“po、po、po”的音。合口呼、撮口呼的人可以多练。
- 咧：将双唇紧闭尽力向前噘起，然后将嘴角用力向两边伸展（咧嘴），反复进行。
- 撇：双唇闭紧向前噘起，然后向左歪、向右歪、向上抬、向下压。
- 绕：双唇闭紧向前噘起，然后向左或向右做 360°的转圈运动。
- 打嘟：用吐气的速度使抿住的上下唇发出振动，发出“du、du、du”的声音，练习者可想象着模仿拖拉机开动的声音，一直到没有力气为止。这个练习可以使嘴唇更有力。经常练习，就能纠正练习者说话声音不响亮的问题。

4. 舌头练习

- 刮舌：舌体贴住齿背，随后张嘴，用上齿沿舌面刮，尽力加大舌面上翘的曲拱度，目的在于增加舌面隆起的力量。口腔开度不好的人和发舌面音 jqx 有问题的人可以多练习。
- 顶舌：双唇闭紧，用舌尖顶住左内颊，用力顶。可把舌尖想象成针尖，口腔想象成气球，练习时，想象着舌头用力去扎破口腔这个气球。然后，用舌尖顶住右内颊，做同样动作。左右交替，反复练习。
- 伸舌：把口张大，上提颧骨，要感觉鼻孔略微张开一些，然后努力地把舌头往外伸，舌体集中，舌尖向前，向左右、向上下尽力伸展。练习时，尽量把舌尖想象成一个点，舌尖越尖越好，使舌尖慢速、用力向外伸，伸完以后，再往回缩，缩到最大的程度。不断地连续做伸—缩—伸—缩的动作，反复练习。多做此练习，可使舌体集中，舌尖能集中用力。
- 绕舌：双唇闭紧，把舌尖伸到齿前唇后，向顺时针方向环绕 360°，然后向逆时针方向环绕 360°，交替进行，反复练习。
- 立舌：将舌尖向后贴住左侧槽牙齿背，然后将舌沿齿背推至门齿中缝，使舌尖向右侧力翻，然后做相反方向的练习。这一练习有益于边音 l 的发音。
- 打舌响：舌尖与硬腭接触打响。将舌尖顶住硬腭，用力持阻，然后突然弹开，发出类似“de”的响声。舌尖与上齿龈接触打响，舌尖顶住上齿龈，阻住气流，再突然放开，爆发出“te”的发音。这一练习，对舌尖成阻、无力的人改善舌尖成阻、持阻的力量有益。发不好 d、t、n、l 的人可以多练。舌根抬起至软腭交界处，用力发“ga”的发音，体会舌根与软硬腭交界处不断地连续做“阻气——突然打开——阻气——突然打开”的打响动作。这一练习可以改善舌根的力量及灵活性。

三、气息控制训练

人们常说“气乃声之本”，呼吸状态好，气息顺畅，就能有效地带动声带振动，从而发出声音。但这样是远远不够的。想要嗓音富于弹性、温润、耐久，需要的是源源不断地供给声带气流①。因此，掌握适当的气息控制方法和呼吸技巧，对讲解水平和技能的提高有十分显著的作用。

1. 三种基本的呼吸方式

日常生活中我们常见的呼吸方式有三种：胸式呼吸法、腹式呼吸法、胸腹联合呼吸法。

（1）胸式呼吸法（又称为肋式呼吸法、横式呼吸法）：这种呼吸法单靠肋骨的侧向扩张来吸气，用肋间外肌上举肋骨以扩大胸廓。用此法吸气时双肩会自然上抬，气息吸得较浅，因此又称为肩式呼吸法或高胸式呼吸法。这种呼吸方法属于浅呼吸，气息量比较小，发声的时候声带容易紧张，如果要发较高的音，可能会出现中气不足、声音不持久的情况。这种呼吸方式的缺点在于：容易导致颈部的喉外肌紧张，从而产生心理上的紧张，这也是一种不自信的表现。过度的胸式呼吸更会导致恐慌发作。讲解员以此呼吸方式讲解时，会使观众轻易察觉到讲解员的紧张情绪，从而对讲解员的讲解内容及熟练度提出疑问，并对讲解员失去信任。因此这种呼吸方式在讲解行业中往往被认为是错误的呼吸法。

（2）腹式呼吸法：腹式呼吸法是一种深呼吸方式，也是较为健康的呼吸方式。利用此方法呼吸时，横膈膜会上下移动，由于吸气时横膈膜下降，把脏器挤到下方，这时肚子就会膨胀，而非胸部膨胀。吐气时横膈膜会较平时上升，因而可以进行深度呼吸。讲解时使用此呼吸方式，气息较为放松，声音自然，但是发音时间不长，气流欠稳定。腹式呼吸的气息变化幅度较大，具有吸气量大、深的特点。这种呼吸方式更适合用于短语进行讲解时使用。

（3）胸腹联合呼吸法：胸腹联合呼吸法是胸腔、横膈肌、腹肌联合控制气息。这种呼吸活动范围大、伸缩性强。它具有较强的操纵声音的能力，为

① 罗媛．播音主持中电视新闻播音的播音技巧研究［J］．西部广播电视，2016（1）：150.

气息的均匀、平稳呼出提供了条件。胸腹联合呼吸法是播音主持专业人员在工作时通常会采取的呼吸方式。这种呼吸方法在我们平时生活中并不经常使用，所以需要经过一段时间的训练才能有效、自如地使用。在讲解时使用胸腹联合呼吸法可以使讲解员气息量大、进气快和发音时间长，有利于呼吸平稳，产生坚实有力的声音，这也是讲解员应当掌握的基本呼吸技巧。

2. 练习方式

本书主要针对讲解员在讲解时所需掌握的基本技巧为主，所以只介绍胸腹联合呼吸法的练习方式。以每天早晨和傍晚空腹练气为宜。训练气息时，不能饱腹，饱腹容易造成胃下垂。俗话说，饱吹饿唱，唱戏的人讲究气发丹田（丹田也就是脐下三寸的位置），要给腹腔腾出地方，所以不能吃的过饱。理想的状态是做到“吸气一大片、呼气一条线；气断情不断，声断意不断”。在胸腹联合呼吸法的实际运用中，吸气与呼气的配合有四种方式：慢吸慢呼、慢吸快呼、快吸快呼、快吸慢呼。一般来说，初学者应当采用慢吸训练，确保正确的呼吸状态。在这之后，有了一定基础，就可以进行快吸训练了。而在这四种吸与呼的配合方式中，快吸慢呼的方式，更符合说话时呼吸控制的实际情况，也是讲解员在讲解时应当采用的呼吸方式。

（1）慢吸慢呼：直立站稳，双眼平视前方，头抬正，肩部放松，就像在森林中呼吸新鲜空气一样，慢慢吸气至八分满。要感觉气入丹田，小腹收紧，腰腹之间有膨胀感。先深吸一口气，以大约每秒一个数的速度慢慢数。1、2、3、4、……中间不换气、不补气，并保证数字之间语调一致、音高一致、力度一致、声音圆润集中。出声则出气。开始时气不冲声不紧，结束时气不憋、声不噎，气竭则声停。如果一口气数数能达到30秒到40秒的持续时间就达到了训练要求。刚开始练习时，不要单纯追求数字的多少，重点应放在控制气息上。经过一段时间的训练，呼吸控制力强了，数就会越数越多。

练习一：《数葫芦》

南园一堆葫芦，结得嘀里嘟噜，甜葫芦、苦葫芦、红葫芦、绿葫芦，好汉说不出24个葫芦。一个葫芦、两个葫芦、三个葫芦……

练习二：《数枣儿》

出东门，过大桥，大桥底下一树枣；拿着杆子去打枣，青的多，红的少。一个枣、两个枣、三个枣……十个枣；十个枣、九个枣、八个枣……一个枣。

这两个气息绕口令，既可练气息，又可练口齿。练习时一定要发好每一个音，吐字要清楚正确，不要力求一气说完而吐字不清，中间不可换气，尽量一气说完。第一个绕口令应争取一口气数到35个葫芦。经过这样反复练习，气息量会越来越大，朗读或朗诵时，声音必定会洪亮、持久。练好了更容易结合讲解器前用声用气的实际控制。

（2）慢吸快呼：保持慢吸的正确状态，吸气之后，用一口气尽量说又多又快的词或句、可以用简单但是词语重复的绕口令来练习。学会呼吸的第一步就是放松腹部的肌肉。当腹部肌肉放松之后，最重要的就是给自己足够的时间，以恰当的方式把气体呼出来。做到吸气的长度是呼气长度的2倍。

练习一：吃葡萄不吐葡萄皮儿。

练习二：班干部不管班干部。

通过绕口令的练习不仅可以加强咬字器官的力度和提高的灵活度，同时也可以有效地训练呼吸控制能力。在练习之初应当特别注意字音的质量，要把音发准，劲使稳，打开韵腹，利索收音，做到吐字准确、清晰、圆润。然后由慢到快，逐渐加速，要做到慢而不断，快而不乱。当然在练习时还要做到内容清楚、情感饱满。

（3）快吸快呼：快吸时应注意保持慢吸时“两肋打开、吸到肺底、腹壁站定”的基本状态，只是将慢慢吸气，变为在一瞬间张开嘴巴一下子吸气到位。由一般的速度开始练习，逐步加快。吐字和气息要配合好，吐字清楚干净，气息通畅平稳，感情上要有起伏扬抑的变化。

练习：快板儿

给诸位，道大喜，人民政府了不起！

了不起，修臭沟，上手儿先给咱们穷人修。

请诸位，想周全：

东单、西四、鼓楼前；

还有那，先农坛、天坛、八庙、颐和园；

要讲修，都得修，为什么先管龙须沟？

都只为，这儿脏，这儿臭，政府看着心里真难受！

好政府，爱穷人，教咱们干干净净大翻身。

修了沟，又修路，好教咱们挺着腰板儿迈大步：

迈大步，笑嘻嘻，劳动人民又心齐。

齐努力，多做工，国泰民先安享太平，享——太平！

——选自老舍剧作《龙须沟》

（4）快吸慢呼：快而急地吸气，并保持住，呼气时缓缓呼出，配合声音，平稳均匀。就像突然在远处出现了你正要找的人，这时需要瞬间吸气准备喊，然后拖长腔大声喊他。

练习的时候，可选练快板、戏曲、曲艺说白的贯口段子，要求呼吸控制急而不促、快而不乱、长而不喘。选择发音响亮的音节组成的人名，比如：阿亮、阿花、小沈、老蒋、大毛等。

四、科学用声

每个人都会因为自身的先天条件和后天的用声习惯，从而造成音色上的差异。但是如果经过持续、系统、科学的发声练习和精心的护理保养嗓子，可能原先低哑细小的声音就会变得浑厚响亮，而原先有气无力的声音也可能变得铿锵有力。① 对于科普讲解员而言，声音要做到明亮清脆，自然流畅，让观众听得舒服、舒心。科普讲解员要求声音持久耐用，才能在工作负荷重、场景变化多、语境区别大的情况下胜任好讲解接待工作。因此，除了嗓音先天条件优秀，且用声自然之外，必须懂得科学用声。

1. 养成良好的习惯

养成良好的生活习惯。要注意锻炼身体，增强体质。平时可选择跑步、游泳以增强肺活量，有了强健的体魄才能有气，才能有好的声音。生活要有规律，避免熬夜，保证充足的睡眠时间，所谓休息好才能工作好，这也是保护声带的有效方法。

养成良好的饮食习惯。尽量少食或不食辛辣或刺激性的食品，过冷或过热的刺激性食品对嗓子的保护有着不利的影响。可以坚持用盐水漱口，以温水润喉来保护嗓子。平时可多吃些润喉的食品，如梨、杨桃等水果，胖大海、罗汉果等中草药。讲解员在高强度使用嗓子前还可以吃些金嗓子喉宝、草珊瑚含片等中成药。不要吸烟或者被动吸烟，吸烟会增加患咽炎和喉癌的可能。

2. 用声的基本要求和原则

所谓“说话的艺术在于适中”，也就是说在口语表达时必须做到适中。避免用声过高或过低。以观众听清为主。用声时一定要注意气息控制，使用适合自己的发声方法，找到正确的发声位置。声音尽量控制在中音区的位置，这也是最自然、最舒服的状态，音色也会很好，给人亲切的感觉。

讲解前，应注意不要过度用嗓，避免发声器官的疲劳。讲解时，应放松肩膀，注意调整呼吸，以最适当的节奏来进行讲解。根据讲解内容的不同，突出重点，以快慢有序的语速、强弱不同的语调来吸引观众的注意。在各类科普场馆中，由于客流量较大，可借助讲解器辅助讲解，切勿高声说话造成噪音，使观众感到厌恶。也不能声音太低，让观众听起来费劲，这样也容易表现出不自信的样子，给人缺乏信心的印象。在整个讲解过程中，应结合观众操作展品或观看电影为宜，让声带暂时放松一下，小休一会。休息时做到不说话，使声带放松以缓解疲劳。讲解结束后，应适量饮用温水，让声带休息至少 30 分钟再用声，更可以闭目养神，使整个精神状态也放松下来。

---

① 龚燕. 怎样找到合理、自然、正确的发声方法［J］. 剧影月报，2014（1）：65.

第二节 语速停连训练

一、停连及其作用

1. 停连的定义

首先我们来了解一下什么是停连？所谓停连，也就是“停”和“连”的统称。在语言的表达过程中，声音中断、休止的地方就是停顿；反之，那些不中断、不休止的地方就叫连接。停连指的就是语言表达中声音的暂时休止和接续，也就是说它是有声语言表达中的标点符号。①

一方面，停连是说话内容和情感表达的需要，在恰当的地方使用停连，形成声音的暂时间歇和延续，能够更好地帮助倾听者理解和感受说话者所要表达的思想内容。另一方面，它也是说话者生理和心理的需要，它不仅是传播者的需要，也是受众的需要。

首先，语言表达中的停连是生理需要，说话者是依靠气息来支撑的。除了简短的语句以及简明扼要的意思表达之外，说话者不可能没有一丝停歇，也不可能一口气把话说完，必须要适当地进行调整和补充气息，并且适时地进行声音调节；另一方面，停连还是语言传播中的心理需要。语言是人类最重要的沟通工具，是人们信息交流、情感表达的重要载体。讲解员的语言表达必然要有思维和情感活动的心理过程。其次，从观众的角度来看，观众一方面有听觉活动的生理过程，同时也需要对话语信息接收、判断、理解、感受的心理过程，这些都需要有不同长度的时间进行消化吸收。如果没有适当的停顿，观众就会应接不暇，无法了解说话者的意思表达和情感传递。所以说，讲解中有声语言的停连既是生理的需要也是心理的需要，既是传播者的需要，也是受众的需要。总而言之，在自然科技博物馆的有声语言传播中，心理需要是停连的主要制约因素，补气换气的生理需要一定要服从情感表达的心理需要。

2. 停连的作用

（1）标点符号的作用：停连运用恰当有助于语义表达，使传播更为有效、快速，让受众能更清楚、明了地接收信息。停连也被人们称作为“有声语言的标点符号”。众所周知，标点符号是辅助文字记录语言的符号，是书面语的组成部分，用来表示停顿、语气以及词语的性质和作用。有声语言的停连与

---

① 张颂．中国播音学［M］．北京：北京广播学院出版社，2003：124.

书面语中的标点符号有着密切的联系，出版文字稿件中的标点符号是停连的重要依据。然而，对于受众在接收信息时，听觉和视觉两种不同的方式是有差别的，人脑将对这两种不同的接收方式进行不同的处理分析，因此停连技巧在有声语言的表达上更具有特殊性和独立性。

（2）语句更富张力：自如地使用停连可以使语言表达更富有张力。作为自然科技博物馆的讲解员要在讲解时适当地使用停连，不能机械地念稿或背稿。否则对于观众来说，就得不到感情的交流，也失去了思维上的碰撞。要克服语言与声音、形式、思维、感情活动的脱节，就应善于运用停连技巧。其实停顿是借助语言声音暂时的休整，但并不等同于思想感情的中断与空白，在这时心理活动并未中断，思维正在梳理将要发出的语言信息。形象的闪现、情感的凝聚或转换、反馈的体验、交流的愿望等，也都在停顿时延续或起始，继而形之于声，由己达人，使有声语言富有张力，从而调动观众内心情感沟通和思维的碰撞，引起共鸣。

3. 停连的实际运用

（1）正确表达语意：讲解词编写时，应该按照讲解内容的相关性，正确安排停连，确保语义明确，防止歧义。在讲解员讲解时，有时可以听到一些令人费解、捧腹、甚至莫名其妙的话语在不经意间传递给了观众，造成错误的信息表达，现在就来列举几个例子。（以下用“—”来表示停顿）

例 1：×××领导将于下周前来到我馆参观。（“下周”变成了“下周前”，出现了时间上的差错）

例 2：小区的大多数住户希望住房周围有孩子、老人——活动的场所。（不适当的换气让观众费解）

例 3：（广告语）雷达表，永不磨损——型手表。（观众听后，对于“型手表是什么？”这个问题要仔细思考，但是也找不到答案）

在不恰当的停连所造成的“读破句”的原因中，有可能是对语句判断不正确、理解不透彻的问题，也有可能是气息控制不当的问题，当然也不排除讲解员在讲解过程中不认真，说话不过脑、不走心的缘故。

因此，我们首先要认清一个原则，那就是通过正确的停连清楚地表达出句子的结构关系和语法关系。众所周知，我们在说话时或照稿朗读时，文中句子与句子之间的结构关系、语法关系并不需要逐一分析，而是凭积淀在潜意识中的由语法知识和对语句的理解构成的“语感”做出直觉的判断，直接脱口而出的，达到自然流畅的语言表达和信息传递。

（2）区分长句的结构关系：长句中的结构关系和句子成分较为复杂，要想让受众“一听了然”，就必须恰当运用语句的停连，清楚明白地揭示语句的深层信息，以帮助受众更深入地理解语义。根据具体情况一般可以有三种不同的处理方法。

一是平均分配停顿时长，主要表达其中的并列关系。一般用于较为郑重、严肃的语言内容，常用于人名的并列，如公布参观领导名单、陪同嘉宾名单等。例如：让我们用热烈的掌声欢迎来我馆参观指导的领导们，他们是刘部长、陈处长、李主任、王馆长……

二是在句子中起到说明、叙述作用的语句，比如列举地点或人物。在这时，顿号之间的地名或者人名可以用渐渐加快速度的方式处理。也就是说前一两个顿号时，以较长的停顿来处理，后面的顿号以较短的停顿处理，甚至不作停顿，连起来说。这样能够表达出举例叠加的意思，使语句显得更顺畅，并伴有一定的气势。例如：通过对北京、上海、广州、重庆、杭州和厦门6个城市的1500名观众进行的问卷调查，结果发现观众对于展品展项开通率的满意程度达到了85%以上。在这句中，“北京”“上海”可以用较长的停顿来处理，后面都可无需停顿。

三是按顿号隔开的词语之间的内在逻辑关系或紧密程度来分组，使语句顺畅、自然，并富有一定的变化，显得生动易懂。例如：动物世界展区主要分为4个区域，共有119种动物。它们分别是非洲动物群的非洲象、白犀、长颈鹿、非洲狮、猎豹、斑鬣狗、非洲猎犬、河马、尼罗鳄、黑背胡狼、跳羚、瞪羚、珍珠鸡等；亚欧动物群的大熊猫、金丝猴、东北虎、狼、梅花鹿、林麝、雪豹、黄蜂等；美洲动物群的獾、美洲狮、棕熊、水獭、驼鹿、驯鹿、北极熊、北极狐、树懒、食蚁兽、西貒等；澳洲动物群的鸭嘴兽、袋鼠、鸸鹋、针鼹等。

对于以上的这些种类繁多的动物，我们可以按它们所处的不同地域和环境来分组，每一组内的顿号不做停顿处理，而是连接起来说，只在小组与小组之间做停顿处理，此时停顿的目的是为了后面的连读进行间休和补气调整。讲解员需要认真解读讲解词文本上的标点符号，应该以观众易于理解和便于接受的角度为出发点，重新对语句的停连进行整合梳理，并合理地运用停顿和连接，这样才能使结构较为复杂的长句听起来条理清晰，更易理解，避免产生歧义或气息不足。

（3）增强语言感染力：有声语言的表达不仅应该让观众听得清楚明白，更应该生动有趣，富有感染力。在描述性的、特别是抒情性的语言表达中，恰如其分的停连能起到沟通心灵、引起共鸣的作用。这样的停连，通常在文字稿上并没有标点符号，因为书面语中此处不做停顿也并不影响内容的传达。然而，在语言表达时，如果能用好停顿，就能产生“此时无声胜有声”的传情效果，渲染气氛，拔高立意，发人深省。

例如：为纪念中国人民抗日战争胜利70周年，2015年7月7日“国际视野下的中国抗战·上海记忆”图片展在上海图书馆拉开帷幕。而展览的讲解词开篇就引用了魏巍的散文《谁是最可爱的人》中的一段话：“谁是我们最可爱的人？我们的部队，我们的战士，他们是我们最可爱的人。”本次展览的目的，就是要让人们牢记历史，不忘过去，珍爱和平，弘扬伟大的抗战精神。开篇使用设问句，停顿时间较长，引起人们的思考。而此时观众看着眼前一幅幅珍贵的图片，陷入深思，一幕幕可歌可泣的英雄事迹涌上心头，敬佩之情油然而生。紧接着用较快的语速、肯定的语气不加停顿地一连气说出：“我们的部队，我们的战士”。并且在“他们”之后做一个大大的停顿，积聚的情感一下子迸发，这时使用深情但较轻的口吻说道：“是我们最可爱的人”。在“他们”之后，巧妙地运用停连会让人产生一种“此时无声胜有声”的震撼和共鸣。

二、停连训练

请大家分析以下三个例句。

【例1】妈妈说我不对。

妈妈说我/不对。

妈妈说/我不对。

这两种停连位置的语义截然相反。第一种说明“妈妈说我”这种行为是不对的。第二种说法表明“妈妈批评我，我做的某件事不对”。

【例2】没有咖啡奶茶也可以没有绿茶红茶也可以花生也就足够了。

没有咖啡奶茶也可以/没有绿茶红茶也可以/花生也就足够了。

这句话停连位置的语义，表达的是“要的就是花生”。

没有咖啡/奶茶也可以/没有绿茶/红茶也可以/花生也就足够了。

这句话停连位置的语义，意思就不同了，表达的是“要的是咖啡奶茶两选一，绿茶红茶两选一，再加上花生”，也就是一共要三样东西。

以上两个例子是主要体现的是停顿的意义和作用。

【例3】他去过上海。

“他”去过上海。

回答“谁去过上海？”这个问题。

他去过“上海”。

回答“北京、上海、深圳等地，他去过哪儿？”这个问题。

他“去过”上海。

回答“他之前有没有到上海去过？”这个问题。

这个例子主要说明重音的重要性。

因而，在对观众讲解前，首先要认真钻研讲解词，正确理解展项展品的内涵，才能较快较准地找到强调重音。强调重音与语法重音的区别是：从音量上看：语法重音给人的感觉只是一般的轻重有所区别，而强调重音则给人鲜明突出的印象。在具体的表达中，要根据不同节目的主题、不同风格，不同语境做出的不同的重音处理，表达方式也要避免简单和重复。值得注意的是，如果没有重音，自己就会说不清楚，如果重音太多，别人就会听不明白。也就是说，重音的选择与表达要坚持少而精的原则，同时要熟练而灵巧地运用表达技巧，不要“为了重音而重音”，这样反而会失去有声语言的艺术魅力。

第三节　语调情感控制

一、语调的变化技巧

所谓语调指的就是说话时的腔调，表明一句话里音调的抑扬顿挫、高低起伏的比重和变化，并通过这种音调的变化，达到表情达意的目的。在我们平时喜悦、悲伤、哀愁、自豪、犹豫等情感流露时，通常都能通过语调的变化表现出来。自然科技博物馆的讲解员在自如地运用语调变化时，能更好地表达所要解说的内容和重点，并赋予观众听觉和视觉上的双重享受，使观众能更好地记住讲解内容并加深印象。

语调通常有以下几种技巧。

1. 轻重变化

这里主要说的是关于逻辑重音的运用。首先我们要清楚，什么是逻辑重音？逻辑重音也叫逻辑强调音，它是指在文学作品的朗诵中，那些不受语法限制，而由句子的潜在含义所确定的必须强调的音节。适时地运用逻辑重音可以更好地突出讲解中某些关键的词、句和段，这样既能着重表现讲解内容中某些感情的表达，又能强化语句结构，美化语言色彩。自然科技博物馆的讲解员讲解时一般以陈述为主，但是对于那些给观众提出问题，需要深思或给予一定想象空间的结尾，其结尾往往重音较多，甚至整段都是重音。在此时运用重音为了造成一种强烈的气氛，突出结尾所概括的主要内容和中心思想，让人陷入沉思，把整个讲解推向高潮，给听众留下更深刻的印象。对讲解员来说，利用跌宕起伏的逻辑重音的变化来有效地传情达意，是非常必要的。对于环保题材、动物保护类的讲解词而言，利用重音点题，呼吁大家保护环境和自然，能起到心灵共鸣的效果。

例如：“可以说，非洲象是非洲草原上的霸主。”这句话中，“非洲象”和“霸主”两字是关键词，读时音调自然就要提高，突出其在草原上的重要地位。

重音在讲解中占着主要地位，可以较突出地强调某个方面，满足表情达意的需要。重音的处理方式主要在于咬字的力度上，通常要读得比其他词重一些、音高一些。

2. 快慢变化

讲解时，声音应该有快慢缓急的变化。那么我们就要清楚如何根据讲解所要表达的内容来进行快慢变化。平常我们与人交流时，都会不经意地改变说话的速度，这是很自然的行为。当然讲解和平时说话还是有所区别的，首先我们要知道所讲解的内容是普通的、无特别突出的部分还是需要隆重推出、重点介绍的，最好能提前知晓观众的喜好。在表达一般内容时，讲解员的语速应适中，不能太快，也不能太慢，比较平铺直叙。当要表达高兴、热情、激动时语速应适当加快，用以表达情绪上的浮动；当紧急、悲伤、失落、呼唤的情感时，语速应当放慢些，可以娓娓道来。当然，在讲解时语音语调的变化，应当是自然、舒服的。只要语音语速适当、快慢有序，才能有效地表情达意，而且又能让观众感受到悦耳动听的听觉享受。如果语速平和无起伏，始终保持一个速度，那就很难准确、恰当地表达出讲解员内心的思想感情，也使听众感到厌烦，容易走神。

例如：在上海科技馆的地壳探秘展区有一个“时光隧道”展项。当讲解员走到这里时，通常会有这么一句讲解词：通过时光隧道，现在我们所看到的就是距今约 36 亿年前样子。如果用漫不经心的口气说出“36 亿年”这个数字，我相信大家就是一听而过。然而如果讲解员用较慢的速度，并用很惊讶地口吻，像发现一个可观的数字一样说出：“3. 6——亿——年”。那么你听了是不是觉得 3. 6 亿年前的年代比 36 亿年还要早。所以当走到这里时，讲解员应该用较慢的语速来讲解，突出“36”这个数字。

3. 高低变化

语调有高低变化，或者说是抑扬变化。一般说来，升调指的是语音的上升调势。如：句尾以升调结束，一般用于疑问句。降调一般是指音量减弱，音高下降，音色转低的情况。主要用于陈述、祈使和感叹句。有了对语句高低音的变化处理才能更有效更准确地表达中心思想。但是要注意的是，既不能一味地追求音高，扯破喉咙喊；也不能太过低沉，让人感到无精打采，这样不仅使人听不清楚，而且容易造成昏昏欲睡的情况。自如地调整音调的高低走势，才能造成最佳的讲解效果，得到观众的好评和认可。

语调的分类：

1）高升调：疑问句、反问句、短促的命令语气；

2）降抑调：感叹句、祈使句、保证、下决心、表示赞美、自信、坚决、祝愿等情感的句子；

3）平直调：叙述、说明、或表示迟疑、思索、冷淡、悼念；

4）曲折调：讥讽、夸张、强调、双关等，通常在表达特殊情感时使用。

4. 停顿变化

停顿，一般指说话中话语的短暂停歇或声音的断和连。在讲解时不仅要有停顿，而且还应该充分利用停顿，使停顿变为一种艺术处理的手段，以求更有效更恰当地表达讲解员的思想感情。那么，究竟如何来表达停顿呢？一般说来，停顿主要分为四类：语法停顿、逻辑停顿、感情停顿和生理停顿。语法停顿是依照标点符号所作的停顿。根据文稿上标点符号的不同，所作的停顿时间长短也不同。如分号的停顿时间相对较长，但是逗号的停顿又更长于顿号。逻辑停顿是为了突出某一语意所作的停顿。往往是根据所要表达的内容设置的停顿。感情停顿是为了某种情感或受感情支配而作的停顿。感情停顿如果有充分的内涵和饱满的情感，往往比有声语言更丰富、更深沉，更是体现出了“此时无声胜有声”的意境。生理停顿是指在讲解到长句时，在句中某个合适的地方停顿片刻，留下空间进行换气。对于讲解员来说，必须做到综合运用这几种不同的停顿处理，使它们变为一种技巧性的、艺术性的停顿。比如，在向观众提出某个问题后，在表达自己某个观点后，在讲清一个科学原理后，都要做较长一点的停顿，以便观众更次提问或者消化吸引所获得的内容。

总之，停顿是讲解时一种非常有效的艺术表达。不要让自己的讲解显得呆板、无趣，让观众无法投入，甚至弃之而去。如果能做到根据展示内容选择适当的语速、语音、语调、停顿处理，就能更准确、生动地说明展品内容、表达展项内涵，这样就会使讲解更加生动有趣，观众喜闻乐见。

二、讲解时的情感控制

情感作为人们主观心理的体验，它影响着人们对客观事物的态度，这种态度是心理的积淀，在人们生活中影响着对事物的认知。自然科学博物馆的讲解员是将展品与参观者进行联系的纽带，而情感控制在讲解过程中占据着至关重要的地位。① 讲解员在讲解展品时要具备较丰富的情感因素，使讲解过程更富有感染力，从而增加参观者对展品的认识，并且在讲解过程中讲解员也会带动参观者的自身情感，对展品内容及操作方式进行详细分析。不仅如此，观众也希望通过讲解员的精彩讲述对展品有更深入的了解。

讲解员在讲解过程中需要带入情感，这是讲解过程中非常重要的，情感可以使人与人之间敞开心扉进行交流。富有情感的讲解可以使参观者更好地

① 吴月 . 浅谈博物馆讲解中的情感因素分析［J］. 卷宗，2016（7）：161.

融入到展馆的企业文化中去，更好地了解展品文化和展馆设计理念。讲解员要善于与观众进行信息分享，乐于倾听观众需求，并做到及时反馈。通过讲解员富有情感的讲解表达，观众可以加深对展品背后故事的了解，从而引起参观者的共鸣。虽然展品在设计之初蕴含着设计师们的灵感和创意，但是它却无法开口说话，也不会把展品所要表达的内容直接写在展版上面（展版上通常都是关键字和精华提炼）。如果讲解员不能将展品背后所蕴藏的内容更好的表达出来，就算这个展览设计再精美，互动体验再丰富，参观者也无法了解其真正含义，失去了展馆设计之初的以参观学习、教育体验为主的定位和目的。

感情控制也需要讲解员在讲解过程中具备良好的语言表达能力，带着浓厚的情感和饱满的情绪，把展览中各部分内容以特定的情感表达串联起来，这才可以更深入地感染参观者，使参观者更好地融入到自然科技博物馆的展品展项深挖过程中去。

在讲解时，讲解员还需要学会控制情绪，进行情感铺垫，应该一浪高于一浪，逐步递增，最后达到情感高潮。有的讲解员一开始讲时就慷慨激昂，连续不间断地高声解说，讲到高潮时简直就是声嘶力竭，手舞足蹈，让观众听得非常吃力，更是让人觉得有些莫名其妙，不知为何这位讲解员如此激动。而有的讲解员却是从开始到结束都是平淡如水，毫无起伏，让人昏昏欲睡，甚至留不住观众，使得讲解进行到一半时就会有观众自行离开，自己参观的情况。这是讲解中的大忌，这种不走心的讲解是一种不尊重观众的表现。这样的讲解可以说都是失败的。在讲解时先要把握情感的基调，感情激发来得太突然，容易让观众不能接受，不会产生共鸣。开始讲时，要把自己心理状态调整到预定的情绪之内，注重讲解时的情感定位。当气氛渲染到一定程度时才能把积蓄已久的感情表达出来，做到情多不溢。①

如果讲解的内容是好玩有趣的互动性展项，基调是轻松、趣味、好玩的，讲解前就应该开始酝酿这样的感情，尽量排除一些与之不协调的情绪，多想些令人高兴的事。

讲解的内容和语言安排也十分重要。在编写讲解词的时候便要注意一步一步地深化并带入情感。当讲解的时候，自己的情绪也会相应地调动起来。即使刚开始讲时，看到观众都盯着你，期待听到你的讲解，你可以会因为紧张不能马上进入状态。这时也没有关系，你可以按部就班地按照编写的讲解词继续进行下去，也不会被看出小破绽，慢慢地就能进入讲解情绪之中，做到稳中求佳。所以在编写讲解词的时候就要慢慢地把自己带入到讲解时的情境中去，这一点也不可小觑。

---

① 杨潇．浅谈博物馆讲解中的情感表达［J］．北方文学旬刊，2015（3）：159—161.

第六章 讲 解 技 巧

自然科学博物馆既是高雅专业的知识殿堂，也是直观趣味的探索世界。在自然科学博物馆的讲解是一项复杂的艺术工程，不仅需要脑力加体力的双重劳动，需要良好的语言表达基础、对讲解内容的深入理解，更需要通过一些技巧，使讲解表现出一定的艺术性。

好的讲解员就是拨动心弦的手、撬动支点的手。通过综合各种学科知识，鉴别受众心理，讲解员运用不同的语言技巧和表现形式，将知识内容传送给观众，使观众的心灵受到影响。荀子说："不闻不若闻之，闻之不若见之，见之不若知之，知之不若行之。"讲解员就是要通过有目的、有层次的讲解，帮助观众"闻之、见之、知之、行之。"这对讲解员的业务要求是极高的，除了普通话过关、熟背讲解稿之外，还要根据不同的讲解类型、不同的受众人群有技巧地及时改变讲解策略。

第一节 讲解的类型

自然科学博物馆每天接待大量的观众。以上海科技馆和上海自然博物馆为例，每天的观众量几乎都要达 1 万以上。通常情况下，观众们的参观安排、计划时间和来馆目的都不相同，不能统一以某一种讲解形式为他们提供服务。为了人性化地满足观众的不同需求，自然科学博物馆需要提供层次立体的讲解服务。比如上海科技馆的讲解服务就分为全馆导览讲解、主题展区讲解、定点互动式讲解、展品辅导式讲解和现场答疑。

一、全馆导览讲解

顾名思义，全馆导览讲解就是要引导观众参观整个场馆，全程讲解。以上海科技馆为例，一次 90—120 分钟，有 4 条不同的路线供观众选择。全程讲解是一对一服务，一旦要求了这项服务，就会有一位讲解员一路上从头到尾陪同参观并作讲解。

这项服务内容听上去很有吸引力，观众完全不用自己费心思，只需要跟着讲解员走就能参观完整个场馆，即使对于场馆完全不了解，也不会迷失方向，更用不着自己看地图去思考下一站。由于是一对一服务，观众如果有疑问可以立即自由地提出让讲解员为自己解答。同时，全程讲解也便于观众对自然科学博物馆有一个整体的了解，包括场馆的展览规划意图、总体分布的逻辑结构等。

然而，这样的讲解形式也有缺点。由于自然科学博物馆体量大、展区多、学科分布复杂，观众很难在短短 2 小时内将所有内容理解清楚，匆匆走一圈也只是走马观花，对于具体的科学知识点无法透彻了解，对于每个领域中科学成就的发展和内在联系也不能深入地理解。

比较适应全程讲解的是团队活动，比如旅游团队、单位组织的参观团队等。这样的团队一般计划的时间不多，又想对整个馆有所了解，也不想错过一些精品展项。也有些亲子团队会选择这项服务，有的家长并不需要孩子对某一知识点有深入系统的了解，只要多增加一两个科学常识就认为不虚此行。而且他们认为通过讲解员一对一的辅导，更能让孩子获得良好的学习效果。

全程讲解服务对讲解员的要求极高，讲解员需要熟练掌握整个自然科学博物馆各个学科的知识，阅读大量的材料去准备，对整个馆内的所有展品都要熟悉。因此，在上海科技馆培养一名全程讲解员至少也要几个月的时间。

在对观众实施全程讲解服务时，首先需要了解观众，询问参观目的。比如有没有特别想要重点参观的展品，一共安排了多少时间，是否需要无障碍路线参观。这些信息了解之后就需要合理地规划路线。

例如，上海科技馆的全程讲解可选路线有四条：

A 路线（1.5 小时）

动物世界→蜘蛛展、机器人世界、信息时代、地球家园→探索之光、人与健康、宇航天地

B 路线（1.5 小时）

地壳探秘→机器人世界、信息时代、地球家园→探索之光、人与健康、宇航天地→动物世界

C 路线（2 小时）

动物世界、地壳探秘、智慧之光→地球家园、信息时代、探索之光→人与健康

D 路线（2 小时）

地壳探秘、智慧之光、设计师摇篮→地球家园、信息时代、机器人世界→探索之光、人与健康→动物世界、生物万象

路线上的展品是一个个散落的知识点，讲解员要做的就是将这些散落的

内容串在一起，在一些相关的展品上做到前后呼应。既要严格把控整个讲解导览的时间，在讲解内容上也需有层次、有重点，让观众既了解整个自然科学博物馆的大体内容，又能对一些精华展品留下深刻印象。

二、主题展区讲解

主题展区讲解，是为观众讲解某一个展区的内容。相比于全馆导览讲解，主题展区讲解所包含的内容虽然在学科上较单一，但是在专业性上更系统、更深入。

上海科技馆的主题展区讲解采用定时定点的方式为观众服务。在讲解的起始点有告示牌，提醒需要讲解服务的观众在此等候。每个主题展区，一般一天中有5—8场次的讲解，每次时长约为30分钟。相对于全程导览来说，主题展区讲解所经过的区域较少，观众跟着走时不会感觉到疲劳，时间也充裕，不会让讲解员和观众产生匆忙感。

参加主题展区讲解的观众人群和全程导览讲解的参与者不同，他们一般不会有目的地来听讲。这些观众来到自然科学博物馆的时候本来并没有期待过要听讲解，很有可能原本只是想随意参观。恰好在定时定点的区域讲解开始的时候，他们正在附近，从告示牌获知讲解信息而临时决定等待听讲解。

也有些是正巧经过，看到讲解员在讲，渐渐地加入到听讲的队伍中来。观众在听主题展区讲解的时候不能自己选择路线，比较被动，互相之间也不认识，不太愿意参与讨论或发表意见，通常只是跟着，讲解员讲到哪里观众就听到哪里。

由于只需要讲解自然科学博物馆内某一个主题区域的展示，主题展区式讲解在内容和知识性上，通常会集中在某一个学科。对于这一学科知识的阐述比较深入透彻，能够串联起相关技术的发展历史，便于观众对于学科有深入的了解。讲解员需要把一个个散落的展品贯穿起来，串成科学发展和技术应用的逻辑故事线。在讲解过程中需要多引导观众观察并思考，鼓励观众尝试自己推理结论。观察现象、提出假设、进行验证，这正是科学研究的常用方法。这样的一场讲解不仅是在普及科学知识，还是科学方法的传播。能讲好一场主题展区讲解，要求讲解员本身对于这一学科领域有比较深入的了解，而且不限于现场的展品。学科的发展历史，曾经的一些重要事件、典型案例，当前最新的研究进展、科技成果、目前的推广和应用等。这要求讲解员热爱和关心相关的学术领域，在平时不断地学习和积累相关知识。

主题展区讲解的时候，对于组织观众的听讲也需要一定技巧。通常讲解员提前3—5分钟到现场准备，利用扩音设备招募听讲者，告知周围的观众即将提供讲解服务。在讲解开始时需要简单说明讲解会持续的时间、所讲的内容范围，以让观众有心理准备。

有时候，主题展区讲解服务的对象并不从头到尾都固定在某几个人。可能有些观众听了一半离开了，也有些则被吸引过来半途加入。因此，讲解员在组织的时候要注意照顾所有的观众，一路上经过的所有观众都是潜在的传播对象，讲解员要注意发现他们的兴趣点和疑惑点，如果观众有疑惑要尽量用简单明了的答案及时解答。由于前一个展品涉及的内容可能是后一个展品的知识基础，如果有大量的新观众加入，没听到前面的，讲解员可以对新加入的观众适当照顾，简要总结一下前一条知识点，同时也不影响其他观众的听讲。

三、定点互动式讲解

在自然科学博物馆中，还有的讲解是固定在展览教育现场的某一个位置开展讲解活动，比如上海科技馆的“科学列车”、上海自然博物馆的“一起聊聊吧”，讲解时需借助道具演示，也需要观众参与讨论，被称为定点互动式讲解或展区互动式讲解。有别于前两种讲解方式，定点互动式讲解准备起来需要比较长的时间，通常在节假日或者有特殊活动的时候出现。整场活动针对一个知识点或者一个主题展开，通过若干活动环节构成，层级丰富。时间通常为 30 分钟，在这个过程中观众的参与度会比较高。

对于讲解员来说，要完成这样的讲解需要具备较高的能力。30 分钟里只讲一个知识点，如果对讲解的主题只是稍有了解的话可能两三句话就说完了。因此，定点互动式讲解的讲解员需要对自己传播的内容有相当透彻深入的了解，将这个内容所有的细枝末节都熟记于心。不仅如此，由于并非单向传播，而是需要观众参与相互交流，讲解员需要引导观众亲自参与活动环节，比如设置科学实验、观察思考、动手设计方案、验证结果等。

因此，这样的讲解需要开发设计的能力。将原本用语言表述的科学知识，用道具、实物和各种辅助用具展示出来。活动环节的设计要由浅入深、由简单到复杂，符合人们对新事物的认知规律。换位思考，从普通人的生活经验出发，将一个个新的知识点建构起来。

从观众的组织上来讲，定点互动式讲解一般会通过各种媒介渠道如广播、网站、微信等让观众提前了解，提前到达现场等候。有些在讲解活动开始之前就会有大批观众聚集，相对于自然科学博物馆内其他的活动会显得比较“隆重”，因此不需要特别招募观众。由于观众的参与热情特别高，讲解员的一言一行、一举一动都逃不过观众的眼睛，一不小心就可能会出现紧张慌乱。另外，定点互动式讲解中会有一些让观众参与的机会，如果观众过于热情，现场的秩序很有可能会失控。讲解员是整个活动的主持者，遇到这种情况不能过于被动，一定要有现场控制的能力。设计活动的时候也要事先考虑现场，尽可能使更多的观众能观察和参与。实施过程中，对于一些没得到机会动手操作的观众，也可以引导他们参与讨论。比如让观众讲讲自己生活中的实际体验和存在疑惑的方面，引发他们的参与热情。结束之前设置交流分享的环节，一方面总结活动，让所讲解的内容给观众留下更深刻的印象。另一方面，因为每个人的体验不同，在相互交流的时候也能碰撞出知识的火花。定点互动式讲解，不仅仅是讲解员单向的传授，而是使讲解活动成为自然科学博物馆中的观众和讲解员、观众和观众之间相互交流的平台。

四、展品辅导式讲解

观众在自然科学博物馆中参观，有时会对某项展品或演示道具非常感兴趣，甚至自己动手操作、体验。此时，讲解员在一旁适时提供服务，指导观察和参与，这便是展品辅导式讲解。

展品辅导可以说是自然科学博物馆中每天的频次和受众人群最多的一种讲解模式。自然科学博物馆展区现场的所有工作人员以及志愿者都可以为观众提供展品辅导讲解服务。在时间上也完全不受限制，可长可短，既可以用一句话解释展示的原理，也可以细致分析，与观众热烈讨论。

展品辅导讲解的受众人群非常多样，在展区参与体验的所有观众都可以成为受众。即使完全没有要听讲解的预先需求，在遇到操作不明白的时候他们也很愿意听讲解员解释。

讲解员在进行展品辅导讲解的时候，尤其需要主动热情。有些观众在操作的时候看不懂、不明白又不好意思问，这时就需要讲解员及时地发现观众的需求，主动辅导。

完整的展品辅导的时候首先应该引导观众观察展品有几个部分组成，每个部分是什么样的，然后仔细说明操作的方法和操作过程中应当注意的问题。让观众自己操作体验几次，感受其中的变化，发现规律。接下来，在展品演示中观察每一个环节出现的现象，讲解员需要配合现象作出解释。自然科学博物馆有很多展品是综合了多种学科的，展示出来的或许仅仅是一个现象、一种效果，但在这背后是多种学科交叉融合作用下的共同结果。因此，即使只讲解一个展品也并不容易，讲解员需要对综合的这几门学科及相关知识熟练了解，然后用通俗易懂、条理清晰的语言解释给观众。为了便于观众理解，在演示展品时出现的几个关键点也需要提醒观众注意。这样才发挥了自然科学博物馆展品的教育功能。

其实，自然科学博物馆的展品说到底是对科技的一种应用展示，但是这种科技的应用如果拓展到实际生产生活，会有更大的效果和力量。因此，在体验操作了现场的展品之后，讲解员可以引导观众思考如何将这些科学技术应用到实际生活中，也可以举一两个现代的应用实例启发观众，让观众提出更多想法和问题，比如，如何将现有的这种技术和其他的技术融合，推广更多的综合应用。如果借助一些辅助道具，还可以扩充展品的功能，出现更多效果。

展品辅导讲解看似简单，但真要讲得好还需要对讲解员进行系统的培训。

五、现场答疑

在展区现场，讲解员经常会遇到观众前来提问。展区的现场答疑虽然不是主动的讲解，不会列进工作计划和讲解计划，但却是非常重要的。

现场答疑的地点和时间都具备突然性，讲解员可能完全没有准备。我们在自然科学博物馆内可以看到，绝大多数的观众并不会主动向工作人员提出问题。而能够提出问题的观众，一定是参观得特别认真，对于这一方面产生了浓厚的兴趣，经过了自己的思索，强烈地希望知道答案。有很多人甚至是带着问题而来，带着纸笔记录。

虽然没有事先排进计划，但是遇到这样“热心好学”的观众，讲解员自然不能怠慢。必须要弄清楚观众的疑惑到底是什么，然后耐心仔细地说明。在很多时候，观众提出的问题讲解员是一时无法回答的，这个时候就必须遵循“首问负责”的原则，通过其他渠道寻找答案后再告诉观众，必要时留下观众的联系方式，以后再给予解答。有些时候，观众由于理解的偏差，问的问题并不能非常直截了当，也不能明白地表达自己的意思。这时候讲解员可以耐心地通过多种解释尽量搞清楚观众想知道的是什么，想办法用平实的解释让观众明白。现场答疑对讲解员最大的考验就是自身的知识储备和灵活应变的能力。

六、讲解比赛

近几年，全国大大小小的组织机构都非常热衷于举办科普讲解比赛。有些单位会把比赛和平时的讲解区分开来，认为比赛是一种“表演”，并非传统意义上的“讲解”。不管评价标准如何，本段中将简单介绍比赛时讲解的特点，供参考。

首先是讲解员人数。之前我们介绍的那些讲解方式，都只有一个讲解员。但是比赛场上，其实是多个讲解员。在同一个场地前后轮流讲解，免不了讲解员之间会互相影响。产生的第一个问题就是时间限制。因为人多，每个人能分到的展示时间有限，一般来说讲解比赛的时间限定在4—5分钟。如果要在这短短的几分钟内把科学发展的前因后果、古今中外研究、各种社会经济效应全都“倒”出来，是不可能的。因此，常用的方法是只讲1个科学内容，围绕内容讲1—2个知识点和拓展应用，“凑”成一个完整的讲解。围绕某个特定主题的知识点和内容往往庞杂，一般挑选最能体现主题，结合当前热点的内容。

比赛讲解的第二个限制是场地。自然科学博物馆的讲解通常都配合展品演示，但是在舞台上比赛，讲解员脱离展品，像唱戏一样对空讲。现在有很多比赛允许选手用幻灯片辅助展示，但是幻灯片与展品仍然有区别，它只能通过视觉和听觉表达，观众较难理解。因此，脱离了展品的时候就需要讲解员用更多的画面和描述性的语言更细致清晰地表达出展品演示的现场。

第三是观众，现场讲解的时候与观众距离比较近，能立即看到观众的反应，容易产生互动。而在比赛时，与观众距离远，强光舞台上很难看清台下观众席的情况，观众多至成百上千个，有些讲解员上了舞台不知道应该看哪里，还有的只对着最前排的几个评委讲。实际上，能照顾到全场的观众才是优秀的比赛表现。好比开演唱会时，几万个人都会被舞台上的歌手所带动。比赛时，讲解员要尽可能提高音量，扩大表现力，目光的接触要虚实结合。感染到场地中的每一个人，才能取得最好的效果。

如果要参加比赛，讲解员需要提前到现场“走台”、体验和适应，以调整和展区现场讲解的不同。也要试着在练习的时候给更多不同的人讲，要有充分的信心，才能在比赛时有出色的表现。

第二节　讲解受众的分类

作为一名自然科学博物馆的讲解员不仅需要广博的知识做储备，还应该具备使用知识的能力以及驾驭语言的技巧。自然科学博物馆的观众年龄层次、文化背景复杂，讲解员需要积极研究观众的构成和需求，依据观众的特点进行划分。讲解时需要依据不同观众的特点和需求、不同的接受能力，用不同的形式给他们提供不同的讲解内容，使用不同的讲解策略。

每个场馆可以根据自己的调查划分观众群体。本节中，将自然科学博物馆的观众分为：普通观众、少年儿童、中学生、青年观众、中老年观众、专业观众、贵宾以及外宾。

一、对普通观众的讲解

到自然科学博物馆或其他一般展览中最大的人群就是中等文化层次的普通观众。他们成分复杂，社会阅历参差不齐，知识面一般，多数乐于接受讲解员的解说。如果内容较丰富、引导得当，这些观众中愿意自始至终听讲的会占到较大比例。他们提出的问题，也相对较易解答。在对这类普通观众讲解的时候需要注意：一是不能随意对待，要给以正确的诠释；二是准备回答的问题面要稍宽。

相对于中小学生、普通市民的参观多以游览、休闲为主，包括旅游休闲、偶然路过等。他们对于展览内容一般没有自主要求，对于展览期望和要求都比较低，即使时间充裕也常常缺乏长时间听讲的耐心。因此，他们对深入的内容会相对难接受和消化，会要求讲解内容新鲜、形式活泼。对这类观众的讲解，要采用“点染式”，即以观众所不了解而又可能感兴趣的话题作为起始点，挖掘其中的兴奋点，再把这些兴奋点相衔接，最终完成整个讲解。遇到一些必须表达而又可能枯燥、严肃的话题，要在兴奋点上适时点出，但要注意不宜过多铺陈。

普通观众中情况复杂，讲解时不能强求一律。一些心智成熟、适应能力强、乐于获取科学知识的，他们一般可以接受较长篇幅、较深的内容。相对于在校的学生来讲，职业青年或者中年观众往往更为理性，社会经验以及知识层面更高一些，耐性也更强一些。他们对于讲解往往更注重深层次的东西，不关注于表面，可能对于整个展馆的布局和结构、主题内容等更感兴趣。讲解时把握重点，简洁直观，由粗入细是一种可行的方法。旅游者大多抱着休闲娱乐以及探寻玩味的目的参观自然科学博物馆，往往对于本馆特色和一些重点展品较为感兴趣。讲解员可以与他们沟通，充分了解观众的参观目的，寻找适当的讲解方法。比如以观众生活的城市和熟悉的内容为切入点，注意捕捉观众的信息反馈，在不脱离讲解主题的前提下，适时调整讲解内容和讲解方式，以期达到更好的讲解效果。

二、对少年儿童的讲解

儿童也是来自然科学博物馆参观的主要群体。其中，有些是学龄前儿童，在家长的带领下参观。那些咿呀学语的小孩子，他们对展览的兴趣点更多是在于外观造型色彩，往往没有耐心，很难长时间地把注意力集中在一点上。他们的需求和兴趣点并非是展览想要表达的主题内容。这就非常需要讲解员的作用，用生动的语言引导儿童，循循善诱，想方设法引起孩子们的兴趣，适当地借助提问的手法来让他们加入互动，集中他们的注意力。

小学生也是自然科学博物馆中年龄段较小的观众，相对于其他观众群体，小学生们有更多的时间来充实知识。他们常常三五成群结伴而来，节假日由家长陪同，更有许多小学组织学生团队来自然科学博物馆参观学习。小学生参观时的不利因素是记忆力、理解能力差，主动性和独立性也不够，缺乏耐心，注意力不稳定，容易受外界因素干扰。但是他们参观兴趣很浓，大脑容易兴奋，求知欲旺盛，可塑性很强，对新鲜事物特别感兴趣，而且小学生团队的荣誉感很强，愿意听从老师指挥。

相对于学龄前儿童，小学生已经是有思想的个体，对教育内容也有自己的心理需要。如果教育内容是他们不需要的，或者不能激起他们的需要，他们便失去了主动性，懒于动脑，被动地接受知识。这样，讲解员的辅导教育将成为自然科学博物馆单方面的愿望。因此，讲解员必须要了解孩子们的内心想法与需求，注意尊重孩子的独立性，讲解的内容应该是孩子们乐于接受、并较为感兴趣的。比如，在讲解之前可先将本次的讲解内容告诉孩子们，并征求意见，适当调整。如果是团体预约，可与学校联系，通过老师了解学生的需求，有助于调动孩子们的积极性。

在规划路线的时候要有所选取。比如，自然科学博物馆共有 12 个展区，可以推荐 3 个展区，再结合学生的意愿挑选 1—2 个展区。既要考虑到来自然科学博物馆应该了解的知识，同时兼顾小学生的兴趣和接受能力。丰富的动物标本，或是采用了声光电等陈列手段的一些展品，对孩子们而言既新奇又刺激，这时候抓住机会讲解就能收到较好的效果。

对少年儿童讲解时，语言需要浅显易懂，可以多重复，这样能够加深记忆。小朋友爱听故事，采用讲故事式的方法，用生动活泼的儿童语言代替专业术语，更能引起他们的兴趣和共鸣。在给小朋友们讲解的过程中，适时地提出符合儿童心理特点的具有灵活性而又恰当的问题无疑会使孩子们的注意力高度集中，并以此来激发他们的好奇心和好胜心。有些知识较为丰富的孩子，此时就会有充分表现的机会，能答得上问题，也可以提高他的自信心和学习的动力。对于积极回答问题的孩子，讲解员要及时给予表扬和鼓励，通过积极互动的方式使他们精力集中，坚持到最后。采用多提问的方式，一方面给他们留下悬念，调动求知的积极性，使他们集中精力听讲，加深印象；另一方面也对维持参观秩序有一定效果。讲解员采用边提问边讲解的方式，有问有答，非常自然，使讲解在轻松愉快的气氛中进行。

儿童的注意力不稳定，容易被新鲜刺激所吸引，有效地控制讲解的节奏，采用多变的讲解方式对孩子的注意力起着非常重要的引导作用。例如，用热情响亮的开场白将他们的注意力吸引过来；而抑扬顿挫、有声有色的讲解则能很好地抓住孩子们的注意力。相反，如果是平淡无奇的讲解往往使孩子们产生疲劳感和厌倦感。因此，对儿童的讲解要特别注意节奏。讲解员移动的位置、走路时的停顿、面与背的交换也是集中孩子们注意力的辅助手段。儿童的注意力具有鲜明的情绪色彩，他们对于喜爱的活动、感兴趣的事情，都会集中注意力。多变的讲解方式也是防止孩子们的注意力发生转移的有效方法。

儿童不仅注意力集中时间较短，通常体力也较弱，所以要给他们提供适当休息，讲解时间不宜过长。小学阶段，学校里一节课为 40 分钟。因此，讲解员在带孩子们参观时，一段讲解的时间最好也控制在 30 分钟，最多不要超过 45 分钟。经过 10—15 分钟的休整，再进行下一段讲解。尽量做到参观与游玩相结合。寓教于乐、劳逸结合的方式能让他们更好地接受新知识。

儿童具有强烈的好奇心，表现出旺盛的求知欲。他们经常会提出各种问题，遇事总爱问个究竟。我们经常会遇到儿童不断地发问："这是啥?""在哪儿?""为什么?"等等。作为讲解员来说，这时候千万不能嫌麻烦，一定要耐心细致地回答和解释孩子们提出的问题，满足他们的好奇心，提高他们的求知欲。如果讲解员对孩子的提问产生不耐烦，这样的做法很容易挫伤孩子的自尊心，扼杀孩子的求知欲。即使遇到不会回答或者不好回答的问题，也可以告诉孩子自己也需要学习知识，等弄清楚后再告诉他。

小学生的记忆以机械记忆为主，记得快，忘得也快。如果在讲解结束时进行总结，可以巩固参观效果。比如问：同学们，我们参观的都有哪些内容？看到了哪些？大部分回答上来后，对个别问题可借助展品提醒孩子，直到回答完整，最后再概括综述，培养他们的记忆能力，为今后的学习做好准备。

总的来说，面对少年儿童讲解时，需要讲解员对孩子不仅要有耐心、有爱心，同时还应对自然科学博物馆知识大量积累，做孩子们眼中专家型、学者型的讲解员。

三、对中学生的讲解

中学生正处在生理和心理快速发育阶段，具有一定的知识储备，也有一定的反叛意识。他们求知欲强，遇到与课本上有关的内容、遇到同龄人事物时会特别感兴趣，并时常提问，主动发言，同时会要求参观与游玩结合。一般来自然科学博物馆的时候都是兴致勃勃，有所憧憬和期待。他们不喜欢一本正经、刻板的说教，讲解时间一长，他们容易失去兴趣。中学生群体对人生、社会了解不充分，但是常以成年人自居，渴望成年人对他们的承认和尊重。

在面对中学生的时候，讲解员扮演的不应是家长或老师，而应是知心的哥哥姐姐或朋友，以平等的身份与他们交流，激发起他们听讲的兴趣。讲解方法上可以先系统讲解，以中学课本上有关的内容为切入点，拉近距离，找到兴趣点。也可以根据中学生已具备的科学知识，注意科学知识的连续性，语言上不仅要词汇丰富，还可运用比喻、想象、对比等方法达到形象化、感情化的教育，重视讲解时的启发与鼓舞。

中学生也正处于认识能力迅速发展阶段，认识能力相较小学生有进一步的提高，思维方式以逻辑思维为主，有些已经达到甚至超过成人的水平。根据这一特点，在讲解时，可利用他们注意观察事物的特点，引导其观察和讨论。中学生记忆力发展较快，对抽象知识能够理解，因此可将一些相关学科的常识作为适合初中生的讲解。中学生自我意识与独立性强，在讲解中可合理安排一些互动展项让他们动手操作。这样一来，通过自主探究，学生不仅好奇，而且印象深刻，能感受到探索发现的快乐。

中学时期，人的道德情感和社会情感都在增强，容易受某些消极因素影响。初高中是人的世界观形成的重要时期，中学生世界观渐趋稳定，但仍在形成之中，需要正确的引导。因此，对中学生的讲解需要强调思想性。不仅是对展品做简单的解释，而且要对展览的主题和思想进行深刻的剖析，阐述时代意义和现实意义，将其深刻的意蕴解释给学生，增强他们的科学责任感和使命感。在科学概念的描述上需要准确使用专有名词，科学地进行判断，合乎逻辑地进行推理，以达到向中学生传播科学知识的目的。

四、对青年观众的讲解

到自然科学博物馆来参观的大学生人群相对来说并不太多，这类人群的特点是：有专业，有一定的理论水平，性格自我张扬，纪律比较散漫。一般来说喜欢自己看，并不乐意跟随讲解。

针对这类人群，在讲解时可以询问感兴趣的相关专业，选择合适内容为切入点，也可以从时下最流行的话题找到与展览的相关性，循循善诱，引发讨论。尽量讲解得有趣，不死板，气场要强。在互联网时代，青年观众知识面已经较为丰富，但是缺乏丰富的社会阅历。他们的特点是精力旺盛，思维活跃而不规则，反应快，理解力强。

这类观众在参观时目的明确，对展览内容已经有了一定的了解，可是学习的主动性不强。很多人有自己的想法，把参观当作是自由活动的时间。所以在讲解时为吸引他们的注意力，一定要注意抓住开场白，从一开始就引人入胜。

遇到有些想法新颖的青年观众，看待事物的观点较多。讲解员可采用互动讨论式讲解方法，启发他们说出自己的观点，带动现场气氛，并在他们的观点基础上进一步细化、推敲，总结出结论。

五、对中老年观众的讲解

中年观众大多有一定的社会阅历，知识面的宽窄差距大，但一般体力较好，反应快，善思考，理解力和思维能力强，需求多样，有提问倾向。他们工作经验丰富，参观时有自己独特的见解，而且分析和理解问题的能力很强，尤其是心理活动一般不外露，很难琢磨其心思。

在对中年观众讲解时，内容可适当丰富，穿插科学技术发展史，以引起他们记忆中的往事，达到心理共鸣，讲解的知识面也要宽些。

现在自然科学博物馆对70岁以上的老年观众实行免票，一方面体现了社会对老年人的尊重，同时也表现了自然科学博物馆对老年观众的重视。老年观众一般社会阅历丰富，知识面相对宽广，善于独立判断，但体力差，听力弱，反应慢，因此要求讲解内容要有一定深度，不必太多，时间长度要控制，导览路线长的时候增加休息点。

对于老年观众来说，内容要精，篇幅适当短一些，因为他们的体力多不能承受长时间听讲的强度。对于听力较弱的老年观众，讲解时注意提高音量。虽然他们对于自然科学博物馆的创新科技方面可能了解不多，但是对这类观众，最忌讳的是用教导的方式讲解。因此，讲解员应多用征询、讨论、客观说明等方式来讲解，语气应缓和，用语要多用敬语。

六、对专业观众的讲解

专家学者普遍知识面宽广，思考能力强，专业知识更丰富。他们来参观时大多带有目的性，有较多独特要求和倾向。出于自身的需要和兴趣，他们对于自身专业领域的知识已经达到了一定的高度，往往是抱着解惑和进一步研究的目的前来，要求会很高，不满足于了解表面情况，普通的讲解已经不能满足他们的要求。

要吸引和服务好这类观众，讲解员要有扎实的内容准备和准确的表达语言。言必有据，同时要对学术问题的表达留有余地，并能借此机会虚心请教，将其作为学习以及提高自我的机会。技巧上，可以运用探究式讲解和简单概括相结合的方式进行。讲解员具有较完备的知识结构，才可以在讲解的时候面对专业观众也充满自信，应对自如。

七、贵宾接待

贵宾接待一般为政府官员等社会阅历较为丰富的观众。他们文化程度高，社会地位高，通常会有身份顾忌，行为谨慎，不随意走动和发表言论。出于礼貌，他们一般会始终接受讲解。听讲过程中，他们会挑选重要的展品观看，但很少十分仔细地观看，除非恰巧是真正的行家、酷爱者。这类观众参观路线严格，语言不能随意，但讲解不能刻板，需要直奔主题，挑选最为精华的内容介绍，语言要更口语化，以内容精彩取胜。他们不一定具有与展览内容相关的专业知识，不一定会提出质疑，但有时会提出一些边缘问题或延伸内容，讲解员要注意应对这类提问。另外，这类观众一般素质较高，对于好的内容会给以响应和评价。所以，讲解时要尽量多点出精华，积极配合。这类观众对表述和定义要求较高，讲解时必须注意细节准确，包括专用名词、提法、称呼、口气、答问及时间掌握等，否则容易造成对方对展览和讲解员队伍整体素质的不良印象。

任何一批贵宾接待，都会有相应的接待方案，讲解员可以事先从中了解到许多实用的信息。应提前准备，尽可能详细了解来宾的背景资料，如对方的领导级别、职务、来访目的、人数、到馆时间、参观时长、其他参观行程、陪同领导人数、各自的职务、联系人等。通过这些表面信息，讲解员可以大致了解预设的接待情况。然后依据现有线索，顺藤摸瓜，掌握和争取到更多信息。前期的准备越充分，后期的讲解才会越顺利。如今想要做到这一点并不难，首先可以利用方便快捷的网络、通信手段，进一步查询了解来访主要领导的简历、专业、工作经历、特长、政绩，目前所处地区的历史底蕴、经济实力、城市科技发展现状，过去取得的国家级荣誉、经历的建设大事，未来主要发展思路等。这些都是在一场精彩讲解中的引线，在充分了解对方的基础上，过滤出点燃“引线”后最能出彩的部分，仔细推敲、精心设计，把握不了的地方还应虚心请教专业人士。有时，会遇到一些无法提前预备的接待，在陪同人员因为某些原因来不及详细介绍的情况下，讲解员应该做到边讲解边察言观色，观察人们的神态表情、专注程度以及交流中流露出的只言片语，精确把握出哪位是核心人物，哪些是陪同人员，为本次讲解找到主角，之后围绕其核心人物展开讲解，形成无形的凝聚力，确保讲解工作顺利进行。一定要避免发生讲错对象、带错人等情况。遇重要接待，在讲解前应仔细检查个人着装、讲解工具等是否到位，以完备的状态消除紧张情绪。讲解时应注意称谓，做好引导工作，包括展品与展品、展区与展区之间的转换、上下楼梯等。在不脱离主题、不忽略重点的前提下，适当宣传本馆特点，可采用汇报式语气讲解，疑问句要慎用。注意开场白和结束语，在沟通好事宜的前提下可请领导题词。

公务繁忙的高级官员，时间要求较为严格，多是按照特定程序进行，也许十多分钟后下一个地点已经预约等候，因此准确把握讲解时间是非常重要的。他们的需求是精确和重点，这就需要我们精确安排参观线路，采用“有效准备”“临场发挥”“领导兴趣”互相结合的讲解方式，突出重点、主次分明，争取在规定的时间内，用最简洁明了的语句来概括展馆的特点和所需要表达的内容。

八、对外宾的讲解

自然科学博物馆要特别重视外宾接待，因为它不仅关系到国际间的友谊，也是一个国家国民素质的综合体现。对外宾讲解最大的障碍是语言，除此之外，生活环境、文化背景差异也很大。讲解员作为自然科学博物馆的窗口，是自然科学博物馆与外界沟通的桥梁与纽带，至少应掌握一门外语。而且要尽量学习、了解各国的基本礼仪，文化习俗，以保证在具体的接待中更加出色地完成讲解任务。

遇到有外宾讲解任务时，应提前了解他的身份、生活习惯、语言环境、文化差异、参观目的等。严格遵守涉外的有关规定，不谈及敏感话题。遇到数据时应用国际标准单位，考虑到有时候外宾对于一些展览背景不熟悉，应加以详细解释，如果是有翻译陪同时，采用中文讲解，应注意给翻译留一定的时间，掌握节奏。

第三节 讲解评估

自然科学博物馆里的讲解是一种教育活动，基本目标是让受众获得知识和增加知识，改变态度，进而修正行为。对于一个有一定技巧和经验的讲解员来说，讲解的评估是个人成长和工作业务水平发展中不可缺少的一部分。正确的评估结果，也可以让自然科学博物馆了解目前所使用的讲解内容、讲解方式是否适当。同时，也需要根据观众的行为来判断是否达到原来设定的讲解目标。

一、评估的方法

评估的内容分类依据各个场馆的需求各有不同。

第一类评估方法

- 讲解内容：讲解的知识点，传授的信息。
- 讲解员表现：包括组织能力，对待观众的态度，语言技巧，仪表仪态。
- 观众反应：说到底讲解的目标服务对象是观众，因此观众的反应对于评估结果是最直接、最具有实质意义的。

第二类评估方法

- 评价观众的行为、响应，判定展示设计与讲解内容是否适当。
- 通过了解观众的偏好，评估讲解员的表现，为今后讲解方法的改善起指导作用。

- 评估展示中的其他图文和辅助设施是否达到讲解目标，讲解时可以充分利用展示资源。
- 评估整体时间和效果，作为讲解目标达成效率的依据。

第三类评估方法

- 讲解目标是否达成。
- 讲解设施是否设计良好。
- 观众对讲解信息的吸收程度，对讲解产生的影响的评价。

不管是哪一类评估方法，都有对于讲解内容/设施、讲解员和对观众的直接评估。与正式教育不同，讲解是一种非正式教育活动，因此评估的方向不仅仅是知识点的传授。相对于正式教育的评价，非正式教育的评估方法复杂，且具有一定难度。经常采用的方法有：正式访问、非正式访问、问卷调查、观众自我测量、行迹观察、行为观察、观众对讲解偏好的行为测度、定时记录照相、观察观众聆听讲解时的目视时间长短、观察观众的注意力、专家评审、同行评审等。

大量的调查材料与科学的理论方法是研究观众所必备的两项条件。对观众的实际调查能从中获得最丰富、最生动的第一手资料。开展实际调查工作可以采用以下方法。

一是实地观察。通过在现场对观众举动甚至表情的观察来发现展览和讲解工作中存在的问题。比如美国波士顿艺术博物馆就曾经研究过以防止观众参观不到为目的的实地观察。方法是选择一位视觉正常的观众，拍下他整个参观过程中的各种动作姿势的照片，加以分析研究，从而得出如何引导观众参观的科学依据。

二是观众调查。这是让观众把心理活动揭示出来，如果不调查观众，观众的心理活动除了他们自己和身边的亲友外，没人能知道他们是感兴趣还是感到厌烦，是感到振奋还是无动于衷。现在自然科学博物馆中常用的观众调查方法有很多形式，比如和观众当面交谈，请他们事后谈体会，这种形式能得到比较全面的答复，因为这是根据所需了解的题目而回答，但缺陷是成本较高，造成样本有限，数量和广泛性不足；拟出匿名形式的调查问卷交给观众填写，这种方式在数量上能提取较多样本，具有普遍性，但是一张调查问卷无法让观众把问题谈得很深入；在展区里设观众留言本，这种方式下观众回答问题容易比较随便、任意，或许有时对某一问题比较深入，但往往不太全面也不太可靠。因此，这几种不同的观众调查方式可以交替使用，通过大量实际调查材料的归纳整理从而了解观众在自然科学博物馆中的内心状态，得出相对正确的规律，为以后的讲解起到参考作用。

三是社会调查。自然科学博物馆服务的对象除了来馆的观众外，整个社会群体也是潜在的讲解服务对象。因此，在做观众调查的时候不妨深入社会，采取民意测验的形式，通过学校、企业、机构和社区的问卷发放，回收分析，或者到社会上深入个别采访。这样可以把从不到自然科学博物馆听讲解的人对自然科学博物馆讲解的认识材料也掌握在自己手中。

二、应急培训

讲解岗位上的工作人员要对本馆的消防安全通道、安全出口、消防设施的情况了如指掌，时刻预防火灾、地震等突发事件发生，牢记消防安全的原则、步骤，确保能在第一时间引导观众安全撤离。平时还需要掌握应对观众踩踏、创伤救护、化学伤害、暴力恐怖袭击等突发事件的应对处理方法和救护常识。讲解接待中，需要灵活机动地处理好一切临时出现的状况：比如讲解时间的临时压缩或延长、电梯故障、展品异常、停电等后勤保障问题的出现等。因此，要做到眼观六路、耳听八方，通过与陪同人员、馆内工作人员的默契配合，加上自己的高度警觉与敏感性，提前按观察和了解异常情况出现的苗头，及时调整讲解内容。最好能够不动声色地将观众带离，保证讲解的流畅清晰、安全有序。

三、讲解后反思

讲解技巧和经验的积累是一个长期提升的过程，因此，讲解员不能以应付了事，尤其是贵宾接待之后不能以万事大吉的心态来对待，而是应该认真总结反思，全面过滤在讲解接待中是否有欠缺、不到位的地方，如果再来一次，自己应该如何解决会更好，以便今后遇到类似情况时能迅速规划好处理预案。

在总结时，脑海中重复闪现接待中的场景，特别是领导及贵宾表现的比较突出的细节和比较关注的展示内容，这既能强化讲解员对馆内资料的充实和研究，又能帮助提升讲解员对观众心理学的了解和掌控能力，为今后进一步做好“因人施讲”提供感性和理性认识。

有些讲解员在讲解生涯中，接待的各级领导、各种类型的观众非常多，可能相互之间留下了深刻的印象，并给予不同程度的触动、启发和激励。但是，如果没意识到讲解后总结反思的可贵之处，在接待结束后，就把心思放在了其他工作上，而没有及时进行系统的整理记录，就会导致大部分的讲解细节逐渐被淡忘。因此，讲解员最好能养成自觉做讲解笔记的好习惯。有的场馆里有“讲解记录”表格，比如自然博物馆有讲解工作组公用的记录表格，按照讲解形式分为不同类型。最基础也要记下讲解的时间，来宾单位及职务，馆方出席人员，来宾人数等（表6.1）。

除此之外，也有讲解意见反馈和疑难问题表，类似于讲解团队中的Q&A。

对于一些观众提出的刁钻问题，或是讲解过程中遇到的棘手困难，一个讲解员无法解决时，可能别的讲解员知道答案或有更好的处理方法。每天在晨间或班后集体讨论，用团队的智慧提升讲解员的整体技能。上海自然博物馆讲解导览记录单样表如下（表 6. 2）。①

表 6.1　讲解导览任务单（内部观摩）

编号：

年　　月　　日　　　　　　　　　　　　　　　　　　星期

讲解导览员：		接待方案：
出席领导或人员：		
来宾姓名及职务：		人数：人
来宾单位：		
讲解时间：　　　　小时　　　　分钟		
讲解区域：全程		
来宾对本次讲解的评价： □很满意□满意□有待提高		
最感兴趣展品		
最不感兴趣展品		
停留最久展区		
停留最短展区		
总体评价（如：是我到过的最精彩的自然类博物馆）：		

① 上海自然博物馆新馆 2014 年启用讲解接待反馈表

表 6.2 讲解导览记录单样表

<table>
<tr><td colspan="2">成员叙述
（人数）</td><td>男（ ）女（ ）
儿童（ ）青年（ ）中年（ ）老年（ ）
专业背景（ ）</td></tr>
<tr><td colspan="2">关注展区
（打钩）</td><td>□生命长河□起源之谜□演化之道□未来之路□上海故事
□生态万象□生存智慧□大地探珍□缤纷生命□人地之缘</td></tr>
<tr><td rowspan="4">观众
反馈</td><td>讲解内容</td><td></td></tr>
<tr><td>土建工程</td><td></td></tr>
<tr><td>展示工程</td><td></td></tr>
<tr><td>开馆运行</td><td></td></tr>
</table>

除此之外，讲解员也可以在闲暇时间里，再为自己留下一份个人讲解感悟，用散文、随笔或诗歌的形式来写，内容尽量翔实、文辞尽量优美。这是对工作对生活对自我成长历程的真实反映，时间越长，价值越高。因此，珍惜脑海中每一次闪现的灵感，它们会让自己文思泉涌，妙笔生花。但是这些灵感也很调皮，稍纵即逝，如果当时没有抓住，事后将无处可寻。

当大家评价某个资深讲解员在讲解时如行云流水般流畅，介绍场馆内容时信手拈来般熟稔，让人如痴如醉，兴趣盎然。这其实不仅是讲解员临场发挥的技巧高超，更多是长期坚持在讲解实践中反省改进、沉淀积累、精心设计、充分准备的结果。

第七章 礼仪规范

第一节 形象规范

一、讲解员形象规范

1. 礼仪的涵义

中国素有“礼仪之邦”的美誉，而在中国古代更是重视和推崇礼仪之道，礼仪文明是中华民族传统文化的重要组成部分，对中国社会历史的发展有着广泛而深远的意义。礼仪由“礼”和“仪”两部分组合而成，指在人际交往过程中不成文、约定俗成的、符合社会各界认可的程序和方式，用来表达尊重和自律的行为规范。孔子曰：不学礼则无以立；荀子云：人无礼则不生，事无礼则不成，国无礼则不宁。为世所重的“三礼”：《仪礼》《礼记》《周礼》更是代表着中国礼仪发展进入了成熟阶段。礼仪规范在国外同样受到社会各界的重视，著名作家莎士比亚曾说过：“在宴会上最让人开心的就是主人良好的礼节”。巴特勒也说过：“无礼是无知的私生子”。礼仪是一门行为科学，通过学礼仪、讲礼仪、用礼仪，在与他人交往时自觉地按照礼仪规范去做，会使人与人之间的相处变得更加和谐愉快。

中国古代的“礼”和“仪”，实际上是两个完全不同的概念，“礼”是制度、规范和一种社会意识观念；“仪”则是“礼”的具体表现形式，任何“礼”的基本道德要求，都必须借助于规范的、具体可行的“仪”，才能够适当地得以呈现和表达。礼由礼貌、礼节、礼仪三部分组成，礼貌是表示尊重的言行规范；礼节是表示尊重的惯用形式和具体要求；礼仪是表示礼貌的礼节所构成的完整过程。现代社会的礼仪就是人们在社会交往活动中应该共同遵守的行为规范和道德准则。对于个人来说，礼仪是一个人的道德思想水平、文化修养、交际能力等的外在表现；对于社会来说，礼仪是一个国家的社会文明程度、道德素养、风俗习惯的综合体现，可以说，礼仪规范贯穿在整个社会的交往过程中。

礼仪礼节是社会文明的指标，也是公民生活在社会集体中的文明规范标准。作为传播知识和友谊的使者、自然科学博物馆形象的代言人，自然科学博物馆的每一个工作人员，特别是讲解团队的成员，必须懂礼貌、重礼节，并掌握古今中外各种社交礼仪常识，尤其要尊重讲解对象所属地域、民族的礼仪习俗，从而才能向观众提供高质量的讲解服务，这也将提高整个自然科学博物馆的文化品位和有效的社会影响力。随着自然科学博物馆在博物馆科普行业中的社会地位不断提高，来自世界各地的观众都会来到当地的自然科学博物馆参观学习，这就要求各地的自然科学博物馆讲解员都具有良好的礼仪素养，进行专业的讲解工作，良好的礼仪规范可以为讲解员赢得观众的好感，对整个讲解接待工作都会起到至关重要的作用。

讲解礼仪的核心就是相互尊重，自然科学博物馆的讲解员在讲解过程中要充分体现出对观众的尊重，但是也不要过于阿谀奉承，要做到不卑不亢，要懂礼貌、守礼节，维护自然科学博物馆讲解员自身的良好的礼仪形象，并为观众创造一个舒适的参观环境。作为一名自然科学博物馆的讲解员，要让观众在被讲解的过程中有美的享受，就必须运用礼仪作为媒介，来满足观众的各种不同需求。礼仪、礼节是自然科学博物馆讲解员应具备的基本素养，归纳起来可分为以下三条原则。

（1）“观众为重”原则：“观众为重”原则是自然科学博物馆讲解服务的最基本原则，也是讲解工作中处理各种问题的前提条件，任何时候、任何事情都必须本着“观众为重”原则，时时刻刻将观众放在首位，应换位思考地站在观众的立场为他们考虑，真心地为观众提供热情而周到的服务，使观众可以在讲解过程中体会到被充分重视。

（2）“大局为重”原则：“大局为重”原则是要求讲解员在讲解过程中公平地对待每一位观众，对每位被讲解对象都需要做到一视同仁。即使遇到特殊情况导致观众和讲解员之间产生误会与不愉快，也应该尽量控制情绪，做到微笑服务，也可以选择在事后向观众或是相关人员进行进一步的解释和调节工作。

（3）“皆有可能”原则：“皆有可能”原则是指对待每位观众都要尽可能满足他们的需求，有不少观众由于不能经常来参观，可能会提出各种个性化需求，希望最大可能地进行参观与体验，但是根据各个自然科学博物馆具体人流量情况，有时讲解员资源有限，确实会存在供不应求现象。作为高客流量的自然科学博物馆讲解员，应在观众有需求时最大可能满足观众的所有合理要求，克服自身困难，让每一位来参观的客人都能高兴而来、满意而归。

讲解员是自然科学博物馆与观众之间的一座桥梁，是博物馆展示形象的门面和橱窗，[①] 讲解员的形象直接影响到观众对自然科学博物馆满意程度。专业、规范、大方、得体的形象，是一个专业自然科学博物馆讲解员所必需具备的条件，并且根据不同的参观对象讲解员所表现出的形象要求也不一样，基本条件是热情而不浮夸、端庄而不冷漠、活泼而不随性、朴素而不单调。虽然对讲解员的年龄没有限制，但是要根据自己的年纪选择适当的服装，如能着统一的制服会更加体现专业水准，而且让观众有一种愿意聆听、愿意跟着你走的意识，这样讲解工作就能愈加顺利、愉快地进行。

社会教育是自然科学博物馆的中心工作和主要职能，而讲解员是向观众传播知识进行教育的主要承担者。[②] 作为讲解员，首先要具备良好的思想品德，要有热爱祖国、热爱博物馆事业、热爱观众的情感品质和热爱科学和科普的思想意识，加强《公民道德建设实施纲要》和《爱国主义教育实施纲要》的学习，为人处世既要忠厚诚实，宽厚大度，以人为本，团结友善；同时，也要充满自信，坚持原则，做到不卑不亢，自重自爱，努力营造轻松、和谐的社会、工作、学习和生活环境。[③]

2. 礼仪形象的作用

礼仪形象是个人外在表现形式之一，可以直观地体现出一个人的教养、内涵、素质和所受文化程度，在与他人打交道时礼仪形象的重要性尤为突出。一般来说，维系着人们正常交往的纽带就是个人的礼仪形象。人与人交往时第一印象就是对方的形态、容貌、行为等，这些将作为一种信息传递给对方，而这些最初的形象信息内容将会直接影响到之后交往的进展。

自然科学博物馆是汇聚了不同学科、不同领域科学文化知识的精华之所，是人们了解自然科学、认识自然科学、探索自然科学、掌握自然科学、创造自然科学的非正式教育活动场地。但更为重要的是，它是社会精神文明和物质财富共同建设的基地，肩负着科学普及和提高公众科学素养的重任，而讲解员很大程度上承担着自然科学博物馆与公众科学知识及思想交流的媒介作用。调查显示，丰富的展品展项必须借助讲解员深入浅出的讲解介绍才能更有效地为公众所接受和采纳。因此，提高自然科学博物馆讲解员的讲解能力和讲解礼仪素养是实现现代化自然科学博物馆科普教育功能的基本条件。

自然科学博物馆除了具有传播科学知识和提升公众科学素养的职能外，还兼有提高公众艺术文化素养的功能，所以自然科学博物馆的讲解员也必须

---

① 张健雄．论讲解员的角色定位与行为规范［J］．中国文物科学研究，2010（1）：29—34.

② 张艺红．浅论博物馆讲解员的综合素质［J］．沿海企业与技术，2010（7）：159—161.

③ 王微．论当代博物馆讲解员的修炼［J］．中国博物馆，2007（2）：59—64.

具备一定的文学素养和艺术修养，良好的礼仪规范是成为一名优秀讲解员的前提。讲解员的形象代表着整个自然科学博物馆给公众的最直接印象，讲解员自身的一举一动都会展现在公众面前，在讲解时是公众除展品外的焦点，所以会给自然科学博物馆的形象和声誉造成最直接的影响。就个人文明修养来说，外部的修饰和干净整洁的形象及端庄大方的体态是必要存在的。讲解员的外部形象是由衣着、妆容、言谈举止等直接反映出来的。自然科学博物馆的讲解员一般都着统一的服饰、化淡妆，给观众干净、整洁、亲和、端庄、专业的印象，面部妆容及发型上也以淡妆和简洁为主，让观众感到舒服且愿意跟随聆听，当然适当地在服饰和妆容上加入青春或职业的元素，也能相应地赢得观众的亲切和尊重。在表情上应亲和但不夸张，拿捏准确地表达出自身的专业性，让观众对讲解员讲解的内容充满好感和信任。做好以上的修饰准备，得体的装扮、热情大方的形态会无形中增加团队的凝聚力，让观众感受到正在被一个积极上进的讲解员带领着进行讲解介绍，这样的讲解过程轻松、愉快，也能为自然科学博物馆起到良好的科普宣传效果。礼仪礼节是社会文明的标志，也是人际交往中文明行为的规范守则。

二、礼仪的分类

礼仪规范在不同场合会有不同要求，一名具有良好礼仪规范的人能根据情境需要配合使用不同礼仪。礼仪的分类大致概括为以下五类：

1. 家庭礼仪

家庭及至亲间交往运用的是家庭礼仪，它包括家庭称谓、问候、祝贺与庆贺、赠礼、家宴及家庭应酬等礼仪规范。

2. 社交礼仪

人从家庭走向社会，进行社会化交往，即礼仪行为朝着社会组织的发展。社交礼仪通常包括见面与介绍的礼仪；拜访与回访接待的礼仪；交谈与交往的礼仪；宴请与馈赠的礼仪；宴会与沙龙的礼仪；社交禁忌等。

3. 公务礼仪

公务礼仪是人们在进行公务活动过程中所应遵循的礼仪规范。有着一定的特殊性。在礼仪的一般原则指导下，需把握公务活动过程中特殊的礼仪规范，以提高公务活动的效率和成功率。公务礼仪通常包括工作礼仪、会议礼仪、公文礼仪、公务迎送接待礼仪等。

4. 文书礼仪

文书礼仪是人们在日常交往过程中，用书信和其他文字方式表达情感的礼仪形式。通过文书礼仪，可以达到彼此交流思想、互通信息、加深友谊的目的。常用的文书礼仪有：礼仪书信，如邀请信、贺信、感谢信等；礼仪电报；请柬；名片；贺年片；题词；讣告；唁电；碑文，等等。

5. 习俗礼仪

不同的国家、不同地域的民族有着各自的风俗习惯。充分了解这些风俗习惯，并在社交往来中自觉尊重这些风俗习惯，有助于促进交往的成功。习俗礼仪的内容主要包括日常生活礼俗、岁时节令礼俗、人生礼俗（如婚嫁礼俗和丧葬礼俗）等。

三、礼仪的原则

1. 平等原则

现代礼仪中的平等原则，是指以礼待人，有来有往，既不盛气凌人，也不卑不亢。平等原则是现代礼仪的基础，是现代礼仪有别于古代礼仪的最主要原则。礼仪中的优先原则与各民族的风俗、宗教信仰等有很大关系。以“女士优先”原则为例，在一些国家，认为男女授受不亲，在公共场合，如果男女出双入对、亲密无间，则会被认为是不合礼仪的行为。但是在某些国家，男士非常尊重女性，对待女性彬彬有礼，见了女士，一般不得主动握手，除非女士先伸手。即使公共汽车非常拥挤，男性也会让女性先上车，车上的座位也分得很清楚，女性坐前排，男性坐后排。在餐厅的情况也一样，男女桌位分开，陌生的男士们是绝不可以主动上前搭讪的。在任何排队情况下，女士都可以直接走到队伍的前面去。

2. 互尊原则

古人云“敬人者，人恒敬之。”只有相互尊重，人与人之间的关系才能融洽和谐。上海的公交公司曾经发生过这样一件事：年末，公交公司把所有退休以及准备退休的员工及其家属请到单位来开了一个茶话会，茶话会上领导亲切慰问退休职工情况，并且让他们有机会在退休之后见面相互关心了解现状。在茶话会结束后，请所有被邀请人员乘坐一次他们自己曾经开过一辈子的公交车，在车上作为乘客体验，这样的一次经历肯定会让退休员工留下深刻的印象，他们为人民开了一辈子公交车，自己临退休或是已退休后能乘坐自己曾开过的公交车十分具有意义，领导们没有忘记自己一辈子的辛苦，他们能不感动吗？因而很自然地加深了对自己单位的感情，同时也使得在职员工感到振奋，团队的凝聚力大增。想要在与人交往中通过礼仪的形式表现出对对方的尊重，笔者归纳了以下几点：与人交往，要热情而真挚。热情的态度，意味着对别人的尊重和接纳，会给人留下受欢迎、受重视、受尊敬的感觉，而这本来就是礼仪的初衷和要素。当然，过分的热情也会使人感到虚伪和缺乏诚意。所以，以诚待人要把握一定的尺度，不能过火，要出自真心，要尊重他人真挚情感的自然流露。如果心存不敬，却又要故意表现出热情，只会让对方感到做作和反感。这一点在与人交往时尤为重要，无论对方何种身份与地位都要热情接待，无论是不是自己的贵宾，都要真诚地为其提供服务。

要给他人留有面子和余地，所谓面子，即自尊心。即使是一个毫无廉耻之心的人，也存在着一定的自尊心。失去自尊，对于一个人来说，是件非常痛苦并且难以忍受的事情。所以，伤害别人的自尊心是严重失礼的行为。

允许他人表达思想，表现自己。每个人都有表达自己思想、表现自身的愿望。社会的发展，为人们弘扬个性提供了更为广阔的空间，丰富的个性色彩和多元的思想共存，是现代社会区别于传统社会的一个基本特征。因此，现代礼仪中的互尊原则，要求人们必须学会彼此宽容、尊重他人的思想观点和个性。

3. 诚信原则

诚信原则是指尊师守信，“言必信，行必果”。取信于人在人际交往过程中是非常重要的。《韩非子》中记载着这么一则寓言：有户有钱人家的围墙被大雨冲倒了，隔壁的邻居提醒他：“要及时修复，免得盗贼入侵。”有钱人家的儿子也同样说道：“父亲，及早修复吧，不然小偷会来的。”结果当天晚上小偷就来了，偷走了不少值钱东西。有钱人的反应是：儿子预先说在前很有先见之明，心里却对邻居起了疑心，怀疑邻居是小偷。原因很简单，一方面，中国人自古以来是家天下，血缘关系是十分牢固的亲情纽带，一定程度上会影响人们对客观事物的公正判断；另一方面，就是人的心理反应，产生“自己人效应”更容易相互吸引。当你信任一个人的时候，就会想，因为是这个人说的，所以靠得住。往往是别人信任你，才认为你是对的。因此，在人际交往中，你必须取得人们的信赖，才能更有利于你的成功。信任是靠慢慢积累的，与人初次打交道、初次见面多少都会抱着怀疑的态度跟你沟通，但是一旦接触多了，你的工作也做得到言而有信，对方也就会慢慢开始信任你了，这样就更利于自己开展工作。自信也是获取信任、取信于人的方法。一个人要对自己有信心，不要因为曾经有过这样那样的失败或小挫折就以为自己不讨人喜欢了，从而失去自信，放弃了自己。其实，一个人有失败并不奇怪，世界上没有常胜将军，关键是要有勇气和毅力，跌倒后还能爬起来，还能恢复自信，相信自己能努力做到最好。

4. 宽容原则

宽容就是心胸宽广。“海纳百川，有容乃大”，能设身处地为别人着想，能原谅别人的过失，也是一种美德，被视作现代人的一种礼仪素养。

那么，如何在礼仪中体现宽容原则呢？笔者认为应从以下三个方面做起。

（1）要做到“入乡随俗”。如中东一些国家，受宗教信仰的影响，禁止女性向家庭成员以外的男性裸露肌肤，严格讲究男女授受不亲。去这些国家访问做客，就应尊重他们的礼仪规范。新员工进入职场大门，就要随职场的“俗”，严格要求自己按制度、按规范办事。

（2）理解他人，体谅他人，对他人不过于苛求。俗话说“金无足赤，人无完人”。现实生活中的人，没有十全十美的。表现在礼仪方面，有些人擅长于礼仪交际，说话办事滴水不漏；有些人则不熟悉礼仪知识，行为粗俗。

（3）虚心接受他人对自己的批评意见，即使批评错了，也要认真倾听。俗话说“人非圣贤，孰能无过”。有了过错后允许他人批评指正，才能得到大家的理解和尊重。有时，批评者的意见是错误的，但只要不是出于恶意，就应以宽容大度的姿态对待，有则改之，无则加勉。特别是在工作中，更应注意这个问题。

5. 自律原则

礼仪好比一面镜子。对照着它，你可以发现自己的品质是真诚、高尚还是丑陋、粗俗的。真正领悟礼仪、运用礼仪，关键还要看你的自律能力。再来看看下面的例子：当 1997 年亚运会在日本广岛结束的时候，6 万人的会场上竟没有一张废纸。全世界的报纸都登文惊叹：“可敬可怕的日本民族！”再看看中国，在国庆节升旗后，人群散去，整个广场是满地的废纸被风刮起四处乱飞。就这一个现象，就说明人们没有注重自己的礼节，这样的人不配在国庆节看升旗。有些事我们总觉得应该做，总觉得那样做才是正确的，但我们往往做不到，为什么？内心修养和素质不够！再举一个身边的例子，办公室常常会垃圾桶垃圾都已经溢得满地都是了，也没有一个人想到要清扫一下、把垃圾倒掉，这件事很简单吧，但为什么没人做呢，原因就是在大家内心里、潜意识里还没有真正注意到礼仪形象问题，没想到这种事情会影响自己在他人心目中的形象。

第二节　礼 仪 体 态

礼仪体态在讲解的过程中十分重要，讲解员在讲解接待时，应注意使用体态的适当配合，尽量避免背对观众，这样会给人极度不尊重的印象，要做到在整个讲解过程中始终面对观众，将你的正面留给观众，这样既表达了对对方的基本尊重，也便于讲解员自身掌控整个讲解接待的时间和节奏。[①] 具体

① 杨静．形体礼仪实用教程［M］．北京：中国戏剧出版社，2013：40—45.

说来可以分为以下几点：

一、站姿规范

站立姿势是讲解员最基本的礼仪姿态，也是生活中使用最多的身体形态。讲解员在站立时身体应尽量与地面垂直，将身体重心放置于前脚掌上，需抬头、提胸、收腹、提臀，两肩自然放松，双臂微微下垂或交叉在身体前方偏下位置。切忌放松式站立、弯腰驼背。站立姿势又可分为基本站姿和常用站姿。

1. 基本站姿

讲解员的基本站立姿势要求是“抬头、挺胸、两眼平视前方、下颚微微收紧、双肩自然放松、收腹、身体向上延伸”。挺胸收腹时需夹紧双臀；双手需自然垂下，手指应该靠近裤缝，脚尖微张成45°—60°夹角；身体重心落在两腿之间（图7.1）。

图7.1 讲解员的基本站立姿势

良好的站立姿势应该是以下各方面的综合体现：

- 平肩、直颈、下颚微微收紧、两眼正视前方、面带微笑。
- 直立、挺胸、收腹。
- 两臂自然下垂，手指自然弯曲；两手可在身体前交叉，一般是右手放在左手上方。肘部微微向外扩张。男性可以双手背于背后。
- 两腿伸直、膝盖放松、大腿收紧上提。

- 上体保持标准站姿。
- 两脚分立，与肩同宽。
- 稍作休息时，腿可向后半步，但上体仍需保持正直。
- 将左腿收回，与右脚成垂直，左脚跟在右脚跟前。
- 右脚向后半步。
- 整个身体重心移到右脚。

2. 常用站姿

双手交叉站姿：直立，双手交叉于腹前，右手放置在左手上。男性两脚分开，与肩同宽。女性可使用小钉子步（图7.2）。

这种站立姿势端正，紧中有松。站立过程中身体还可以在两脚间转换，可以减缓疲劳程度，这是讲解接待中最为常见的一种站姿。

背手站姿：双手在身后交叉，右手紧贴左手外侧。两脚可以分开或者并拢，双眼平视前方。这种站姿在优美中略带有威严感，但是容易产生距离感，如果改成并立，则突出了对对方的尊重感（图7.3）。

图7.2　双手交叉站姿

图7.3　背手站姿

3. 应避免的站姿

- 身体倾斜或抖动（给人不怠慢忽视的印象）。
- 双手插袋（给人不严肃的感觉）。
- 双臂交叉抱于胸前（会有消极、不满意的感觉）（图7.4）。
- 双手或单手叉腰（有进犯的感觉）（图7.5）。

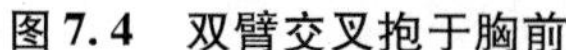

图 7.4 双臂交叉抱于胸前

图 7.5 双手或单手叉腰

• 双腿交叉站立（会产生不认真的感觉）（图 7.6）。

图 7.6 双腿交叉站立

二、走姿规范

讲解员在讲解过程中一般是按照计划好的路线边走边讲解。在引导观众前进时，讲解员多数情况下需要面对观众退步走或是侧身面对观众行走。行走时要精神饱满、抬头挺胸、步伐轻盈稳健，步幅不可过快也不可过慢，根据计划安排的时间进行调整步伐，掌控节奏是行走速度的关键，身体各个部位要保持和谐统一，使自己步调与观众一致。

1. 基本走姿

走路姿势的基本要点是从容、平稳、直线（图 7. 7）。

图 7. 7　基本走姿

男性行走时要抬头挺胸，收腹直腰，两眼平视前方。行走时不要随意调换步伐，以显示出力量和男性气度。女性行走时头部抬头挺胸，目光平和温柔。行走时上身挺直收腹、以肩部为轴，两臂前后自然摆动，双手前后摆动幅度要适度，不宜过大或过小。出脚步子是直线，不能拖拉，小步行走，走出直线。步伐要自然、轻柔，以显示出女性端庄、文静、典雅的优雅感。

2. 不同着装的走姿

穿平跟鞋：走路平稳、自然、随意，脚跟先着地，行走时要用力均匀，这样走起路来才能显得从容优雅。穿平跟鞋走路不容易劳累，但有时候会过于放松，步伐也不易控制，还会给人留下不严谨的印象，须时刻注意。

穿高跟鞋：穿上高跟鞋整体人都被提高了，身体重心自然前倾，讲解员为了保持身体平衡，有时会刻意身体绷直，胸部自然挺起，收腹、提臀，走路时会显得更精神，平添几分女性魅力。有的讲解员穿高跟鞋走路时，会用膝盖来保持平衡，结果会导致走路时显得身体弯曲，反而不优雅。行走时一定要保持脚面、膝关节等笔直，挺胸、收腹，整个身体呈向上的趋势。

上下楼梯行走时，身体应保持挺直，且向右行走，切勿低头或看手机，两眼正视前方，脚步轻盈，体态优美。

穿西装行走时，西装给人以挺拔、竖直的感觉，男性穿着尽显风度，女性也显示出英姿飒爽的风范。穿着西装时，讲解员后背应与地面保持垂直，行走时，步伐可以略微大一点，手臂自然摆动，如需手势也应简洁明了。

穿裙装行走时，穿着裙装能显示出女性体态的修长，行走时要平稳，步伐不易过大，转身时要注意头部、身体、腿等须协调一致。

3. 转变方向走姿

当讲解接待结束时，应该向后退 2—3 步，后退时脚掌轻微擦地，步伐要小，转动身体时，要先转身后转头（图 7.8）。

讲解员在讲解过程中一般都需要给讲解对象引路，引导时需要尽可能地走在贵宾的左前方位，整个身体半转身面向贵宾，保持 1—2 步路的距离，遇到上下电梯、转弯、进门时，要伸出左手引导示意，并提醒贵宾上楼、进门、注意脚下电梯等（图 7.9）。

图 7.8 讲解结束站姿

图 7.9 讲解员引路示意图

4. 应避免的走姿

- 身体随意晃动，不挺直。

- 双手反背于身后，驼背。
- 双手叉裤袋或衣袋。
- 步伐过大或过小。

三、坐姿规范

在讲解接待参观过程中一般不可能有机会坐，但在中途休息或是接待贵宾座谈时，有时候讲解员也需要陪同坐下，因此，讲解员也须要注意坐姿。坐姿又可分为基本坐姿和常用坐姿。

1. 基本坐姿

在需要就座时，讲解员在讲解过程中有时需要坐下休息或是陪同贵宾座谈，应该从座位的左侧入座，动作幅度不宜过大，应缓慢、轻盈、优雅、自然、不发出声响地坐进椅子，将背部慢慢靠近椅背。应坐在椅子的3/4处，不能将整个椅子完全坐满，这种做法是对贵宾和讲解对象的极度不尊重。但是如果仅仅坐在整把椅子的一个角落，这样会显得胆小自卑，不敢和贵宾正面对话交流。所以，在就座时应充分把握好就座位置的多少，从而展现出对对方的尊重，并显示出自己的亲切自然、落落大方。

男性就座时，上身需挺直，微微向前倾。膝盖平整放好，双腿岔开，与肩膀同宽，双手自然放在膝盖之上或是沙发扶手上，不应随意晃动，以显示出男性成熟的气质（图7.10）。

图7.10　男性讲解员基本坐姿

女性就座时，双腿不能叉开，双手自然交叉放置于身前，可以显示出女性优雅、柔美、轻巧的感觉。

须离座时，先表示要离座的意愿，注意先后顺序，不宜过早或过晚，缓慢起身，站立直挺之后再行走，从左侧离开。

2. 常用坐姿

女性常用坐姿

基本坐姿：轻缓走至座椅前，如是从座椅后方入座须从椅子左侧走至前方，背身向着椅子，右脚微微向后退，小腿处碰到椅子边缘，双膝并拢入座。如果穿的是裙装，入座时要用双手将裙子从臀部从上向下捋直下座，以防止裙子褶皱导致入座后腿部露出过多。

入座后，身体挺直，双肩自然下垂，双手微微弯曲，可叠放于身前两腿中间，并靠近小腹位置。双膝一定要并拢，小腿垂直于地面（图7.11）。

腿向前伸坐姿：在基本坐姿基础上，两小腿向前略微伸出，脚尖不能向上翘起。

腿向前交叉坐姿：双脚交叉，两脚踝关节处重叠，两脚尖需着地（图7.12）。

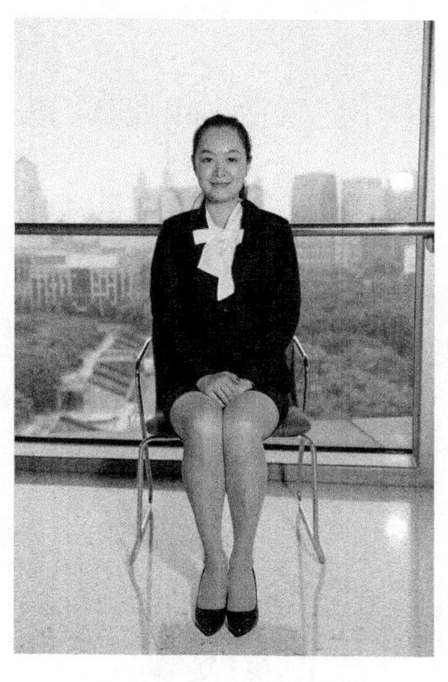

图7.11 女性讲解员基本坐姿

图7.12 女性讲解员腿向前交叉坐姿

单腿向前坐姿：右腿微微向前伸半步，左腿不动，双腿大腿处靠近，两脚掌前部着地，并且需要在一直线上。

双腿重叠式坐姿：就是俗称“二郎腿”，在基本的坐姿上，两腿向前并且一腿提起，轻缓地将腿窝放置在另一条腿的膝盖上，上方的腿微微向里收，紧贴另一条腿，两脚尖向着同方向朝下。双腿重叠式坐姿还分为正面和侧身两种，手部也可分为交叉和扶在把手上。“二郎腿”坐姿时常会被认为是不太严肃、严谨的坐姿，尤其是女性较为不适合。其实，这种坐姿常常被使用，因为只要能把握好尺度，严格注意小腿绷紧、脚尖向下这两个要素，不仅外观优美、自然亲切、还充分展示出了女性特有的魅力，并且如果你在采用“二郎腿”坐姿时，上腿放置十分吃力和困难，就表示身体较胖，应该需要修正体型，避免这种坐姿。在“二郎腿”坐姿上要注意一个原则，就是要使得自己小腿部分显得修长。就座时，要使得膝盖与脚尖距离尽可能拉远。当小腿斜伸出去时，脚背要用力绷直，这样就可以使得脚尖和膝盖距离最远，就能产生一定的美感，让人有一种视觉上的享受（图 7. 13）。

男性常用坐姿

基本坐姿：上身挺直，收腹挺胸，双肩正平，双手放置在两腿或是扶手上，双膝并拢，小腿和地面呈垂直，两脚与肩同宽。

腿向前伸坐姿：在基本坐姿上，两腿向前伸一步的距离，左脚向前半脚，脚尖不要翘起。

腿向前交叉坐姿：小腿前伸，两脚脚踝部交叉。

斜身交叉坐姿：两小腿不交叉向左斜出，身体向右倾斜，右肘放在扶手上，左手扶在把手上。

双腿重叠式坐姿：右腿叠在左膝盖上方，右小腿微微向内收紧，贴在左腿，脚尖自然下垂（图 7. 14）。

图 7. 13　女性讲解员双腿重叠式坐姿

图 7. 14　男性讲解员双腿重叠式坐姿

3. 应避免的坐姿

就座时，脚尖指向他人。要时刻注意不可以将脚尖方向对准其他人，以免给对方造成不尊重、不客气的姿态。

“二郎腿”姿势不对。女性就座时，如穿旗袍或是裙装，不可以坐“二郎腿”姿势，以免暴露过多，显得不够庄重，更不可以随意脱鞋。

就座时脚背不停晃动。不管男性女性，手脚都不能随意摆放，不能晃动身体，否则会造成缺乏修养、没有礼貌的印象。更加不可以频繁坐下或站起，给人坐立不安的感觉。

不宜上腿伸直向前。入座后，不宜将双腿笔直地伸向前方。那样不仅会绊倒对方，还会造成不良视觉影响，身前如果有桌子，双腿不能伸到桌子外面，或超过桌子一半的位置。

就座后，手放置于桌下。如果身前有桌子，双手应该放置在桌上，单手或是双手放于桌下都是不礼貌的。

正确的姿势能够表现出一个人良好的修养和习惯，反之就会呈现出低素质和粗俗之态。

四、手势规范

讲解员的手势在讲解过程中非常重要，手势的运用应和讲解内容相配合，要有的放矢、大方自然、干净利落，幅度不可过大。讲解员在讲解时，合理地利用手势语言可以起到良好的意思表达和感情交流的作用。手势是人类传达心灵的第二张面孔，良好的手势使用可以增强语言表述能力，有时甚至可以传达语言所不能表达的意思，在增强效果上起到明显作用。事实证明，不少语言无法传递的“话外音”都可以使用手势来表达和传递。在讲解过程中，会遇到来自不同地区和有着不同习俗的观众，就应该按照不同的礼仪接待方式通过不同的手势来表现不同的含义，手势是最有效的肢体语言。

1. 手势种类

- 传情手势：传达动作发出者的表情，使得内容丰富，表情达意。
- 形象手势：传达动作发出者心中某种抽象的意思，通过手势语言可以更加便于对方理解。
- 寓意手势：表达意思较为抽象时，为了方便理解。例如：宣誓、敬礼。
- 指向性手势：具有某种行为和指向性的手势。例如：请这边走。

2. 规范手势

讲解时的规范手势应当是手指自然伸直向前，手心向上，手指自然并拢，拇指微微和其他四指分开，手腕伸直，使手掌和前手臂成一直线，手肘关节自然成120°弯曲，前后手臂弯曲度在120°—140°为宜。

讲解员在讲解时如使用到手势语言，要注意优雅、美观、大方自然、一气呵成，不能紧张、犹豫、不连贯，避免僵硬、呆板。同时，应该配合口述语言和整体形态。

3. 常用手势

请示手势：常用于“请走、请进、请看、请坐。”正确的做法是：手指自然并拢，手指向前伸直，手心向上，手肘弯曲，腕部低于手肘。开始做手势时，应该从腹部之前抬起，轻缓地从一边摆出，到与腰部成45°角时停止，头部和上身微微向出手放倾斜，另一只手自然下垂，或者背于身后，目视对方，面带微笑，表达出对宾客的尊重和欢迎。

双臂横摆手势：这种手势用于贵宾来访人数较多时，表达“请”这个动作辐射面要大时适合以上该手势。两手臂从身体两侧向前上方抬起，两手肘微微弯曲，向着两侧摆出。指向前进方位的手臂应抬高一点、伸直一些，另一只手臂低一些、弯曲一些。

手臂伸直手势：在讲解员为贵宾指向某展品展项时十分适用。手指并拢，手掌伸直，向要指向的对象伸出手臂，摆动到一定高度位置时停止，另一只手放于腹部或自然下垂。

4. 应避免的手势

在讲解时不规范的手势是不能使用的，不可以用一只手指指向讲解物，那样显得极其不礼貌。更加不能指指点点地与贵宾谈话，这样不仅显得不尊重对方，而且更加显示出自身没有修养和礼仪。男性讲解员在讲解时不能打响指，有些讲解员会不自觉地在讲解过程中打响指，这个其实是不文明的习惯，容易给人留下不严肃、不正规的印象。

第三节　精神面貌的塑造

一、自然科学博物馆讲解员的精神面貌

影响员工工作积极性的因素很复杂，综合来说，精神面貌是其中很重要的因素，从系统论的角度看主要包括两个方面：内因和外因。内因即员工自身条件或形成的各种因素，包括员工的工作动机、自我价值评估、自我激励等，这更多地取决于员工的自身情况。一个人的性格、态度以及对工作的认知程度都影响着他的工作情绪，因此自然科学博物馆在招聘时对被招聘人员的综合素质考察至关重要。而影响员工工作积极性的外因则包括领导、同事、

工作本身、工作激励、馆文化等，良好的工作氛围对培养员工的工作积极性也发挥着极其重要的作用。良好的工作氛围是自由、平等、和谐的工作氛围，就是在员工对自身工作满意的基础上，与同事、领导之间关系相处融洽、互相认可，有集体认同感、充分发挥团队合作，共同达成工作目标、在工作中共同实现人生价值的氛围。在这种氛围里，每个员工在得到他人认可的同时，也能最大限度地贡献出自己的力量，并且全身心地朝着组织共同的方向努力，在工作中能够灵活地调整工作方式，使之具有更高的效率。

1. 领导的作用

讲解员团队的领导是整个组织的核心力量，是一个讲解团队工作方向的指挥者，领导与讲解员之间的互动会很大程度地影响着他们的工作积极性和工作态度。目前，在许多自然科学博物馆体系中领导者扮演的是家长的角色，这显然弱化了讲解员的工作角色。若要有效地提高讲解员的工作积极性，则要求领导者应该恩威并重，公平、公正地对待下属。同时，领导者需要敏锐地觉察下属的情绪状态，了解并适当地满足下属的需求，也是有效地提高员工工作积极性的重要因素。

2. 同事的作用

中国人一向讲究“天时”“地利”和“人和”，其中“人和”是最重要的因素。大多自然科学博物馆作为传统文化单位受传统文化和几十年“单位制”的影响，讲解员在工作中很看重人际关系，希望能够被人接纳，并能融入其中。同事之间良好的人际互动和工作氛围，将大大提高他们的归属感，增进讲解员的工作积极性。

3. 激励的作用

在自然科学博物馆同一份工作对于抱有不同工作动机和自我能力评估的讲解员来说，意义是不同的。讲解员对工作的积极性也存在差异，不管他们实际上是否能把这份工作完成得很出色。这就要求领导有能力分辨出讲解员的工作取向，分配恰当的工作，如此可以有效地提高他们的工作积极性。

毫无疑问，恰当的激励对于提高讲解员的工作积极性有着不可忽视的作用。激励从不同的角度可以分为奖励和惩罚、物质激励与精神激励。每一个单位里都有自己的激励机制，但是很多单位的激励机制起不到应有的作用，因为激励是变化的，不同的发展阶段有不同的激励方式，不能一成不变。同时，激励又分为静态激励和动态激励，静态激励就是馆的制度，例如奖金制度、处罚条例等，这是基本的激励；动态激励就是指领导根据阶段的变化和环境的要求以及下属的实际情况等做出的具有激励作用的决定，而这个激励又是最关键的，是激励的核心所在。动态激励的前提是科学地判断下属是不是该激励，具体形式包括帮带、培训、奖惩、竞争、公正、授权等。

带教的核心就是“身教大于言教”。领导以身作则的力量是无穷的，但是不能演变成事必躬亲，并且处处按照自己的操作过程来要求每一个新人，带教不是自己一直要带着教下去。带教的标准是阶段性的和创新性的，当有新讲解员或者具有划分意义的时间段出现时领导就需要引导。此外，领导的品行和作风也起着很大作用。

培训在激励中占据着重要的位置，尤其是对那些年轻、正在成长的员工而言，更有吸引力。领导的个人魅力和馆的前景引导是潜在的培训引导力量，员工如果从领导身上看不到发展的希望，领导的个人魅力起不到潜在的培训引导作用，那么员工的积极性是调动不起来的。领导在馆的位置越高，其潜在的作用越大，所以培训的另一个含义就是领导自己首先要培训。

奖励就是有钱要花到刀刃上。奖励包含物质奖励和晋升奖励，奖励不能太随意，不能领导一高兴，就发布奖励决定，结果反而出现了副作用。奖励本来是要促进积极性的，奖得没有道理，反弹是必然的。奖励要光明正大地发布出来，通过某种形式告之天下，奖就要奖得服众，这样才能起到榜样的激励作用。

处罚是对馆内部“法律”的维护，罚是必需的，不可在人情面前打折，经过一次打折的处罚价值就永远不能升值了。如果馆采用一罚了事，万事大吉，就极有可能造成人才的流失。处罚绝不单单是冷酷无情的，只要大胆创新思维，处罚完全可以变得和正面表扬一样激励人，甚至比正面的表扬奖励还要积极、有效能。

竞争就是创造比、学、赶、帮、超的氛围，也意味着让下属感到他并不是唯一的，随时有人在后面等着准备接手这个职位。领导要学会在员工中间创造竞争的氛围，设立各个阶段的目标并进行奖惩；但是要时常引导良性的竞争，而不是让员工攀比的竞争。

公正的待遇影响着员工的工作积极性，因为员工的工作动力一般会受到相对平衡报酬的影响，他会把自己同周围同事或者社会环境可比较人员的综合付出和收入进行比较。因此，领导要给员工创造一个公正公平的环境，让其有一种安全感，认为跟着这样的领导不吃亏，才能保持竞争和按劳分配的合理平稳性。

授权的意义就是鼓励和信任。优秀的员工需要合适的舞台，鼓励传递着领导对员工工作的认可，对其能力和人品的信任，可以增加员工的信心，促进工作的完成。领导不要吝啬信任和赞誉，尤其是在公共场合，精神激励时时刻刻会促动部下积极的神经。授权一定要公开和公正，立字为证，这样才能使得到授权的人真正能够行使权利。

4. 馆文化的作用

馆文化的核心是组织的使命、愿景和核心价值观。优秀的馆文化在强化员工的工作动机、激发员工的工作主动性、积极性和创造性过程中发挥着实质作用。

自然科学博物馆的社会美誉度是员工得到文化待遇的重要组成部分。一个好的馆品牌必然产生良好的社会美誉度，这会给每个员工带来许多无形的益处，使员工有一种自豪感，增强自信心，工作时愉快而充实。当员工选择流动时，馆文化背景也是一个非常有竞争力的砝码。

自然科学博物馆的经营管理经验和技术积累是宝贵的个人竞争资本。一个成功自然科学博物馆的管理经验是非常宝贵的，有些经验甚至是无法用语言表达的，员工只有深入其境，才能真正地体会到。这种经验的获得，远远超越了金钱的尺度，它将使员工的积极性倍增，也将会让员工终生受益。

员工具有战斗力，馆才具有生命力。激励员工战斗力的方式多种多样，方法正确、尺度适当，并真正付诸实际行动，必将使自然科学博物馆收到事半功倍的效果，进而切实提高员工的工作积极性。

二、提升自然科学博物馆讲解员的思想素质修养

在自然科学博物馆工作的讲解员的思想素质应该从各个方面体现出来，如思想品德和职业道德等。自然科学博物馆为自然科技传播的基地，在进行科学文化知识普及时，对讲解员们的思想素质有着极高的要求，因为他们科学素养和文化程度的高低在一定程度上直接或间接地影响着国民科学文化素养的提升，自然科学博物馆作为爱国主义和精神文明建设基地，讲解员在讲解相关科学原理时要严格做到事实就是，本着对科学尊重的原则，在讲解时做到有理有据，让观众信服，不能信口开河、胡编乱造、不懂装懂、更不能糊弄观众，要对自己的讲解内容负责。同时自然科学博物馆也是公众开放的地方，讲解员每天面对的观众来自各个地方，如果在讲解过程中发生争议性的问题时，讲解员应耐心和虚心听取他人发表的意见和看法，不能武断专横，要做到首问负责制，尽可能地记录下有争议的问题和观众的建议，在讲解结束后进行查询和专家咨询，再将得到的最新答复反馈给观众，尽量做到使观众满意。作为一名讲解员，拥有较高的思想素质才能拥有良好的职业道德，在讲解服务时才能对社会做出一定的贡献，达到一个合格讲解员最基本的素质。

在实行免票开放后，全国各地许多自然科学博物馆都免费对观众开放，参观自然科学博物馆的人数剧增，未成年人、外来务工人员、低收入群体，城镇居民、老人和儿童人数增加尤其明显，观众结构呈现差异化趋势。来参观的观众中存在不同年龄阶段、不同社会层次、不同知识结构、差异悬殊的

情况，用同一种讲解方式显然不行。自然科学博物馆应及时培养一支具有专业精神文化素养的讲解员团队，针对不同观众群体，编写不同深度、不同内容、不同版本的讲解稿，并且选用不同背景的讲解员来给不同的观众讲解，提供多元化、个性化的讲解服务，做到“因人施讲”，有针对性地进行讲解，从而激发观众的参观兴趣，起到有效的宣传教育作用。比如：面对普通观众，一般对讲解时间没有太多要求，可以按照计划好的讲解内容有条不紊地进行讲解，并采取互动交流讲解方式；领导参观，一般时间都很紧，这就需要事前了解领导参观的时间和要求，采取主题式和问答式来进行讲解；专家和学者参观时，对待他们要虚心，以请教和陪同为主；若是学生参观，应了解学生的心理，他们好奇心强，注意力差，就可以采用提问式、启发式和引导式；如参观对象是儿童，则应该通俗易懂，用浅显的语言和他们进行交流讲解，注重讲解内容的趣味性。

优秀的精神文化能赋予员工以崇高的意义，给其动力，促使其在工作中发挥自己的才能和个性特点。同时，也给了整个团队以凝聚力，使全体职工团结起来，为共同的目标去奋斗。以上海科技馆为例，为提高馆精神文明建设，全馆号召所有职工参加“提振精气神，凝聚正能量——上海科技馆精神大讨论”活动，广大职工积极响应，为馆的精神文化出谋划策。“乐业专业敬业，致力创造未来”的上海科技馆精神就在这样一个全员参与的氛围中孕育而生，每个科学工作者心中都有各自对科技馆精神更为具体和细致的理解。

1. 乐业——在工作中领略乐趣

孔子说：“知之者不如好之者，好之者不如乐之者”。学习是如此，工作亦是如此。能从自己的职业中领略出趣味，生活才有价值。新馆开放，每天都有大批游客前来参观，馆内人数一再创新高，作为员工压力自然不小。然而游客不断高涨的热情、来馆参观获取科学知识后的满足、对讲解员服务的满意却总能使员工们忘却工作的劳累，获得工作带来的“幸福感”。自然科学博物馆人都有一个“科普梦”，大家用不同的方式谱写着这个梦，有人绘声绘色地做着科普讲解；有人兢兢业业地维护着科普展品；有人热情周到地为游客服务……为圆梦而努力工作，工作就不仅仅是完成任务。从工作中找到乐趣，干一行而爱一行才是真正的乐业。专业是一种素质。做一名专业的自然科学博物馆人，就应该了解职业特性，掌握专业知识，汲取丰富经验。一线部门，一言一行所代表的就是自然科学博物馆的形象，更要在工作中处处体现出专业水准，更好地服务于国内外游客，让他们宾至如归，真正享受到科学的魅力。进一步来说，一方面拥有强大的敬业精神能推动提升自己的专业，从而更好地开展工作；另一方面，精湛的专业性也能促使员工们自信心的提高，全面做到敬业爱岗。

2. 专业——在工作中成为专家

古今中外，凡有真才实学的学者，必须下真功夫才能求得真学问。做任何工作都应该集中精力，专心致志，加强自身的修养，使自己成为一个专业的人。即使是新员工，也需要不断学习业务知识，扎实自身职业技能尤为重要。在工作中，要面对许多专业的设备，如何正确使用，定期维护保养，确保场馆设备正常运行需要通过持续的学习和长时间的经验累积。所谓术业有专攻，一个团队中每个人都有不同的岗位和职责，在岗位上把岗位技能学实学精是对自己负责，对自己的工做岗位负责，也是对整个团队的负责。乐业是一种境界。做一名乐业的自然博物馆人，就应该对工作有热情、激情，把工作作为人生的一部分，在不断的工作中实现自我价值，在对事业的追求中享受乐趣。乐业并不是一个口号，而是应该追寻的目标。讲解员工作需要保持良好的精神状态，在平凡的工作中发掘闪光点。态度决定高度，高度决定人生。保持积极乐观的工作态度，不断挖掘工作的乐趣，真正做到干一行爱一行，乐在其中，才能创造出一个崭新而美好的未来。

3. 敬业——用责任心开创事业

把工作当做事业干，才会对工作怀有敬仰之心；才会沉下心来，脚踏实地地做事；才会克服浮躁的情绪，克服好高骛远、急于求成的心态；才能有遇到困难不畏惧的勇气。积土成山，滴水成川，只有把每一件具体的工作甚至是琐碎的“小事”都做好、做扎实了，才能使工作真正成为“事业”，才能取得应有的成就。许多老员工他们或许没有可歌可泣的动人事迹，也没有惊天动地的骄人业绩，但他们的每一份认真执著，每一滴辛勤汗水，每一步扎实脚步，无不彰显着自然科学博物馆人的“敬业”态度。敬业是一种美德。做一名敬业的自然科学博物馆人，就应该尊重工作本身，从内心里认同这份工作，将它当成一份事业来发展。新员工来到自然科学博物馆的时间并不长，但是从一开始的懵懂无知到游刃有余，虽然每天的工作内容大同小异，但是依然可以从中学习到许多新的知识，收获不同的体验。真正的敬业就是面对任何困难都会迎难而上，排除种种障碍顺利开展工作。真正的敬业就是从不放过任何细节，在重复的工作中总结经验，提高工作效率。真正的敬业就是不去计较名利得失，始终如一地坚守信念，做好本职工作。“己所不欲，勿施于人”，只有尊重自己的职业，才能赢得他人的尊重。敬业是一种人生态度，专业是一种人生追求，乐业是一种人生境界。选择什么样的态度和方式方法来工作完全是掌握在自己手中的。选择了爱岗敬业，工作压力将成为动力；选择了专业务实，工作中处处充满了机遇和挑战；选择了乐观积极，工作成为了讲解员密不可分的人生一部分。从心出发，不断探索敬业专业乐业，共同实现伟大的“科普梦”。

第八章　科 学 表 演

第一节　表演类科学教育活动

自然科学博物馆作为面向公众的社会教育体系中的重要组成部分，承担了一定的社会教育功能。教育活动则从内容的广度、深度和表现形式上对场馆的展示资源进行延伸和补充，对于公众科学素养的提升起着积极的推进作用。实验类和表演类的科学教育活动形式，通常在公共区域直接面向观众开展，以科学探究、艺术表演来表现科学现象、阐释科学原理，深受观众的喜爱，更易于观众理解和掌握科学知识。然而表演类科学教育活动的定义还是不够明确，科普剧、科普秀、科学秀等各种不同的表述和名称都曾出现过，而这些名字也只能表现表演类科学教育活动其中的一个方面，因此并不能统称所有的科普演出，因此必须对科普演出作一个明确的定义。而科普内容的创作策划是表演类科学教育活动之灵魂、之精华，提升表演类科学教育活动内容编创能力是当务之急。同时，表演类科学教育活动者的演出技巧对于表演类科学教育活动的成败起着关键作用，不能一味追求低龄化、搞笑性、简单式的表达，在演出同时不能缺乏科学性、艺术性。全国科技馆辅导员大赛科普实验赛的科学实验表演为主进行研究并加以分析，找出进入决赛的优秀科普实验剧目的共性，有利于对表演类科学教育活动今后发展提供理论依据。

各类科普表演定义不明确，没有一种统一的命名，目前有科普剧、科学秀、科普秀、科学魔术等。而这些科学表演的内容、形式、表达原理都大同小异。所以应对各类科普表演作出一个总的概括，更有利于行业的统一管理和发展，也更有利于观众的认识和认可。

现今的表演类科学教育活动作品比较缺乏科学知识内容及科学精神的传递，过度追求娱乐化、哗众取宠。我们将用新的视角，研究如何将科学性、艺术性、互动性、多样性等特性融入表演类科学教育活动中，除了传播科学知识、普及科学内容本身之外，更重要的是传承科学精神和科学思想。在表演类科学教育活动理论研究的基础上进行一系列实践创作，主要是尝试几种不同形式和内容的表演类科学教育活动创作，例如：童话剧类、实验展示类以及动手做类等表演，最终确定以其中一种方式进行演绎，并在上海科技馆科学小讲台的现场进行展示和传播，配合馆校结合模式推广至上海市中小学。通过观众观看和参与情况，结合观众调查问卷、访谈形式等方式来发现科学表演以及演出中所遇到的问题和待解决的内容，为今后表演类科学教育活动的创作和演出技巧的提升提供实践依据。并且在基于理论的基础上，创作出新的表演类科学教育活动的内容并加以推广实施。

表演类科学教育活动以非正式学习和体验式学习理论为依托进行策划与设计。明确了表演类科学教育活动的范畴，阐述了表演类科学教育活动的历史出现和国内外现状以及发展趋势。

一、非正式学习与体验式学习

1. 非正式学习

相对于正式学习，非正式学习可以更为轻松自由，它可以发生在任何场景、任何时间。当然非正式学习并非以物理场景改变加以定论。非正式学习主要体现在非课堂教学性质的传递知识，突出了学习者的积极主动性及选择性。

非正式学习的学习场景通常可分为：日常场景、设计场景及特定项目三类。日常场景符合的条件为：学习场景贯彻人的整个人生，是无处不在的学习，是人们在不经意下习得的经验或技能，设计的成分很低或者是下意识的设计，评价的方式是即时反应。设计场景的条件为：此类学习大多由教育机构建立，学习者主观选择权较大，可以选择参与与否，或参与的时间长短。

本书中所说的表演类科学教育活动则属于特定项目。特定项目必需的几个条件：

- 特别设计的课程。选取某一主题，设计道具、脚本、时长、组织协调等方方面面。
- 活动符合内容知识的传递，注意学习者态度、情感、价值观的体现。
- 学习者可自主选择参与其中。在博物馆或自然科学博物馆表演时通过在公共区域进行演示，观众群体可自由选择参与或观看。不同内容和主题的科学教育活动设计时以不同观众的教育背景、年龄和性格特征有所不同。
- 有严格训练的服务者进行指导。在进行科学教育活动时，场馆的科技辅导员事先会进行系统化、专业化的培训，由科技专家对于科学原理及操作规范进行考评，才能正式进行科学教育活动的指导演示。

- 有系统的评价机制。在项目实施前、中、后期都进行评价。从而改进项目内容、方法、形式等，以便达到更理想的效果。

非正式学习下的科学教育活动的设计也要遵循其几大原则，但是不论是正式学习还是非正式学习，不变的宗旨是让学习者都了解科学知识及习得经验。而在科学教育活动实施过程中，非正式学习的特性决定了它在一定程度上比正式学习更受大众欢迎和喜爱。非正式学习下的科学教育活动在设计时要考虑到以下几个原则：主观能动性、趣味性、互动交流等。非正式学习完全由学习者掌控，无需老师进行教授，老师做得更多的是辅导，学习者根据教育活动实施内容加以记录或模仿，以便在进行操作时顺利进行。当然这样类型的教育活动也需要有效的评价方式，比如在活动实施之后分发活动学习单，用于检验学习者是否掌握相应的科学知识和经验技能。在活动设计之始，趣味性这一点也是不容忽视的。通俗易懂的表现形式、生动幽默的语言表述以及丰富有趣的实验现象是教育活动是否成功的关键所在。当然活动实施的时间结点也是至关重要的。对于小学生来说，整场活动保持 15 分钟至 20 分钟为宜，过长易引起疲劳或学习注意力不集中等。越来越多的教育活动设计时考虑互动体验这一方面，注重团队配合、促进讨论自己感兴趣的话题、向辅导者提问或与辅导者建立联系，从而促进科学知识和技能经验的掌握与了解。

2. 体验式学习

学习是我们成长过程中时刻伴随的过程，可以说是贯彻我们整个人生的行为。学习者可以从他人、书本、实践、行动过程中获得技能或者知识。而在 20 世纪 80 年代时，美国的大卫·科尔布首先提出了体验式学习理论模型。他意识到我们通过学习获取的并不是内容或者知识，而是在学习的过程中得到经验，使经验成为技能创造出知识的过程。

科尔布把体验式学习分为四种学习风格：发散思维风格、同化思维风格、聚合思维风格和协调者风格。发散思维风格，是指在具体事件上或者解决某个问题时所表现出来的观察能力、判断能力等。需要学习者有个非常丰富的想象力，可以从不同的方面进行思考，最终可能可以找到多个解决问题的办法和答案，创造出创新的观点和见解的学习方式。同化思维风格，是指通过仔细观察、分析加以判断形成概念性的定义，并且找出不同观点中相通点加以综合整合，形成解释框架的学习方式。聚合思维风格，与发散思维相对应，是从已知的经验中产生结论，或者是从现有的资料中找到观点，从众多的可能性中找出结论，从而运用于指导实践的学习方式。协调者风格指积极地进行实践，主要就是通过直接试验开展实践工作。

体验式学习要求发挥学习者的主观能动性，转被动学习为主动学习。传统的教学方式为老师教授，学生接受，通常以老师讲课为主，学生听、记为辅。而体验式学习则不同，它摒弃一味灌输式的教育，以学生主动索取知识的愿望为主，学生成为课堂的主角，只有积极参与其中，才能直观获得体验，达到学习的目的。

体验式学习包括四个步骤，分别是：实际体验、观察和思考、抽象与归纳以及积极的实验。表演类科学教育活动首先以科学辅导员亲身实验操作演示，活动之前组织特定观众进行现场观摩，实施教学。然后指导观众对演示内容仔细观察，并帮助观众对其加以分析研究，归纳总结其中科学原理。最终实现现场观众参与实验过程，直观获取经验。

体验式学习理念下的科学教育活动辅导员要充分调动学习的积极性，活跃现场气氛，让学生完全放下思想包袱，全情投入。培养学生独立思考、仔细观察、认真分析从而得出结论，在活动结束之后获得自己独一无二的经验和技能。

二、表演类科技活动的现状

1. 国外发展现状

国外表演类科学教育活动近年来发展迅猛，内容形式多样，风格迥异。研究分析，国外表演类科学教育活动有利于促进我国表演类科学教育活动的发展，推动国内外合作交流。

澳大利亚壳牌科学马戏团是一个由澳大利亚壳牌公司、澳大利亚国际科学中心和澳大利亚国立大学联合发起的项目，该项目从1988年开始，到目前为止已经快30个年头了。该马戏团已经去过澳大利亚所有区域，曾经到过中国、文莱、泰国等十几个国家进行巡回演出，行程多达2万5千多千米，受众约10万人次。参与该项目的表演者是在国立大学学习科学传播专业的硕士研究生。科普马戏团一般每年要出巡5—6次，每次4—5周，覆盖4—5个科技中心。主要展示方式为展品展项的操作演示、讲解以及深受学生和家庭团队喜爱的科普实验表演。其中的实验类表演虽然没有特定人物角色，但以模块化的方式串联同一科学原理的实验，以简单的动作和少量的语言来解释现象，更多的是留给观众思考的余地。例如深受观众喜爱的科学秀《声音与音乐》，共有七组小游戏分别为：振动声带、手臂摆动、长笛管、旋转的管子、敲击手肘、音乐农场、敲击音叉。配合相关的发声、发音等展品展项，针对不同受众群体，有选择性地选取其中几组游戏进行演出，展示展品现象。现在科学马戏团成熟的展品展项以及实验表演共计50余项，每3年会更新10项左右。最为特别的是成员不仅要负责所有的展览和实验表演的讲解，更要负责为所到地区年轻的科普志愿者培训，以便在马戏团离开之后，科普传播人员可以继续进行推广传播。其主旨是扩大科普传播的范围，达到科普传播延续性的目的。

众所周知，法国是个浪漫之都，法国的科普剧表演也有着法式浪漫。在不经意之间、不露声色地表达科学的内涵和理念。说到法国的科普剧，大家不禁要想起两位领军人物，那就是法国勃艮第大学的副校长丹尼尔·阿伊西瓦教授（Daniel Raichvarg）和法国表演类科学教育活动专家米歇尔·瓦勒梅博士（Michel Valmer）。2012 年 6 月 17—22 日，在法领事馆与华师大的协助下，上海科技馆、法国勃艮第大学联合举办的为期 1 周的“2012 年科普剧创作与表演培训班”正式拉开帷幕。在培训期间，我们领略了与众不同的表演方式，以各种夸张姿态动作为主。[①] 或歇斯底里，或癫狂怪异，或张牙舞爪，让表演者身上每个细胞都在舞动。让大家忘记束缚，完全放空自己，沉浸在角色之中。法式科普剧表演不需要特定的演出场地和舞台，根据各种不同的空间编排剧目，借助展品展项及展区进行表演，拉近表演者与观众之间的距离，让观众融入表演，使其成为整个演出的一部分。培训期间只编排了四个科普剧目，分别是《孟德尔的豌豆实验》《普朗克与量子论》《居里夫人与镭》以及《牛顿与万有引力》。内容部分主要以科学家发现相关理论的故事作为主线，以意想不到的情节及诙谐、夸张的表演方式进行演绎，使整场演出既像歌舞剧又像小品，但不失科学性的展现。经过培训、排练、彩排、试演，到最后的公演，四部科普剧在端午小长假期间接受了观众的考验。观众转眼间就成为剧中的一员，惊奇和喜悦的表情浮现在脸上，现场的效果超过预期。[②]

身穿白大褂、眼戴护目镜的形象在现今的表演类科学教育活动中比比皆是，但是大家可能都不知道最早是由在日本享有“表演类科学教育活动之父”美誉的米村传治郎在 2000 年北京索尼探索科技馆开幕时表演中的形象。这样“白大褂”的表演风格和形式也在以后的表演中被保留和延续下来，形成了一种经典的角色和形象。日本的表演类科学教育活动中可谓是“两个极端”。在科学内容的策划及编排上“不是最小就是最大”，这“最小”指的是内容的关键点；而“最大”说的就是演出道具的尺寸。内容脚本无疑是演出的重中之重，日式表演在定位上关注细节以小入手，从身边的科学开始，如空气大炮、飞去来器、静电蓄电池等。利用身边看不见摸不着的大气压、静电等阐述科学现象，演示科学实验。道具为追求视觉效果以大见长，大型玻璃瓶、纸板箱等，以满足台下几百人次观众的观看，避免因道具过小造成后排观众

---

① 魏诗宁，竺大镛．碰撞激发灵感 戏剧演绎科普——记上海科技馆“2012 年科普剧创作与表演培训班”［J］．中国科技教，2012（10）：18—22.

② 金峥华．在量子论剧场里卖鸡蛋［J］．科普研究，2013（6）：94—96.

看不清，提前离场的尴尬。整场表演加上灯光、配乐、角色扮演等，配上精美的道具，使观众在观看时视觉受到强烈冲击，整个表演犹如秀一般，让人眼花缭乱，真呼好看好玩。这些表演对于科学原理的把握只是点到为止，其真正目的是引起人们对科学的兴趣，激发观众探索的乐趣。因此，这类科学表演的受众以青少年学生观众为主。而索尼探梦科技馆的系列科学表演就是其中的代表。

从上述澳、法、日等国具有代表性的各种表演类科学教育活动的分析来看，目前在全球的科普教育活动，表演类科学教育活动作为辅助于科技场馆的展品及讲解的另一种新型的传播手段，更能迎合大众口味，并且不仅限于各类科普场馆的有限场地，传播面更广。在内容把握上无须直述原理，避免枯燥，点到为止，引导观众自己思考和探究。这些对于我国表演类科学教育活动的发展来说有一定的借鉴意义。

2. 国内发展现状

截止目前，从科技馆论坛、各兄弟馆及新闻报道中搜索前三届的全国科技馆辅导员大赛表演类比赛视频，共收集到获奖作品 86 件，第一届（2009 年）有 22 件，第二届（2011 年）27 件，第三届（2013 年）37 件，并进行以下分析。

按表演形式来分类，简单来说主要包括以下五种：

第一类为科学课程，主要以讲授、演示为主，穿插一些参与互动的环节；第二类为科学秀，注重强化舞台效果，集演示、讲解、互动参与为一体；第三类为科普情景剧，依托展示环境，场景化演绎；第四类为魔术表演，借鉴魔术的表演手法，串联科学知识点和实验；除以上几类外的为第五类——其他形式。

第一届中，科学课程为 58%，科学秀为 37%，科普情景剧为 5%；第二届中，科学课程为 29%，科学秀为 67%，科普情景剧为 4%；第三届比赛中，科学课程为 5%，科学秀为 87%，魔术表演为 5%，其他形式为 3%，包括默剧、哑剧、PK 赛等。

从图 8.1 可以看出现在用于科学秀方式演绎的实验得到了更广泛地运用，从第一届的 38% 到第二届的 67% 到第三届的 87%，逐年递增。轻松活泼的表演更易吸引观众注意，更能得到观众的共鸣，而科学课程的实验操作较为严肃，学生如在学校上课一般，参与度、热情度和积极性明显不够。

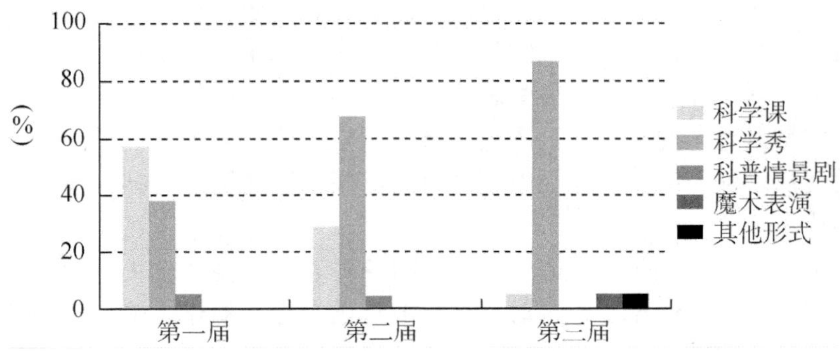

图 8.1　我国前三届全国科技馆辅导员大赛各表演形式图

在舞台表现手法上，第一届运用音效、音乐等形式为 19%，与观众互动方式为 28%，故事情节串联为 9%；第二届运用音效、音乐等形式为 22%，与观众互动方式为 11%，故事情节串联为 10%；第三届比赛中，运用音效、音乐等形式为 63%，与观众互动方式为 30%，故事情节串联为 11%，魔术为 5%。

从图 8.2 可以看出音乐及音效的运用到第三届时比第一届多出 44%，从此可以看出配乐和音效辅助手段普遍运用于科学表演中，在对于实验的演绎和表达上，更易感染观众、渲染气氛，得到现场观众的认可和喜爱，让观众可以完全融入到实验操作和原理理解中。第三届更运用了多元化的表演形式，例如魔术、哑剧、PK 赛等，多达 8%。科学秀表演强化舞台整体效果，不仅仅关注实验本身，更是在强调实验操作的同时考虑舞台布置、PPT 播放、音乐渲染等多样化手段。

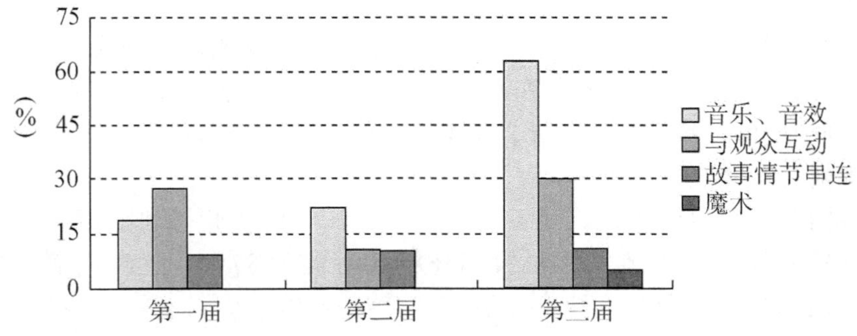

图 8.2　我国前三届全国科技馆辅导员大赛中表演形式效果图

上海科技馆在推广表演类科普教育活动的同时，更多的是转变思路，主动寻找合作机会，开拓更广泛的演出模式。

例如：2012 年 2 月上海科技馆与北京索尼探梦科技馆联合举办的“爱心

助学—科普万里行”活动。北京索尼探梦科技馆的“大型室内精品实验表演”和“探梦实验室”等经典科普实验均属首次来沪展演，旨在令更多青少年亲身走进充满趣味的科学世界。该活动为期5天，总共13场大型演出活动，辗转3个场地，受众达3000人次。在本次的合作交流演出中，北京索尼探梦科技馆所带来的科普表演来给我留下了深刻的印象，特别给人眼前一亮的是他们所带来的演出道具。索尼探梦的实验道具体积大，很好地满足了在大型场地远距离观看的需要。舞台色彩鲜艳，可以持久吸引中小学生的目光。实验效果与音乐配合的天衣无缝。设备与人员配合默契，现场总协调、道具整理、摄影摄像、服装、化妆等方方面面委派专人负责，确保演出成功进行。

2011年11月，上海科技馆与日本北九州市环境博物馆以“保护地球，我的家”为主题的科普表演在上海科技馆的科学小讲台上演。此次表演是在为期2年的“上海——北九州环保教育促进项目”的大背景下设计研发的，具有较强的主题性，顺应当今热点话题。该项目为环保教育国际化提供了一个成功的模式，也为上海科技馆科普表演团队放眼世界，拓宽合作领域，多方位地筹募优质科普资源，积极推进科普事业的发展打下了扎实的基础。

除此之外，上海科技馆与各大高校、教育局、企业、国外科普场馆等签订战略合作协议，把优秀的表演类科学教育活动请进来，让上海科技馆特色品牌节目走出去。主要目的在于加强学科专业人才队伍培养，推动科技创新与科学普及，实现科技与传播的有机结合，从而达到大力弘扬科学精神，普及科学知识，提高公众创新意识和科学素养的目标。

自从2008年上海科技馆科普表演团队成立以来，表演类科学教育活动作品数量已多达60种，到2014年年底已经在馆内科学小讲台演出达千场，观看人数达8万余人次。除此之外，上海科技馆科普表演团队也积极实行科普文化“走出去”战略模式，通过巡演的方式，将优秀的科普表演节目先后来到上海各中小学校，浙江、江苏、广东、江西等地学校，社区、企业、军营进行演出，使受众达到20万人次。不仅如此，2012年10月至今，上海科技馆科学表演团队分别受邀赴法国巴黎参加法国科技节，赴韩国大田参加亚太科学中心协会（ASPAC）2013年年会，赴波兰华沙参加第17届科学野餐会。

2013年5月6—10日，亚太科学中心协会（ASPAC）2013年年会在位于韩国大田市的韩国国家科技馆举办。在此次年会上，上海科技馆科学表演秀《水的故事》在富于童话色彩的背景下，结合魔术秀的表现形式，阐述了水的物理和化学特性，演出效果博得国内外同行一致称赞。

欧洲十大模范“科学与社会”领域重要活动“科学野餐会”，于2013年6月15日，在波兰国家体育场举行，近15万名观众参与其中。上海科技馆作为我国首个受邀参展的单位，带去了两个科学表演秀《惊奇化学》和《玩转摩擦》、四件展品和六部科普电影。其创新性的科普呈现方式以及融合了中国传统文化的科普展示令国外同行与观众惊叹不已，同时也对中国科普教育的发展赞叹不已。

在这多达60件的表演类科学教育活动作品中，科普表演团队的工作人员们根据学生的认知阶段，为不同年级的学生分别设计了形式和内容各不相同的活动内容，并在参与过程中强化引导。

《动物的伪装》《北极熊的保暖法宝》等针对较低龄的学生团队，以游戏引导学生参与，主要目的并不是要求他们掌握其中的科学原理，而是以激发学生兴趣和参与为主。《声音与音乐》《玩转摩擦》等面向3—5年级学生打造，以实验演示，加强互动。《重心与平衡》《能与力》等适合初中年龄段学生，引入物理、化学等基础学科的理念概念，以动手操作、实验演示、提出问题、解决问题等，揭示自然界中存在的科学，体会探究学生的兴趣。

现在人们获得科学知识的途径越来越多，凭什么吸引人们到自然科学博物馆？关键是让人们感受科学、享受科学，通过奇思妙想、寓教于乐的活动项目，把抽象、复杂、深奥的科学知识通俗、形象地展示给孩子们，催生他们探索科学奥秘的好奇心。

坚持立足原创、坚持展教创新。科普工作同样需要自主创新，打造具有自主知识产权的科普产品，是延续上海科技馆生命力，大幅度提升科普文化传播能力的手段。为此，上海科技馆组建专业科普表演团队，细心策划、精心组织、合理安排，打造具有国际影响力、具有自主品牌特色的精品表演类科学教育活动。

三、表演类科学教育活动的界定

1. 表演类科学教育活动

表演类科学教育活动也与科普剧有所区别。表演，著作权法术语，指演奏乐曲、上演剧本、朗诵诗词等直接或者借助技术设备以声音、表情、动作公开再现作品。①

科普剧（science popularization drama）即科学互动表演剧，是一种新兴的、独特的科普形式，是教育戏剧的一种。作为一种以舞台表演为核心的戏剧活动形式，其本身就是一种以活动为载体的课程资源，有利于促进课堂目标的实现。② 科学表演是表演人员用语言和肢体运动，并借助“道具”（如场景、材料、仪器），向观众或与观众一起进行的，旨在通俗传播科学的演示或

---

① 封晓东．表演基础［M］．北京：中国广播电视出版社，2011：22.

② 吕丁，李欢．科普剧的内涵与特点［J］．课程教材教学研究，2013（26）：63.

表演教育活动。目前科学表演的形式多种多样，但是归根结底也就是以下几种：科学互动实验剧、科学表演剧、科学秀和互动木偶剧等。[①] 科普实验剧（简称科普剧）又称科学互动表演剧，是目前国际上流行的一种全新独特的科普传播形式。它将科普知识、科学实验等以表演剧的形式表现出来，融合了小品、相声、小舞剧、音乐剧、演唱、舞蹈、戏曲等多种表演形式，在普及科学知识及原理、提倡科学精神和理念的同时，倡导一种积极向上、科学乐观的生活方式，达到寓教于乐、寓教于科的目的。[②] 科普剧又可称为科普互动剧，是一种新颖独特的科普表演传播形式。它既突破了传统的教育模式，更强调了与观众之间的互动和参与，体现出了学习的主动性和趣味性两大特点。科普剧以多个原理简单、现象明显的科学实验为基础，配以相应的剧情，通过艺术表演的形式弘扬科学精神、传播科学知识。它把科学知识、科学实验通过戏剧的情节以舞台表演剧的形式展现出来，使观众体验科学，激发观众对科学的兴趣。[③] 科普剧，又称科普互动表演剧，兴起于欧美日本等发达国家，是一种将过程教育、情境教育、体验教育集于一体的新型科普模式。[④] 它通过舞台表演等形式，同时调动人的视觉、听觉、触觉等多种感官，在轻松活泼的气氛中将科学知识和实验展现给观众，能够显著提高科普活动的互动性和参与度。[⑤]

科学表演是科普剧和科学秀的统称。这是目前国际上流行的一种全新而独特的科学传播与科学教育方式。它将科学知识、科学实验以表演剧的形式表现出来，让观众在看表演的过程中接受科学知识、感受科学精神。相对于科普剧，（本文）只是表演类科学教育活动中的其中之一，并不能完全包涵科学小品、科学秀、科学实验等。

科普剧是一种呈现在舞台上的戏剧艺术，演员通过综合运用文学、音乐、舞蹈、美术等艺术手段演绎剧情，揭示生活中的科学现象，传播科学知识，激发观众对科学的兴趣与探究。科普剧更为突出“剧”这个字，相对于科学秀、科学实验等，更注重故事发展的情节以及人物角色塑造。更多利用声、光、电等多媒体手段来渲染气氛，对于舞台布置和表演者的演技要求相对更高，重点是对故事中涉及的科学内容理念的展示，而不全是对科学知识的阐述与表达。

科学秀是一种科学实验表演，是把科学实验的教育元素与互动表演的趣

① 沈超群．关于科技馆科学表演的一点思考［C］．科技馆国际论坛暨学术年会论文集，2009.

② 刘亚频．浅谈科普实验剧与科学表演秀的创作［J］．科教文汇，2014（7）．

③ 李云海，张继红．浅议科普场所科普剧的创作表演［C］．中国科普理论与实践探索，2010.

④ 安丰艳．发挥科技馆科普剧功能在快乐中学习科学知识［J］．科技风，2011（22）：22—23.

⑤ 张楠．浅谈科普剧剧本的创作理念与技巧［C］．中国科普理论与实践探索，2012.

味元素完美结合，在一些实验道具的特效衬托之下，突出魔幻、趣味、时尚的特征，使观众沉浸在有趣的科学世界里。

到目前为止，有关科学表演的活动在国际上来说还没有完全统一的称谓。科普剧、科学秀、科普秀、科学魔术等都曾出现过。本书认为可以用表演类科学教育活动来概括有关科学传播的表演类活动。表演类科学教育活动包含以下几点内容：具有明确的角色定位，有特定的剧情情节，以舞台表演的方式，加以灯光、音效等多媒体手段，借以道具、实验等手段进行辅助，注重与观众之间的交流与互动，更多的是带给观众以视觉的感官享受。使观众可以在舞台剧、科学小品、戏曲等表演形式下，理解科学、体验科学，达到科普传播的目的，从而激发观众对科学的兴趣。

2. 表演类科学教育活动的出现

自然科学博物馆作为为广大公众传播科学知识、科学精神和科学理念的非正式教育场所，承担了一定的社会教育功能。而现今展馆的常设展览已经不能满足观众需求，因而具有辅助功能的科学教育活动便孕育而生，其中表演类科学教育活动在观众接受度、参与度及观众的感官体验上来说是各种科学教育活动不可比拟的，深受观众，特别是青少年学生的喜欢。如今看来表演类科学教育活动已经是各大自然科学博物馆法宝之一，是其亮点，缺一不可的内容。省市级的自然科学博物馆更是把表演类科学教育活动进行精包装，做成品牌节目，进行推广和科学传播，并也取得了不少的收获和更好的效果。

那么，表演类科学教育活动到底是怎么出现的呢？其实，早在几十年前表演类科学教育活动的雏形就已经在欧美一些地区存在，慢慢被人们接受和喜爱。比如国外的街头艺术表演，往往是在大街小巷、人头攒动的地方进行，表演者与观众进行近距离的演示和表演，利用艺术化表演方式和手段，加以道具的辅助，给观众意想不到的效果，激发观众的求知欲和兴趣，这也就是表演类科学教育活动的雏形。最为突出的也就是街头近景魔术！其实魔术表面来看是违反客观规律的表演，而它的实质却是依据科学的原理，运用特制的道具，巧妙综合视觉传达、心理学、化学、数学、光学及形体学、表演学等不同科学领域的高智慧的表演艺术。抓住人们好奇、求知心理的特点，制造出种种让人不可思议、变幻莫测的假象，从而达到以假乱真的艺术效果。①

近些年，表演类的科学教育活动也搬上了电视、舞台，或以卡通形象为主，或虚拟现实技术，或真人主持等不同风格和类型的表演方式，利用了现代化的多媒体方式，面向广大观众，特别是青少年学生为主，进行科普教育。如1997年轰动北美的科普幽默剧《比克曼的科学世界》（《Beakman's

① Paul，Zenon. *Street Magic* [M]. London：Carlton，2005.

world》)，共有88集，每集一个主题。通过喜剧演员表演、卡通人物加盟，以短剧的形式，主要通过科学实验方法，利用风趣幽默的解说表达科学原理和自然现象，传播科学知识。现今“比克曼博士”在欧美已成为家喻户晓、无所不能的滑稽大师。他凡事都充满好奇，喜欢刨根问底，以青少年的视角提出问题，并以科学的方法解决问题。这部《比克曼的科学世界》也被誉为西方的“十万个为什么”，深受广大青少年观众的喜欢。

“疯狂科学表演秀”起源于加拿大，现在已经成为儿童科学潜能激发教育体系的第一品牌，至今已有18年的历史了。主要针对4—12岁儿童而研发出来的一系列短期儿童潜能激发课程。它运用了夸张的肢体语言、绚丽夺目的舞台设计、震撼的视觉效果表达“科学其实也很好玩”的理念。以儿童的视角，激发孩子们对科学的探索欲、求知欲。

日本、英国、新加坡等国在上世纪五六十年代都已经有类似表演类科学教育活动的存在。然而形式和内容与现在比较看来可能有些差距，表演略显刻意，道具较为粗糙，灯光舞美等效果不尽如人意。这是现代表演类科学教育活动的前身，为我国的科学普及事业呈现了多样化的方式，更贴近大众理解科学，引起观众对科学探索的求知欲，特别是激发了青少年观众学习科学知识的兴趣。

第二节　表演类科学教育活动的创作

阐述了表演类科学教育活动内容策划及演出技巧，创作新的教育活动《状态变变变》，从主题、内容、形式方面加以研究分析，评价活动实施的效果。

一、题材分类

1. 剧情类

何谓剧情？剧情不等于情节，剧情是一个叙事故事的戏剧和感情成分。① 剧情类的科学教育活动也就是我们所说的科普剧。一个好的科普剧不但能清楚地展现奇妙的科学现象、趣味科学知识，在人物表演要求上，服装道具的精美程度上，以及剧情的戏剧化上，都要远远高于其他的科普表演形式。② 甚至有些科普剧要表达的中心思想是一种科学的思维方式、科学方法或者是一

① 张旭．表演系［M］．吉林：时代文艺出版社，2011：11.

② 沈超群．关于科技馆科学表演的一点思考［C］．科技馆国际论坛暨学术年会论文集，2009.

种理念。剧情类的科学教育活动需要演员与舞台的和谐统一，对舞台布置、音乐、灯光、服装、道具以及后台工作人员的要求较高。表演者需要借助服装来突出角色特点，塑造人物性格，具有较为强烈的矛盾冲突，并利用夸张的肢体表现、语言、表情、动作把故事发展推向高潮，以戏剧化的处理方式，随着情节的发展提炼出中心思想，传递科学内容。

在剧情类演出中，表演者是信息的传递者，而观众更多的只是信息的接收者，并没有过多的直接参与，通过旁观者的角度跟随人物，随着剧情的发展学习科学知识与科学理念。这样的演出就需要表演者有较扎实的表演功底，虽然说大多自然科学博物馆辅导员都不是表演专业科班出身，但是在参与此类科学教育活动之前必须进行系列的表演技巧的培训。艺术来源于生活，而高于生活。表演者要表达一种情绪，就需要利用较为夸张的肢体语言或者丰富的面部表情，因为台上表演者与台下观众会有一定的距离。如果动作幅度范围较小，细节处理不够到位，就会缺乏内在层次感，观众很难感受到表演者所要表达的意思，就无法完全融入到剧情中。因此，专业化的表演培训是必不可少的。①

剧情类的科学教育活动通常以科普童话剧的形式展现，演出时间一般为15—20分钟为宜。针对的主要观众群体为少年儿童，年龄结构在3—6岁。学龄前儿童特别是6岁以下年龄段的儿童是具有很强的认知、模仿、记忆能力，但是在观看科学表演上不太专注，对于大段的解说和演示缺乏持续关注度。在角色扮演上以卡通形象展现，如小朋友喜欢的喜洋洋等，并以风趣幽默的语言，以简单的科普知识、有趣的故事情节串联在一起，再用孩子们喜欢的表演手法去展现。科普童话剧就是较为讨巧的方式之一，可以借用儿童所熟悉的卡通形象作为切入点，抓住儿童观看热情，以轻松的氛围、简单的原理推动剧情发展。例如上海科技馆的《妈妈回来了》、东莞科技馆的《父亲的礼物》、江苏科技馆的《李大妈的辐射生活》都属于剧情类。

2. 实验类

顾名思义，实验类的科学教育活动就是基于科学实验本身，以表演方式进行实验操作，以准确精练的语言揭示实验原理，解释实验现象。在这里我们所说的表演相比于科普剧而言弱化了戏剧表演的演出技巧，更为突出实验效果本身。表演者虽然有明确的角色定位，但是主要的作用是辅助解释实验原理及科学知识。表演者只是配角，实验本身才是绝对的主角。在选择实验时，要选实验现象明显，视觉效果好，所需时间短，可以引发观众兴趣，并

---

① 黄梅珠，黎明．对合作促进科普剧发展可行性的探讨及若干建议［C］．中国科普理论与实践探索，2014.

能充分表现一定的科学现象，讲明一定的科学原理和知识的实验，并且还要有利于台下观众参与互动。受表演时间限制，剧中的实验一般以2—3分钟为宜。科学实验要尽量做到简便、易操作，实验用品如化学药剂必须是安全的，无毒、无腐蚀性的。①

选择科普实验要注意：

- 实验及实验结论应该是科学的、真实的；
- 普剧中的科学实验应具有直观性强、趣味性强的特点；
- 学实验要安全易操作，不应使用危险性的化学药品，实验操作要合乎安全操作；
- 加强实验中的观演互动，让观众更充分地感受科学的魅力。②

实验类的科学教育活动比照剧情类而言，大大增加了互动性。实验类的教育活动具有可操作性，具体操作方式可以分为两种，一种是由表演者亲自操作，边做边讲，提醒观众注意观察现象，增加提问环节，可以由观众揭示其中的科学原理，由表演者进一步解释。另一种方式是由表演者指导操作步骤，邀请观演观众进行操作。让观众在亲自参与操作的同时体验实验进程，加深对实验的理解。

在实验设计和策划之时需要进行慎重考虑。我们主要针对的对象是青少年学生，所以实验策划者要注重所在场馆资源与学校科学课程的有效衔接。最为重要的是突出各学生段的差异性特点，结合不同年级科学课程中观察、注意、游戏、操作、实验、讨论、拓展等学习方法，针对性地设计多样化的配套实验。③

3. 动手制作类

20世纪20—30年代，杜威“做中学”（1eaning by doing）的主张开始在美国得到广泛推行，这一思想是“动手做科学”最直接的启蒙思想。④“动手做”计划起源于美国，时间可以追溯到1957年。大约到了20世纪90年代，美国诺贝尔物理学奖获得者雷翁·勒德尔蔓（Leon Lederman）提出了“动手做”（“Hans On”）的学习计划。这一计划最初涉及芝加哥市40万名公立学校学生中的5万名学生，并很快引起了其他一些州及私立学校的极大兴趣。

---

① 李云海，张继红．科普剧创作：有“戏”也要有“科”［N］．大众科技报，2012（2）．

② 崔春瑜．科普剧的引进创新与国内科普场馆科普剧研究发展的必要性［C］．中国科普理论与实践探索，2012.

③ 竺大镛，胡玺丹，张云飞．提高科学教育活动针对性的实践与探索［C］．中国科普理论与实践探索，2012.

④ 胡彩云．美国“动手做科学”课程模式的形成及传播［J］．文教资料，2013：（2）169—171.

目前，这项计划所取得的经验已在美国教育界引起轰动。[①] “动手做”（hands-on）这个词汇最初的意思是指在学习使用电脑时如何动手操作键盘。[②] “从60年代课程改革以来，对实验室活动的强调转变为学生的动手做经验。”[③]

我国也早在2001年就从法国引进了“动手做”科学教育项目，并取名为“做中学”。[④] 而这里所说的动手做科学教育活动和学校的科学教育活动也有所区别，以学生的兴趣为导向，根据观众不同的年龄结构设计不同动手操作的内容。比如，针对3—6岁学龄前的儿童，可以通过做纸工、折纸等较易控制的方式，通过简单的操作让他们体会到动手的乐趣，探索工具使用方法，区别颜色，认识图案等；针对小学段的学生可以以观察物品为切入口，通过科技辅导员引导，让学生思考并加以分析。在这种形式的教育活动中，每一位参与活动的观众都是表演者，而不仅只局限于科技辅导员，这已经是社会表演学的范畴，严格意义上来说，这样的活动已经不是单纯的表演类科学教育活动了。

二、选题策划

主题的重要性是不言而喻的，有好的主题才会有好的作品。在科学秀的选题过程中，可以以社会热点为基础，结合实际生活，以身边发生的故事为线索，围绕剧情中所展现的奇妙现象，简述科学原理，普及科学知识，传播科学思想和方法。

作为一个优秀的科学秀，主题的确定非常重要。主题必须十分明确、贯彻、毫不怀疑。那要如何确定一个明确而又有立意的主题呢？首先，要从观众的立场出发，观众们最想要获得的、最感兴趣的科学知识也许就是一个很好的主题；其次，主题不能脱离生活，科学秀的初衷是为了传播科学，但并不是所有的科学知识都适合用于科学传播的，最好是日常生活中人们能够接触到的、能够体会到的。

一个好的主题，就像一架检验仪，可以将零乱的素材剔除。反之，如果没有清晰的主题，很可能出现鱼龙混杂，“拎在篮里都是菜”的现象。我国古

---

① 刘占兰．法国“动手做”科学教学实验计划［J］．幼儿教育，2003：（7）．

② David L Haury, Peter Rillero. *Perspectives of Hands-On Science Teaching* ［M/OL］. The ERIC Clearinghouse for Science, Mathematics, and Environmental Education. http: //www. ncrel. org/sdrs/areas/issues/content/cntareas/science/eric/eric – 1. htm.

③ David L Haury, Peter Rillero. *Perspectives of Hands-On Science Teaching* ［M/OL］. The ERIC Clearinghouse for Science, Mathematics, and Environmental Education. http: //www. ncrel. org/sdrs/areas/issues/content/cntareas/science/eric/eric – 1. htm.

④ 陈沁芳．“动手做”——法国小学科学教育改革及其对我国的启示［J］．法制与社会，2008（04）．

代大戏曲家李渔在论及主题时，有一个形象的比喻，叫做：“立主脑，脑子于人”。主题是统领一切的指挥。立了主脑后，剧本的一切素材的取舍都应该围绕着能否体现、深化主题。

目前国内自然科学博物馆、科学中心等科普场馆中，有关新材料、新物质的展示内容较少，《状态变变变》选取新材料作为主题进行教育活动设计，是展示资源的有益延伸和补充。“状态变变变”科学教育活动将采用现场讲解、演示操作、互动参与、DIY 实验等丰富多彩的形式，通过生动有趣、互动性强的科学小实验和 DIY 动手做，引导学生一起参与互动、动手动脑，揭示隐藏在生活现象背后的科学原理和现象的奥秘。

本书希望以“新材料中状态变化”为主题设计趣味科学脱口秀，针对小学段学生，通过表演及实验的方式，培养其对新材料、新物质探索揭秘的兴趣。拓展科学传播深度和广度，为青少年的科学素质培养提供帮助。

除此之外，《状态变变变》科学教育活动充分依托展馆资源，结合展示主题。

三、演出技巧的多样性

表演类科学教育活动演出方式多样，借助各类不同演出手段有利于用不同方式对不同主题和内容的科学教育活动进行演绎，找到适合的针对科学秀、科普剧及科学实验的特定演出方式。

1. 以角色扮演为主

在舞台上，演员利用服装、饰品、道具以及化妆来扮演某个人物。在科普表演中的主要是指配合舞台的布景，以服装、道具等手段作为点缀来配合人物的个性特点。这类演出方式在科普剧中较为普遍。通常可以看到博士、老师等较为有知识、有文化的人一般在人物设定上都会戴上眼镜，年龄在 50 岁以上，步履蹒跚；学生、小朋友都是背着书包，扎着小辫子，无忧无虑，蹦蹦跳跳的样子；而动画人物都会穿着肥大宽松、圆头圆脑的衣服等。从人物的外形就可辨别一二。例如上海科技馆的《小狐狸找妈妈》。

又比如运用夸张的动作、舞蹈等艺术手段，来介绍科学家发现科学的整个过程。法式科普剧表演《居里夫人和镭》《愤怒的小鸟与万有引力》《普朗克与量子论》《孟德尔与豌豆》等。舞台剧代替了讲解，和展品互相辉映，把展品的内容更生动地介绍给观众。

2. 以肢体语言为主

肢体语言又称身体语言，是指通过头、眼、颈、手、肘、臂、身、胯、足等人体部位的协调活动来传达人物的思想，形象地借以表情达意的一种沟通方式。肢体语言也是演员的必修课程，不同角色不同情况下的肢体语言也大不相同，丰富准确的肢体语言能帮助演员更好地诠释不同角色。例如2013年第三届科技馆辅导员大赛华东赛区一等奖作品，以默剧形式表现的《惊奇化学》。说的是一个大男孩闯入化学实验室，看到一缸水和红、黄色两杯沙子，好奇的他把手放进水缸，水变黑了。他放不下好奇的念头，把两杯沙子倒入水中搅拌，明明看到沙子已经散在水中，取出来时，红沙是红沙，黄沙是黄沙……连杯子都好像原封未动。此节目是一个由6个化学实验组成的节目，由于只有一位表演者，也不须说话，表演的时间弹性很大，完全由表演者自我控制。整个演出中无一句台词，只有背景音乐，配上表演者专业到位的肢体语言，一举手一投足，一转身之间便把要表达的主题思想准确无误地诠释出来了。目的不是让观众记住实验是怎么做的、是怎么样的化学反应，而是引领公众产生兴趣，体验和感悟科学。

3. *以口语表述为主*

以语言来解释科学原理，分析实验现象为主。优点是可以把实验中的科学现象分析得很透彻，让观众完全掌握这一科学原理。缺点在于略微缺少趣味性，趣味性要完全依靠实验来弥补，你的实验要完全吸引观众的眼球。加之为增加与观众交流机会，选择脱口秀来演绎表演类科学教育活动就较为适合。[①] 脱口秀也是口语表达中常见的方式。脱口秀由外文“talk show”翻译过来，最早起源于西方，是一档可以集新闻、娱乐、访谈、评论为一身的谈话类节目。由主持人、嘉宾和观众在谈话现场一起谈论各种社会、政治、情感、人生等话题，一般不事先备稿，因而被港台的翻译家们形象地译作“脱口秀”。

例如，2013年第十三届亚太科学技术中心（ASPAC）会议在韩国大田举行。其中，马来西亚表演的《The Stand-up Science Show》就属于这类。舞台上一个人凭借一张嘴完成了整台活动。实验道具就是我们自己的身体，通过和在座的所有观众互动，如举起手臂，转动手腕，轻敲手肘。让每个人亲身感受到自己身体的特点，感受到科学的惊奇，主动问出一个为什么，然后再一一说清原理。

4. *以互动体验为主*

“互动”是什么意思？从两个构成的字来说，按照辞典上的解释“互”是交替相互；“动”是使起作用或变化，使感情起变化。归纳起来“互动”就是指一种相互使彼此发生作用或变化的过程。

“体验”指什么？“体验”就是“体”和“验”。体，身体（大脑、肢体、眼耳鼻舌身等感觉器官）。学习要重视身体参与以获得充分的感性知

---

① 晨曦．心理学与读心术［M］．吉林：吉林出版集团有限责任公司，2010：158.

识——即“亲身体验”，才能进而升华出理性知识。其次，这一过程是个体性的，要让每个学生最佳投入，而不一刀切追求标准化。验，经验（“既包括经验的过程又包括获得的结果”）。名词性的“经验”指所获结果，如常说的“他在这方面很有经验”；动词性的“经验”指获得这一结果的学习过程，如常说的“我经历过这种事”。总之，体验式学习中的“体验”是指学生经历个性化的自主学习过程并获得经验（包括学习对象的知识和获得这些知识的方法）。①

四、内容策划

内容是整个教育活动的灵魂。优秀的剧本可以把科学活动的主题立意完整无误地传达给观众。

脚本要解决人们对活动内容的疑问和困惑，它既要设计冲突又要很好地来解释它。剧中各种实验和科学原理构成了活动中的矛盾冲突。对剧本中的矛盾冲突做横的分析，便可以分清主次矛盾初步得出科学原理的主题思想；对矛盾冲突做纵的分析，进而可以理出情节结构，把握节奏的起伏变化。总之，剧本的矛盾冲突和主题思想、情节结构、剧本体裁等有着直接的关系的，对剧本的矛盾冲突做了纵横两个方面的分析之后，剧本的基本面貌便轮廓清晰了。

脚本中还包含语言这一要素，语言包括台词和舞台说明两个方面。台词，就是表演者所说的话，包括对话、独白、旁白。舞台说明，又叫舞台提示，包括剧中人物表，剧情发生的时间、地点、服装、道具、布景以及人物的表情、动作、上下场等。这些对于表演类科学教育活动来说也是不可缺少的部分。

另外，对科学活动而言，剧本的长度也很重要，因为科学活动不同于电影、电视剧等，其对于观众的吸引程度相对要低得多；科学活动的主要受众是儿童或者青少年，据统计，观看表演类科学教育活动的儿童年龄大都在4—12岁，这一年龄阶段的儿童注意力集中时间是很有限的。有科学家经过研究发现：2—3岁儿童注意力集中时间为10分钟，5—7岁儿童为15分钟，7—10岁儿童为20分钟。11—12岁的儿童为25分钟，13—15岁的儿童为30分钟。② 因此，对于针对儿童和青少年的科学活动在时间的控制上最好是15—25分钟，这样科普传播的效率是最高的。

---

① 张伟平．澳大利亚Mathsquest教材呈现方式：体验式隐喻的视角［J］．全球教育展望，2012(1)：72—76.

② Santrock, John W. Life-Span Development [M]. New York: McGraw-Hill Higher Education, 2004(1): 78—80.

确定四组实验：徒手制冰、杯中的水去哪儿了、人造雪以及DIY玉米淀粉。前三组以脱口秀方式演绎，后一组以DIY方式操作。

五、演绎设计

在进行科学活动创作时，应首先研究处于不同认知发展阶段的儿童心理发展的特点，“要避免仅仅重视表现技能或艺术活动的结果，而忽视幼儿在活动过程中的情感体验和态度的倾向。”① 有针对性地选择和设计出适合不同年龄阶段儿童观看的科学实验，配以浅显易懂的文字阐述其中原理，同时加入一定的情节将一个又一个实验穿接起来，不断激发观众观看、参与的兴趣。

因此，《状态变变变》科学教育活动确定以脱口秀结合DIY方式进行。DIY是英文Do It Yourself的缩写，直译为“己为之”，扩展开的意思是自己动手做。在“动手做”的理念中，科学教育就是儿童亲历对自然现象的观察和科学发现的过程：提出问题——设计实验——动手做实验——观察记录——解释讨论——表达陈述。“动手做”强调孩子在科学探究中的主导地位，引导他们从一个被动的观察者成为主动的实践者，从他们与世界真实的接触中为自己的疑问寻找答案。主动的科学实践还能在学习中带来更多的平等，在实验中不断地合作与交流有助于儿童与他人建立起更加和睦的关系。

第三节　教育活动的科学传播意义

一、增加人气

自然科学博物馆现如今犹如雨后春笋般地拔地而起，如何面临挑战，突围胜出，这是各大科普场馆所关心和亟待解决的问题。关注社会大众的知识需求，开展主题新颖、可观性强、符合观众需求的教育活动。而表演类科普教育活动是其中最能激发观众兴趣，观众最易接受科普知识传播的有效方式之一，旨在增加自然科学博物馆参观人气，提高社会知名度。上海科技馆在开展表演类科普教育活动时充分运用传统大众传播媒体进行传播，如电视、广播、杂志等。不仅如此，更应顺应时代潮流，积极利用新媒体，如微博、微信、建设推广网络平台、手机彩信推送等。

二、拓展展教内容和形式

众所周知，自然科学博物馆教育形式主要有两类，常设展览和临展。但

① 教育部．幼儿园教育指导纲要（试行）[M]．北京：北京师范大学出版社，2001.

是这样常规的模式内容单一、形式简单、更新力不够、吸引力不足，因为结合常设展与临展，配套形成成熟的科学教育活动显得十分必要。开展主题明确，内容丰富，表演形式多样，体现科学性、参与性、互动性、趣味性的教育活动。立足于广大观众、服务于广大观众。

三、转变传播模式

自然科学博物馆如何开展好表演类科学教育活动？设置哪些内容？如何安排地点？如何组织观众？这些问题都是一项成功的表演类科普教育活动在前期策划中需要考虑的问题。加强馆校合作，传播科学知识；鼓励馆企合作，建构传播桥梁；促进社会联动，扩大传播受众是自然科学博物馆等科普场馆开拓科普传播事业的一个重要途径。

第三篇

实　践　篇

第九章　优秀讲解词案例

第一节　参赛讲解词案例

一、能量穿梭机

各位一定见过建筑工地上的打桩机是如何工作的吧？巨大的蒸汽锤重重地砸在水泥桩上，为高楼大厦打下了扎实的根基。那么蒸汽锤为什么有如此大的力量呢？靠的就是能量转换！

现在呈现在大家眼前的就是一部演示能量转换的百科全书——“能量穿梭机”。在这里，您可以尽情地“浏览”有关势能与动能、动能与电能等多种能量之间的转换。这座运动着的大型雕塑，总高度为5.5米，共有10根轨道。小球通过人力摇动或电动机带动提升到高处后，就沿着造型不一的各条轨道，给我们带来了垂直螺旋运动、反转减速运动、弹性碰撞、斜抛运动；有的却在走迷宫，还有的在演绎模拟行星运动。只见它时而快，时而慢，时而上升，时而下降。运动看似复杂，但原理十分简单。就是因为小球在高处往下落时，势能与动能发生了互相转换。

势能是指物体由于被举高而具有的能量，物体的质量越大，被举得越高，那么它的势能就越大。而动能是指物体由于运动而具有的能量，物体的质量越大，速度越快，具有的动能也就越多。

知道了这个原因，我们就来看看“垂直螺旋运动”，一个回环就是一个竖立的圆形轨道。在轨道底部，小球的势能最小、动能最大，于是在动能的作用下小球沿着轨道往上滚动；动能不断转化成势能；当到达轨道最上方时，此时的小球势能最大、动能最小，于是小球又在势能的作用下，沿轨道向下滚动。周而复始，小球的“垂直螺旋运动”就这样完成了。

生活中，还有很多能量之间相互转化的例子。比如水壶中的水沸腾时水蒸气将壶盖顶起，是热能转化为机械能；夏天我们摇动蒲扇，是将机械能转化成了风能；打开电灯，则将电能转化成了光能。尽管能量千变万化，但是这种变化不是没有约束的，其最基本的约束就是能量守恒定律。

能量守恒定律，是自然界最普遍、最重要的基本定律之一。它告诉我们：能有许多不同的形态，如动能、势能、风能、核能等。能量既不会凭空产生，也不会凭空消失，它只能从一种形式转化为别的形式，或者从一个物体转移到别的物体，在转化或转移的过程中其总量不变。各位听我介绍了这么多，现在就请大家和我一起来找找科技馆里还有哪些展品是和能量转换有关的呢?

二、神舟五号飞船

2003 年 10 月 15 日 9 时，中国首次发射了载人航天飞行器——神舟五号。这标志着我国成为继俄罗斯和美国之后第三个将人类送上太空的国家。

在科技馆三楼的宇航天地展区内就设有神舟五号 1∶1 的模型。飞船总长 8.86 米，总重 7790 千克，主要由轨道舱、返回舱、推进舱和附加段构成。

轨道舱是飞船进入轨道后航天员工作、生活的地方。

返回舱呈钟形，主要供航天员起飞、上升和返回阶段乘坐。侧壁上开设了两个圆形窗口，一个用于航天员观测窗外的情景，另一个供航天员操作光学瞄准镜观测地面驾驶飞船。

推进舱又称设备舱，呈圆柱形，两侧各有一对太阳翼为飞船提供电力。

附加段是为将来与另一艘飞船或空间站交会对接做准备的。

那么在太空这独特的环境中，我们的宇航员是如何生活的呢?

在太空，几乎所有我们习以为常的举动都要重新设计。

大家可以先想一下我们平时是如何吃饭的呢? 但在太空中吃饭时要闭嘴咀嚼，否则食物会在太空中漂浮不落，如果吸进鼻腔容易呛到肺里发生危险。

由于失重，所以我们的宇航员在太空中没有方向性，人倒着睡也感觉很舒服。通常把睡袋挂在墙上，拉上拉链就能睡觉了。

那么航天员们又是如何洗澡的呢? 美国航天飞机上的浴室是个浴罩，浴罩下部也安有抽风机。宇航员洗澡时打开淋浴龙头和抽风机，上面喷水下面抽水，会形成如同地面一样的淋浴效果。目前，我国的“神舟”飞船还不具备航天员洗澡的功能，这是因为如果要在太空洗澡的话，需要大量的水，会增加飞船和运载火箭的负担。不仅如此，还要增加特殊的装置，防止洗澡时失重的水珠飘满整个飞船。所以，我国航天员在飞行时主要还是靠类似湿巾的特制湿毛巾清洁自身。

而利用太空独特的资源，一方面能够进行基础研究，另一方面也可为地面服务。

在失重环境下我们能够获取结构更均匀完整、尺寸更大的半导体晶体，开展材料的基础研究，通过对比天地差异，优化改进地面的生产工艺。同样在这种环境中，冷原子频率稳定性会大大地提高，这可应用于高精度卫星导航定位。

航天技术的发展已渗透到生活的方方面面，愿我们的飞天梦永不失重，科学梦张力无限！

三、石墨烯

当地时间2015年10月23日，中国国家主席习近平参观了英国曼彻斯特大学，众所周知，英国高端学府云集，习主席为何选择这所学校进行参观，原因就在于其中赫赫有名的国家石墨烯研究院。听到这儿，您可能会好奇石墨烯究竟是什么？它是种特殊的二维人造材料，这种材料由安德烈海姆和康斯坦丁在曼彻斯特大学首次分离获得。由于这项重要的发现，两人于2010年获得了诺贝尔物理学奖，并于2012年被授予了爵士头衔。两位教授坚持不懈地利用透明胶带从铅笔芯中磨砺石墨烯，从而产生了极薄的石墨片层，然后反复地将其剥离，直到最后只剩下一个原子厚度，他们就是这样发现了石墨烯。

这是一个在科学史上都不曾有过的故事，自由思维撞击出一个意外的发现，创造了第一个二维的人造材料。石墨烯有着无穷的潜力，它的机械强度天下第一，它是世界上最薄的人造材料，为了证实以上两种说法，请现场的观众和我一起来做一个测试。请看大屏幕，左边一根头发丝，它的直径只有0.02毫米，右边是石墨烯丝，我们的问题是头发丝究竟比石墨烯丝粗了多少倍呢？选项A 20万倍，选项B 2万倍，选择A的观众请举手，选择B的观众请举手，好的谢谢，下面我来公布正确答案，选择A的观众恭喜你答对了，头发丝整整要比石墨烯丝粗了20倍。如果你还觉得不够形象，让我们来做这样一个比方，这是一根我的头发丝，它很细，台下的观众可能看不清，现在我们将它和石墨烯丝同比放大，当头发丝被放大到和大象腿一样粗的时候，石墨烯丝还只有头发丝那么细，但就是这种材料却可以支持整头大象的重量。由此可见，石墨烯丝确实很薄但是很坚强。

那么石墨烯这种特殊材料，在我们的日常生活中又有着何种运用呢？这位观众您说对了。它可以用于纳米级的DNA测序，可以被附加到特定的细胞上如癌细胞，给医药界带来了巨大变革。它几乎完全不透水，可以作为未来燃料储存和运输的基础材料。它可以拉伸、可以折、可以卷、用于制造弯曲设备。仅仅几年时间，我们不仅可以穿上石墨烯的智能衣服，还可以用它来写作、绘画。这些独特的性质使其成为全世界现有的应用和新应用中极具潜力的材料。石墨烯还将运用到航空和汽车复合材料和涂层领域，超轻飞行器、薄如墙纸的电视机、纸张般柔软纤薄的触摸屏电子元件等领域。

2015年是“中英文化交流年”，习主席指出中国是石墨资源大国，也是石墨烯研究和应用开发最活跃的国家之一，两国的合作势在必行。而石墨烯这种特殊材料也终将在未来焕发出其无穷的科学魅力。

四、一鸣惊世界——引力波

“一鸣惊世界”题目中的一鸣，是一个人的名字。他叫胡一鸣，来自中国上海，这位85后青年是清华大学的天文学博士后。而他所在的LIGO科学合作组织在2016年2月11日，发布了一个令全世界为之震惊的消息：人类首次直接探测到了引力波。

那么，什么是引力波呢？为什么探测到引力波会轰动全球呢？就好比往平静的水面扔下一块石头，激起一圈圈的涟漪一样，引力波是一种时空涟漪。当物质的分布发生改变时，就会引起周围时空的弯曲变化，并以波的形式以光速向四周传播。就像我现在往旁边移动了一步，也会引发时空的涟漪，当然，这种变化太微不足道了，不值得我们去研究。

爱因斯坦早在100年前就在他的广义相对论中预言了引力波的存在。宇宙中的一些大型天体活动都会引发引力波，然而由于距离过于遥远，这些引力波到达地球时已经变得极其微弱而难以捕捉。因此，引力波成为了广义相对论实验验证中最后一块缺失的“拼图”。

然而，现代的科学家们想出了探测引力波的方法，这就是LIGO，它的全称是激光干涉引力波天文台，它是由两根相互垂直长达4000米的真空管组成，一束激光通过分光镜变成两束，分别进入这两根管道，并由末端的镜子反射回来，在交汇处形成干涉图像。一旦引力波到达，就会引起两根管道在长度上的改变，激光干涉图像就会相应发生变化，并被记录下来，科学家们就是这样捕捉到了引力波。

LIGO在静静地等待，全人类在静静地等待，终于，人类“听”到了这来自宇宙深处的清脆声响。两个质量为太阳几十倍的黑洞，互相合并碰撞，迸发出巨大的引力波，经过13亿年的漫长旅程，终于抵达了地球并被准确捕捉到。

实际上，我国早在20世纪70年代就开始了引力波研究。目前，中科院高能所主导的“阿里试验计划”和中山大学领衔的“天琴计划”都在进行之中。

引力波的发现是物理学里程碑式的重大成果，标志着科学已经进入新的时代，人类从此打开了一扇观测宇宙的全新大门。

五、树懒

在大热电影《疯狂动物城》里，除了主角朱迪和尼克外，撑起全片最大笑点的树懒“闪电”也成了新晋网红。因为表情迟缓，动作蠢萌的树懒让朱迪和尼克急得直跳脚。今天我们就要走近这位网红，来聊一聊树懒。

树懒，顾名思义，它们非常的懒，而且它的懒已经得到了全世界人民的公认。在英语里，树懒的俗称叫 sloth，也就是七宗罪之一——懒惰。在法语、德语、西班牙语、葡萄牙语里，它的名字的词源也都和懒惰有关。那么我们不禁要问，树懒到底有多懒呢？树懒懒得出奇，甚至懒得去吃，懒得去玩耍，能耐饥 1 个月以上，就连被追赶、捕捉时，也好像若无其事似的，慢吞吞地爬行。人们往往把行动缓慢比喻成乌龟爬，其实树懒比乌龟还要慢，像这样面临危险的时刻，其逃跑的速度也只有每秒 6 厘米。

树懒既然这么懒，在优胜劣汰的自然中，为什么还没有灭绝呢？其实树懒有四个优点：树懒有一身植物装保护色，可以将自己隐藏在树叶间。树懒是唯一身上长有植物的野生动物，全身毛色灰褐，因身上毛发附着有藻类植物，外表呈现绿色。最近还有一项关于树懒毛发的研究表明，树懒的毛发是多种真菌的家园，这些真菌可以抵抗造成疟疾和美洲锥虫病的寄生虫。树懒的水性相当不错。树懒的体毛是空心的，可以在水面上提供很好的浮力。令人难以置信的是，它们在水里的速度反而要比在树上敏捷得多。树懒的栖息地带常年远离地面生物与天空生物。别看树懒成天挂在树上好像毫不费劲，其实使出这项绝招需要花很大力气。想象一下体操运动员把自己倒挂在吊环上时，他的肌肉会不停地颤抖。对于一只树懒来说，它却可以完全安详地保持这样的姿势一整天，像是引力彻底消失了。而树懒特殊的生理构造也令它们可以适应整天倒挂的生活。当动物倒挂时，它的肝、肾、胃和其他内脏会向下挤压在肺和膈上，令肺部呼吸产生困难。但树懒的内脏上附着有一些薄纤维片，将肝和胃固定在靠下的肋骨上，将肾固定在臀骨上，保证肋骨总在承受着内脏的重量。树懒虽然常年挂在树上，但它们排便时却要爬到地上。在树干底部完成。这么做的风险极大，会使得树懒暴露在猎食者的面前。因此，树懒还有第四项不怎么出名的绝技：憋。树懒胃的重量可以达到它们体重的 1/3，这是同等体型的动物的胃的 2 倍多。相比于其他哺乳动物，树懒吃得很少，但是这点少量的食物却消化得极慢。树懒约 5 天才会下树排泄一次。

虽然树懒的种种特技能帮它躲过天敌的追捕，但人类对美洲森林的破坏却会给野生树懒带来巨大的灾害。为此，也希望人类能够珍惜资源，保护环境，让树懒能一直懒下去。

六、机器人

大家是否还记得他们？智能化，自动性，半机械半人性化，没错，这些都是科幻电影中的机器人，他们在荧幕中伴随了我们的成长。那么随着科学技术的发展，也许你会问，我们在现实生活中能不能碰到这样的机器人呢？

在上海科技馆的机器人世界里就有那么几位，他们个个身怀绝技。首先让我们来看看这位，他有着一对“慧眼”、一双“巧手”和一颗精益求精的“大脑”。他每天都在工作台上埋头苦干，忙的时候甚至左右开弓，为的就是给游客献上一张张逼真的肖像画。说到这里，大家一定都猜到了，他是一名机器人画家。那接下来就让他为我们画一张画吧，先让我们坐到机器人左手边的拍照区内，然后点击触摸屏，选择画像模式，请问您是要画单人的还是双人合影呢？这都难不倒我们这位画家，因为他有过目不忘的本领，当然靠的可不是他脸上的这对大眼睛，而是屏幕上的摄像头。当摄像头捕捉到头像画面后，图像信息会被传输到机器人的“大脑”——计算机系统。通过计算机图像识别技术和计算机图像处理技术，机器人画家开始展现他的艺术天赋：计算机图像识别技术能帮助机器人辨识并计算出头像的轮廓信息，而计算机图像处理技术能精确定位人脸和提取人脸的有效特征。那么这时候我们可以选择一种画风：白描或速写，计算机会将相关指令传达给机器人的“手”——一对高精度和高速度的工业机械臂，并指挥它在纸上作画，只要短短的几分钟，您就能看到自己肖像画诞生的全过程！

如果您觉得有画家为您作画还不过瘾，没关系，咱们这边还有一位，他坐在一架钢琴旁，神态从容，目光深邃，颇有钢琴大师的风范。是的，他是一名机器人音乐家，那他是如何演奏乐曲的呢？首先让我们来点一首歌，这个指令将启动相应程序，程序将引导机器人手指准确定位琴键，接下来随着音律变化，程序协调手指动作，与乐谱的节奏保持一致，最终弹奏出美妙动听的乐曲。如果大家有兴趣亮一亮嗓子，就让这位机器人音乐家为您的演唱伴奏吧！虽然同为艺术家，可他们却是两种不同类型的机器人。机器人音乐家是固定程序的机器人，他的动作是由事先编制好的程序来控制的，当我们选择一首歌曲时，便启动了相应的固定程序。而相比之下，机器人画家则是一类有人机交互能力的机器人，他能感知、能思考、能对外界信息进行判断，并在此基础上调整自身行动，可以说具有一定的智能化。

那么朋友们，您心目中的机器人是什么样子的呢？机器人会在我们未来的工作和生活中扮演怎样的角色呢？这两个问题就留给各位去思考了，我的讲解到此结束，谢谢大家！

七、扫码时代

各位评委老师，同仁们，大家好！首先请大家拿起手机扫一扫屏幕上的二维码来认识我吧。通过扫码，大家知道了吧，我是来自上海科技馆的徐湮。现在我们已经走进了“扫码时代”。新朋友第一次见面，已不再是互递名片，而是“我们扫一扫加个微信吧”。

说到扫码，我们还要从一维码说起，一维码也就是条形码，它由粗细不一、黑白相间的平行线组成。粗的黑线条代表计算机能识别的数字符号 1，细的代表 0，白色线条代表空格。这些粗细不一的黑色线条从左到右的排列就能表达信息，而线条的高度没有任何信息，只是为了便于阅读器的对准识别。

现今社会中条形码的应用随处可见。在超市、商店里出售的几乎每一件商品包装上都印有条形码。只要扫描条形码，就能快速完成交易。细心的观众一定发现了在条形码的下方通常都有一串数字，这就是条形码所要表达的商品信息。如果条形码污损了，我们还可以直接输入下方的数字来完成交易。

那么这些商品信息，包含几方面的内容呢？各位请看，它总包含了 4 个方面的内容。

前 3 位，是国家代码。比如 690—699 代表中国；4—8 位，是生产厂商的代码；9—12 位，是商品种类的代码；这第 13 位，是校验码，由前面 12 位数字按一定的公式计算得到。

现在我们看到的这个是世界上最早被打在商品上的条形码！通过扫码我们可以知道这就是美国箭牌公司所生产的绿箭口香糖的条形码。

说完了一维码，我们再来说说二维码，二维码是一维条形码的升级版，它能够在水平和垂直两个方位同时表达信息，因此能在很小的面积内表达大量的信息。二维码的种类很多，它可以是这样的、这样的，甚至是这样的。但是我们现在最常用的还是矩阵形二维码，它是一个矩形，其中三个顶点都是“回”字形的图形，正好构成一个等腰直角三角形。其中的“点”表示计算机能识别的数字符号“1”，“空”表示“0”。相比于一维条形码，二维码储存的信息量更大，纠错能力更强，保密性更高。只要二维码的污损面积小于 1/3，通常都能读出完整的信息。

现在请大家再一次拿出手机扫一下屏幕上二维码参与讨论吧！如果大家觉得我今天的讲解内容还不错的话，就请点个赞吧！

随着科技的发展，现在不仅有了一维码、二维码，三维码也已经孕育而生。那么什么是三维码呢？如果大家想知道，欢迎来上海科技馆找我，我是徐湮，我在这里等着你！

八、穿墙而过

尊敬的各位评委老师，同仁们，大家好。我是来自上海科技馆的徐湮。欢迎来到科技馆参观，今天，我要为大家介绍的这件展品叫做“穿墙而过”。

首先请大家先来仔细地观察一下这件展品，这是一根装有小球的玻璃管，中间有两块黑色的圆片，好似两堵“墙”，它们将管子分成了三部分。大家不妨先来猜测一下，当我抬起管子的一端，小球能否通过两堵墙到达另一端呢？我听到有些观众说不能，因为小球会被两堵墙挡住；而另一些观众却说能，这件展品不就叫做“穿墙而过”嘛。俗话说，眼见为实，现在我们来看一下科技馆现场的观众是如何操作的。请你慢慢地抬起管子的一端，瞧，小球轻而易举地穿过了两堵“墙”。我们再来试一次，结果还是一样。难道小球会“穿墙术”不成？

当然不是。其实，我们所看到的这两堵墙并不存在，它只是光的偏振现象所形成的虚拟墙。管子内壁贴有一层偏振膜，它可以过滤掉一部分光线，只透过与其偏振方向一致的光。

为便于理解，现在请大家跟我一起来做一个游戏。各位观众，请像我一样伸出左手，五指微微张开，这就好比是水平方向的偏振膜，它可以让水平方向的光线透过，接着，我们伸出另外一只手，这就好比是垂直方向的偏振膜，当我们把手重叠时，大家想象一下光线还能够透过吗？

说到这儿，我相信绝大部分的观众都已经猜到了：“墙”的两侧，就贴有这样两种偏振方向相互垂直的偏振膜。在它们重叠的地方就形成了一块不透光的区域，这就是我们所看到的两堵“墙”。其实，管中内部没有任何的遮挡，小球当然可以自由地来回滚动。

在生活中，光的偏振现象已经被广泛地运用，拍摄立体电影就是其中之一。拍摄时，两组镜头模仿人的双眼从两个不同的方向同时拍摄。放映时，在两台放映机的镜头前分别加上偏振方向相互垂直的偏振片，对画面进行偏振处理。同步放映，使得略有差别的画面重叠在银幕上。观看时，我们需要戴上特质的偏振眼镜，这样，左眼只能看到左边放映机播放出的画面，右眼只能看到右边放映机播放的画面，从而产生立体的感觉。

那么生活中还有哪些与光的偏振现象有关呢？我们戴的偏光太阳眼镜、照相机的偏光镜头都利用了这个原理。怎么样，看似简单的“穿墙而过”，却蕴藏着这么有趣的科学现象，其实只要你有一双善于发现的眼睛就可以探索到更多的科学奥秘。

九、被封印的“大地巨子”

观众朋友们，下午好！我是金雯俐。今天要为您介绍的是史上最大的象——猛犸象。

在 5 千万年的历史长河中，长鼻目的大象家族成员繁盛，曾遍布全球。猛犸象生活在距今 4 万至 1.2 万年前的冰川期。

我们知道，现在的大象都生活在热带地区。但猛犸象身上却有很多特殊的“法宝”，用来对抗寒冷。

首先，它们的体型约为现代象的两倍多。同类的动物，身体越大，相对表面积就越小，热量越不容易散失。比如北极熊就比黑熊要大得多。所以，个头大是猛犸象的一个法宝。

再看它们身披长毛，背部的毛最长可达 50 厘米，下面还有一层绒毛，皮下脂肪厚达 9 厘米。原来它们都穿着厚厚的裘皮大衣呢！

在猛犸象的头部有一个高耸的大“驼峰”——不对！是“象峰”，可以储存大量脂肪。冰天雪地里，这些脂肪提供了持续不断的热量。

正是这些法宝，使猛犸象能够生活在北方的冰天雪地中。

看似强悍无敌，但猛犸象已经被冰雪和冻土永远封印了，如今地球上的大象只剩下亚洲象属和非洲象属。曾经繁盛的家族衰落至此，是什么原因呢？最晚灭绝的长鼻目是猛犸象，人们试图从它身上找到答案。

根据考古证据显示，猛犸象曾是原始人的重要狩猎对象。有人认为，人类狩猎技术的进步使越来越多的猛犸象丧生；早期的农业活动也破坏了它们的栖息地。但是，狩猎技术的突破进展和农业都是从距今八九千年前的新石器时代开始的，而猛犸象在 1 万 2 千年前就灭绝了。应该不能怪到人类头上吧。

英国科学家对当时北半球气候和植被情况进行模拟后提出，气候变化对植被的影响才是猛犸象灭绝的主要原因。大约 1 万 2 千年前，冰川时代结束。全球气候变暖导致许多地区的草原萎缩，森林面积扩大，猛犸象等一些大型食草动物的食物来源急剧减少，最终灭绝。

史上最大的象已经灭绝了，关心一下如今的大象家族吧！由于热带雨林的滥砍滥伐，亚洲象的生存空间在遭受挤压，仅剩 5 万头。虽然非洲象还剩 47 万头，但由于人类对象牙的贪婪，它们也在不断减少，仅 2010—2012 年，就有 10 万头惨遭屠杀。

善良的人们，希望您和身边的朋友一起来关心和保护我们的“大地巨子”，不要再让陆地上最高大的动物倒在血泊之中，导致这个神奇而聪明的家族在地球上永远消失。

十、向左转？向右转？

自然博物馆里有这样一个展柜，里面摆了 844 个螺壳。不知道您有没有仔细观察过，这些螺壳都是向右旋转的。让我们放大来看看——

有人说这是观察方向带来的分歧？那我们把图片颠倒来看看——

即使没去过海边，您肯定也见过蜗牛，仔细观察过吗，它身上背的那个壳，是不是向右旋转？

说到这儿，自然就会提出一个问题，究竟有没有向左旋转的螺呢？当然，跟我们一样，虽然大多数人惯用右手，也有少数会是“左撇子”。比如这个，反旋盔螺。但是左旋的螺非常罕见。根据目前的统计，已经记录的3万多种腹足纲动物中，左旋的只有1000多种，其中左旋的海螺少于2%，左旋的蜗牛约有5%。

针对这个强烈不平衡的现象，人们较早地认为螺壳的旋转方向与地球自转有关。但这个假说实在站不住脚：在螺壳这样小的尺度上，科里奥利力的微弱影响根本不足讨论，而且无论南半球还是北半球，都是右旋螺更多。

更好的答案或许是螺壳旋向与繁殖之间的关系。吃过田螺的您一定知道，腹足纲的软体动物不仅螺壳旋转，连同生殖系统在内的所有内脏器官也会一同旋转，集中在身体的一侧。在交配时，它们采用侧面扭合的方式交换精子，就像螺丝和螺母那样，一只螺几乎只能和自己同样旋向的螺交配。因此，在一个螺类种群中，如果存在反旋的少数个体，它的交配机会就大大减少，进而被自然选择淘汰。

家庭成员庞大的腹足纲，全部源自晚寒武纪的一个元祖种群。进化的历程中，有壳软体动物趴在海底，随着体型增大，贝壳也逐渐隆起——这非常容易倾倒，也增加了被掠食者翻过来的危险，于是那些贝壳生长不均匀、盘成螺旋的个体幸存下来。在进化旋转的螺壳时，当时互相不能交配的“右旋派”和“左旋派”，当时他们占据完全相同的生态位，交配问题日渐突出，这必然形成激烈的竞争，最后只有一方能胜出，并且完成种群内部的“派系清洗”，并且千秋万代地保留下来。

至于哪一方胜利，完全是个随机问题。就好像抛起的硬币必然以某一面落地，可能是“1”朝上，再来一次，或许就是菊花朝上了。

物种是可变的，生物是进化的。一些最初偶然的微小变异，在长期的自然选择中，一代代得到强化，逐渐积累，它就可能成为后来的主流。这就是我今天想和大家分享的，谢谢！

第二节　展览讲解词案例

一、科技类常设展讲解词案例

【上海张江国家自主创新示范区创新成果展讲解词】

各位观众好，欢迎来到张江成果展，本展览全面介绍了张江高科技园区及其他12个分园的概况与主导产业。

首先请大家观看影片高新区的故事。影片描述了一位在高新区的新时代

"创新创业精英"充满着非凡的想象力，为人们设想及计划未来，梦想为将来每一个家庭实现一个和谐美好的家园。这位"精英"，凭借张江年轻新一代的热诚干劲，用手中的笔描绘各种由高新区发展的科技以及用环保材料研制出来的日常必需品，让人们感受到科技化的智能和人性化的便捷！影片结尾展示了高新区的未来发展与每一个家庭都息息相关，以科技带领环保节能的一天作为主线，让观众在短短3分钟的时间里亲切感受到因为高新区拥有的发展潜能以及在不久的将来可能给每个人、每个家庭的日常生活带来的变化。

下面我们参观的是本展区的一大亮点展项"智慧涌泉"。"智慧涌泉"是张江示范区成果展最大体量的一个展项，以几何图形与自然生态的联想为创意蓝本，通过特效技术，表达智慧泉涌、海纳百川、科技灵感、创新未来的画面语言与情感。里面播放的是一部大张江主秀影片，这部影片采用120°弧幕和全景地幕视觉配合，融合现代声光电手段进行演绎。利用丰富的创意和震撼的画面，让观众领略大张江厚积薄发的建设历程、智慧积聚的现状规划和美好辉煌的未来愿景。

影片内容分为四个章节。

开篇表达"水"的律动与变化，从慢至快的节奏变化正如大海一贯的调性，慢时犹如海纳百川的包容性，快时又如智慧涌泉的创造性。

第二部分演绎"上善若水、海纳百川、物竞天择、舍我其谁"的主题，在水的律动下，光点的迸发就像灵感的萌生，带出"物竞天择"的含义。

第三部分表达平静水面上渐次打开的涟漪，在涟漪中13个高新园区的名称显现，深层含义为高新园区在生活的不同领域带给我们更多的可能和变化。

结尾部分演绎"创新与未来"主题，旋转变幻的竖线仿佛音乐的旋律，表达"未来"篇章是以"创新"为主线，同时作为收尾也留白空间给出观众更多未来乐章的启示。

核心园

各位观众大家好！

现在您来到的是张江国家自主创新示范区核心园——张江高科技园展馆，展馆的主题是"科技与梦想"。正如我们的主题，在这里，不仅展示张江高科技园区的杰出科技成果，同时还将带领大家共同畅想未来、放飞梦想！

现在我们所处的位置是整个展馆的序厅，讲述的是张江高科技园区的发展历程。

2011年1月，国务院正式批准张江建设国家自主创新示范区，总规划面积290平方千米，形成"一区十二园"的版图。作为张江国家自主创新示范区核心园的张江高科技园区地处浦东新区中部，成立于1992年7月28日。

张江核心园的成长和发展一直备受国家领导的关注，习近平、李克强、胡锦涛、吴邦国、温家宝等党和国家领导人都曾莅临园区视察，对于园区内企业的发展给予了深切关注。

随着浦东新区和南汇区的合并，原南汇的康桥工业园、国际医学园先后并入张江核心园的版图，总规划面积73.64平方千米。

其中，张江核心园分为：张江高科技园区25平方千米、银行卡产业园3.76平方千米、张江东区（医疗器械园、光电子园）3.04平方千米、孙桥现代农业园1平方千米，合计总规划面积32.8平方千米。

经过19年的蓄势，张江核心园获得了跨越式的发展。“十一五”期间，核心园的经营总收入、税收总额等主要经济指标保持30%的年度复合增长(2010年，核心园经营总收入达到1621亿，税收总额达到110.8亿)。

园区通过浓厚的创新氛围、多元的人才积淀、强大的创新平台，吸引了众多大型科技企业和中小型创新企业聚集，形成了“生态化的企业群落”。

截止2010年年底，园区企业共6495家，经营企业1905家，其中经认定的高新技术企业333家；国家级、市级、区级技术中心169家；外资研发机构121家；跨国公司地区总部30家。

其中，营收3000万以下的小型企业1541家，占80.9%；营收3000万—3亿的中型企业282家，占14.8%；营收3亿以上的大型企业82家，占4.3%。同时园区有留学生企业将近600家，占企业总数的31.5%；并培育了23家上市企业（国内主板6家、中小板1家、创业板2家、海外14家）。

截止2010年年底，园区从业人员达173478人，2006—2010年均增长率保持在20%。其中，大学本科以上学历占比80%以上，“高学历、高层次、高素质”已成为张江人才的代名词。同时21人入选国家“千人计划”，其中创业类18人，占全市的60%。

“软实力”：园区已形成了包括政府一站式服务、科技金融服务、专业技术平台服务、海关通关、检验检疫、孵化服务、专利申请、小额贷款、创新学院等一系列的服务平台。

“硬实力”：园区已经形成了信息技术、生物医药、低碳技术、文化创意四大主导产业，并进一步拓展先进制造、医学服务、科技金融、现代农业四大产业，计划在“十二五”期末形成5000亿的营收规模。

我们的愿景是“建设国际一流的创新科技园区”，成为创新创业的乐土，成为培育全球顶尖科技和优秀企业的摇篮，成为新技术、新模式、新业态的诞生地。

未来的张江将汇聚最前沿的科技产业和研发机构；汇聚最活跃的创新、创业力量；汇聚最强劲的金融资本和交易力量；汇聚最创新、最有效的服务体系。

接着请大家观看一段主题为《与坚持梦想者同行》的纪录影片。

接下来，请各位进入展馆的主展区（移步二楼平台，请大家小心台阶），在这里我们将要展示的是张江高科技园区的科技创新成果。

整个二楼展示平台分为五个区域，分别为信息技术、生物医药、文化创意、低碳技术和综合区（综合区包括先进制造、医学服务、现代农业和科技金融等内容）。在这五个区域内给大家呈现的不仅是张江核心园区内诸多企业的科技创新成果，同时还有五段主题视频，描绘了我们对于未来科技如何改变人类生活的憧憬！

最后，请各位进入“梦想广场”，位于“梦想广场”中心的圆球，我们称之为“梦想之心”，随着“梦想之心”的跳动，我们将观赏到一段影片，影片的主题是《梦想从这里出发》。

谢谢大家今天光临张江高科技园区“科技与梦想”展览馆！

漕河泾园

大家好，欢迎来到“今日漕河泾”展示厅。让我们置身于这座超越时空的“无限之城”，去探寻漕河泾开发区的历史沿革、发展现状和未来规划，体会开发区对高与新的永远追求，并品味园区的科技、创新、人文、生态与和谐。

漕河泾开发区是国务院批准设立的首批国家级经济技术开发区、高新技术产业开发区，也是国家级出口加工区，规划面积14.28平方千米。

在入口处，首先映入我们眼帘的是七色彩虹造型，呼应漕河泾开发区七大产业，开发区目前形成了以电子信息为支柱产业，以新材料、航天航空、生物医药、汽车研发配套、环保新能源为重点产业，以现代服务业为支撑产业的“一五一”产业格局。

展厅左侧，我们进入了第一展区。先来看“发展无限”，错落有致的城市建筑，印刻着漕河泾开发区从成立至今的创业历程，20多年来，开发区已集聚了中外高科技企业及研发服务机构1500多家，其中50多家世界500强公司投资了90多个项目，发展与效率指标连续多年蝉联全国第一。

右侧是“空间无限”。墙面是开发区的区位地图，可以清晰地看到漕河泾开发区“一区六园两分区”的梯度发展空间布局。本部位于上海西南部，地跨徐汇区和闵行区两个行政区，此外还在浦江、松江、临港、外高桥、康桥、奉贤设立了六个分园区，同时走出长三角，在浙江海宁和江苏盐城建立了分区。

九个超大屏幕分别展示了漕河泾开发区本部园区、浦江、松江、临港、康桥、南桥、外高桥园区、盐城分区和海宁分区，声色光影、九屏联动，象征着漕河泾开发区正按照“统一品牌、跨区布局、多点联动、协同发展”的原则，立足上海，融入长三角，加快实施“走出去”战略，“一区多园”联动发展。

接下来，让我们进入展区二——“服务无限”，楼宇造型结合图文，表现了开发区为企业倾力打造的服务体系。2011 年，漕河泾开发区“服务集成平台”正式启动，从“一站式”服务起步，到现在比较完备的高新技术服务支撑体系，漕河泾开发区以高科技企业需求为导向，以“客户至上，追求卓越”为共同价值观，努力拓展服务功能，为企业提供良好的发展环境。

园区专设“企业服务部”，建设客户综合服务平台，整合优化开发区内外服务资源，精心打造开发区对客服务的四个子平台，包括“综合信息服务平台”“协同响应服务平台”“品牌服务商联盟平台”“企业互动推介平台”。

漕河泾开发区正致力于整合政务服务、创新创业服务、人力资源服务、商务服务、协会服务等各种资源，努力为入区企业打造全方位的服务集成平台。

政务服务

漕河泾开发区实行“人大立法、政府管理、公司运作”的管理模式，通过“市区联手，区区合作”，成立经济发展、人才服务、城区管理、综合治理、环境治理等五大平台，集成各项政务资源为企业服务。

双创服务

为提升自主创新能力，开发区成立国际企业孵化器——科技创业中心，以大学生创业园（科技创业苗圃）、留学生创业园、孵化器、加速器、创新创业园为载体，培育孵化中小科技企业，促进科技成果的商品化、产业化和国际化，并在全国首创了孵化器“双创”服务品牌，形成了从技术转移、项目培育、企业孵化、企业加速、产业推进到产业转移的接力式创新创业服务体系。

开发区科技创业中心现拥有逾 10 万平方米的“双创”基地，累计培育科技企业 400 余家，存活率超过 91%。

人力资源服务

为打造创新人才高地，开发区成立漕河泾开发区人力资源公司并引入上海市人才发展服务中心漕河泾中心，以“为开发区集聚优秀人才，打造专业化人力资源服务平台”为目标，借助漕河泾人才网（www. caohejinghr. com），为园区发展提供全方位的人才人事服务。其中，漕河泾开发区人力资源公司是国家高新区人才工作站、团中央认定的“青年就业创业见习基地”。

商务服务

为满足客户多样化、多层次、个性化的需求，构建人性化工作、生活环境，开发区整合各类商业服务资源，引入品牌服务商，集成了餐饮酒吧、便利超市、金融证券、运动休闲、宾馆会所、邮政通信、生活文化在内的各类商业配套服务。

协会服务

上海漕河泾新兴技术开发区企业协会成立于1998年9月，是由上海市漕河泾新兴技术开发区发展总公司等企业发起，区内各企事业单位自愿参加并组织起来的社会团体。协会宗旨：“为企业发展服务，为投资环境服务，为科技创新服务”。

在这里，您还可以实现人机对话，走到人像前，它们便会自动感应，与您互动。你可以倾听园区工作人员介绍开发区服务体系，区内企业家介绍在开发区内的创业感受。

接下来我们将进入展区三——“智慧无限”。漕河泾开发区积极创建三大园区，即生态园区、智慧园区和国际园区。

生态园区

引入国际管理标准，创建ISO9001质量管理体系和ISO14001环境管理体系，将开发区建成质量和环境双优园区，实现可持续发展。2001年、2002年，开发区先后通过ISO9001和ISO14001认证，2003年被批准为“ISO14000国家示范区”，目前正全力推进“国家生态工业示范园区”建设。

智慧园区

自2001年开发区启动数字园区建设，2005年基本实现“三个网络、三个中心、四个平台”功能目标，为企业创造了实现信息化的数字环境，被批准为企业信息化示范园区。目前，又进行了“城市光网”及“无线漕河泾”的建设，实现了“千兆进楼、百兆进户”的带宽接入能力，在公共区域实现无线网络覆盖，并进一步完善园区监控体系及信息化公共服务平台建设。

国际园区

加强国际交流与合作，学习国外科技园区的先进理念及管理经验，把开发区建成全方位开放的国际性园区。漕河泾开发区加入国际科学园区协会，并与10余个国际著名科学园区和机构建立友好合作关系。

通过创建以上三大园区，努力将漕河泾开发区建设成为“产业高端、资源高效，生态安全，机制创新，世界一流的多功能综合性科技生态产业园区”。

下面，我们来到最后一个展区，也是整个展馆最核心的展区。漕河泾开发区已初步形成“一五一”产业集群体系，即电子信息支柱产业，已形成的新材料、生物医药、航空航天和正在形成中的汽车研发配套、环保新能源五大重点产业，以及现代服务业支撑产业。

首先看到的是“沟通无限”——电子信息支柱产业，这里主要展示开发区内从事光电子、微电子、计算机软硬件、无线通信及终端设备门类的精英企业，这里展出的产品有：澜起科技的机顶盒芯片、矽映电子的迷你芯片、美光半导体的晶圆、先进半导体的传感器以及贝岭公司的芯片模型板和康宁公司的光纤产品等。

由电子信息产业的核心“细胞”——芯片逐步延伸，寓意漕河泾开发区信息电子产业由集成电路起步，逐步形成咨询、设计、开发、制造到封装测试的完整产业链。我们身处在一个放大的计算机机箱内，感受其中鳞次栉比的芯片、蜿蜒交错的电路，仿佛置身于一座芯片之城。

墙面上的电子信息沙盘是一个互动装置，三种不同颜色的按钮分别代表了无线通信、光通信和卫星通信三种主要通信模式。您可以按下按钮，墙面上相应的通信流程就会启动发光，通过整个沙盘的联动，直观了解三种通信的运作原理。

紧接着进入新材料产业——“活力无限”展项。大家可以观察一下新老街区景致的不同，直观感受到新材料的广泛应用对如今人们日常生活的大力改善。漕河泾开发区在新材料领域共有各类企业60多家，建立了从研究开发到生产制造、经营销售的产业链；产品广泛运用于电子、医用、化工、交通、通信等领域。您可以走近观察一下3M公司的建筑窗贴膜，了解该新材料产品所实现的经济性与环保性。将此太阳隔热膜贴于窗玻璃上，与普通的贴膜比较，窗边的热量明显减少，提高了空调制冷效果，减少了用电量，同时也减少了CO_2的排放，更加环保经济，为抑制地球暖化做出了贡献。此外，您可以比较一下3M反光材料与普通材料，前者可在各类可见度较低的情况下提高画面的清晰度，起到安全防护的作用。

接下来，我们参观的是“生命无限”——生物医药产业。这里的手绘墙面像一面课堂黑板，向我们介绍漕河泾开发区内该产业的代表性企业。开发区共有生物医药产业企业140多家，是上海著名的生物医药产业基地之一。

我们可以看到之江生物和科华生物的各类医药试剂、贺利氏古莎的牙齿模型等。这边还有一间模拟手术室，您可以操作体验柯惠腔镜模拟训练器，通过互动，对腹腔镜手术的过程有了更感性的了解。展台上还有3台显微镜观察细胞切片，可以像医药研究员一样了解人体各部位不同的细胞形态。

接下来我们走上斜坡，进入“节能无限”——环保新能源产业。漕河泾开发区内集聚上海核工程研究设计院、国核工程、国核电站运行服务技术有限公司、国核自仪系统工程、尚德太阳能、阿尔斯通电网等单位，致力于发展环保水处理、废弃物处理以及核电、火电、风电、水电、太阳能电力等新能源及相关产品和设备的研发、设计与生产。

在这里，展示了用于提升画面亮度的3M日光照明系统、尚德电力的太阳能板等。蓝绿色基调、风车模型以及太阳能造景显示出漕河泾开发区多年来坚持走高端产业、低碳发展之路。

在斜坡正中间是一个巨型推进器，带领我们进入一个独特的展示空间，“宇宙无限”——航天航空产业。推进器内部整体采用蓝色调，意在营造宇宙银河的神秘氛围，四周墙面有漕河泾开发区航天航空企业的图文介绍以及火箭发射的变轨过程。这里一帧帧手绘画面非常清晰，展现了火箭升空过程中这一极为复杂、至关重要的一环，旁边的文字介绍火箭变轨所需要的精密计算和辅助条件。

航空航天产业属于开发区的传统特色产业，拥有航天工业总公司第八设计部、801所、803所、807所、811所、812所及615所等14家单位，为国家“星、船、弹、箭、器”及飞机的研发制造立下了汗马功劳。

801所等单位参与了“神舟”系列及“嫦娥一号”卫星的研制，为中国载人航天飞行及探月工程做出了突出贡献；615所在中国自主研发“歼十”及军用、民用飞机航空电子系统方面做出了重要贡献。

走出推进器模型，迎面看到的是“动力无限”——汽车研发配套产业。漕河泾开发区汽车研发配套产业目前共有企业30多家，集聚态势初现端倪。印刻在墙上的汽车模型上挂有汽车各零配件的功能介绍以及开发区内相关企业的简介，包括天合汽车安全气囊和方向盘、佛吉亚汽车车门和坐垫、韩泰轮胎、BOSE汽车音响、法雷奥汽车空调以及延锋伟世通汽车仪表盘。此外，这里还能自主拼装汽车。大家可以在触摸屏上选出不同型号和颜色的汽车零配件，发挥自己的想象力，组装出自己的“概念车”。

在动力无限展项右边有一个趣味课堂，这里将不定期组织主题论坛、主题课堂等活动，还可进行知识竞答活动，普及产业知识，让大家进一步了解漕河泾开发区。

最后我们进入“支撑无限”——现代服务业，开发区坚持“创新驱动，转型发展”，重点引进国内外著名企业“一部三中心”，即地区总部、研发设计中心、运营结算中心和管理服务中心，搭建服务集成平台，以服务铸品牌、以品牌拓发展，提升开发区核心竞争能力。可以看到开发区现代服务业主要包括软件和信息服务业、金融服务业、科技与商务服务业、现代商贸业。通过发展服务业，推动二、三产业融合发展。目前，开发区三产占总销售收入的比例已达到40%。

软件和信息服务业

作为首批“中国服务外包示范基地”，现有软件和信息服务业企业200多家。其中，通过 CMMI5 级以上认证企业 3 家，3 级以上认证企业 15 家；销售收入突破亿元企业 17 家，千万元以上 58 家，137 家软件企业通过市级认定。代表企业包括：腾讯、携程、淘米、理光、万达、PFU、巨人网络、征途信息、天游、甲壳虫动漫等。

金融服务业

开发区着力引进金融后台服务机构、金融服务外包企业以及银行、证券等金融机构。代表性企业：汇付天下、杉德金卡、东南融通；市社保卡、中国银行、农业银行、交通银行、浦发银行、平安保险等数据中心或客服中心；太平洋保险、国泰君安、中国银行、工商银行、建设银行、恒生银行、中信银行、交通银行、浦发银行、上海银行等进区设立分支机构及营业网点。

科技与商务服务业

共有相关企业 400 多家，涉及科技咨询、企业管理、法律、会计、审计、市场调查、质量认证、技术检测、知识产权、人力资源、研究开发和创意设计服务等领域。代表性企业：漕河泾开发区科技创业中心、漕河泾开发区软件培训中心、漕河泾开发区人力资源服务公司、市联合产权交易所、市质量技术监督研究院、市专利商标事务所、市软件评测中心、SGS 通标标准、天祥质量技术服务、科码质量认证等。

现代商贸业

运用信息技术和现代经营方式进一步改造提升传统商贸业，加快现代商贸业发展步伐，主要模式分为著名品牌销售中心及技术产品的分销商，以及采用电视、电话、网络销售的服务商。代表性企业：英迈国际、韩泰轮胎、橡果国际、麦考林邮购、沃尔玛采购中心、星巴克、美标、国美、永乐等。

在展馆出口处是淘米网络开发的“摩尔庄园”造景。淘米公司是漕河泾开发区现代服务业中的新兴企业，是专为中国儿童打造综合互动娱乐平台，为孩子们提供摩尔庄园、赛尔号等丰富多彩、健康安全的互动娱乐产品。淘米打造的凯文老师和么么公主人物深受小朋友及家长的喜爱。

感谢各位参观“今日漕河泾”展示厅。在今天整个参观过程中，相信大家一定能深深地感受到漕河泾开发区的科技、创新、生态、人文、和谐。今天的漕河泾开发区，正努力践行高端产业、低碳发展，展现出以高新技术产业为基础、高新技术研发和技术创新为主导、高附加值现代服务业为支撑的多功能综合性科技生态产业园区的瑰丽多姿。明天的漕河泾开发区，将秉持高与新的理念，携手企业勇立世界科技和经济潮头，共同演绎成功的精彩，迎接充满希望的未来！

市北上大园

各位来宾朋友们：

大家好！

欢迎大家来到市北上大园，我们整个展馆一共就一层，有两个入口一个出口。在此次参展过程中，我会向大家做以解说。同时，我们展馆中有很多的互动装置，希望大家在参展的过程中注意安全，文明观展。

整个展馆的主题是围绕着创新发展、活力闸北来展开，可以充分地展现张江高新区在科技领域取得的突出成果和社会贡献。在观展的过程中我会围绕着整个展馆的主线和内容来为大家进行介绍。就总体的主题和设计理念来说，整个展馆的设计领域涵盖了睿聚、跨越、新生的展陈理念。在展陈中运用了众多的科技元素和创新的想法体现在展馆的细节；同时，展馆中的互动系统也会带给大家触觉和具有震撼力的感知。

进入展馆首先会看到一面探索墙，未来之列车也会呈现在大家的面前，先说这个探索墙，大家所看到的这个探索墙它可以自动捕捉观众影像，当观众走进它时，会看到具有趣味性和科普性的问题浮现在大家眼前，大家可以走进与其互动。同时，这一部分也叫探索新知领域。

下面这个展区为大家介绍的是映像《活力闸北》，截取的是市北上大园的重要时间节点的重要事件，全面多角度地阐述了闸北园区的发展史，采用的是90°弧幕及3D沙盘来进行演绎，旁边的触摸屏则可以让大家在参与互动的同时更加清楚地了解市北上大园区。3D立体沙盘参观者可以自由选戴3D眼镜进行观展。

旁边这个未来梦想之列车也是园区的一个亮点展示区，首先看到的这个雕塑，我们赋予了它重要的主题意义，把它取名叫做《精神堡垒》。它代表了科技高速的梦想，寓意着未来高科技直冲云霄的发展梦想！同时，这里对列车PIS系统进行了展陈，这个PIS系统也叫高集成度数字化智能车载信息系统，可以通过它了解有关智能列车的知识和常识。

紧接着给大家介绍的是具有震撼和冲击力的轨道交通驾驶舱互动模拟演示系统。为了让大家能够更加生动形象地了解智能列车的系统构成和运行模式，这里有一个轨道交通驾驶舱互动模拟演示系统，主要是通过一些按钮和操纵杆等模拟操纵列车驾驶舱控制台，以逼真的3D游戏画面展现列车在信号系统控制下高速行驶的景象，也可以模拟列车启动、进站和开关闭舱门等系列场景，整个系统借助多媒体进行展示，参观者可以进入舱内感受到高速运行的感官刺激体验！

下面就是“云”，这里所要向大家介绍的云并不是天空中由雨的自然现象而形成的。大家可以看到这里有一个体感互动的漫步云端，它是地面互动投影系统，观众只需要用身体来进行互动便可以看到各种云，从而产生虚实和动静结合的美感，可以由此来感受漫步云端的感觉。说完自然界的云便进入科技世界的云，用8屏幕长轴式的三维特效影片《云中漫步》来讲述什么是云以及云计算和云应用等最新的云科技。现在进行真实的感知云，这里是体感云端企业BI中心，主要是以体感操纵方式，展现在云计算模式下，中小企业运用云端服务，掌握最新的信息服务，从而达到知己知彼，也就是中小企业的云应用。

旁边的内投球系统是一个触摸屏联动系统，是有关房产企业信息方面的云应用。有关云技术方面的信息在云积木上有相应的展示，展示的是云计算产业基地宣传片。介绍了这些，便是延伸出来的由云带来的智慧生活，在未来，运用云技术将会给我们生活带来极大的便捷，缩短时间，大大提高效率，同时也让我们畅想在云世界的美好。

接下来是盲人眼罩和裸眼3D，这两个都是从视觉上让人进行感知。

现在大家眼前的是环游飞屋。进入环游飞屋可以看到投影上展现了云、水滴和BOX等具有寓意和代表性的云元素，参观者坐在环游飞屋内，可以足不出户就领略到世界各地的景观。旁边的QQ游戏也可以供大家进行娱乐。

娱乐结束，我们来谈一个严肃的社会话题，就是当今社会的能源资源问题。在社会资源现状不是很乐观的情况下，很多企业进行了新能源和新材料的创新研发，展馆新能源新材料部分则充分展示了当下最新兴的新能源成果，比方说新能源汽车。一旦更多的创新成果出现，那么社会便会大大减负。

尾厅是创新平台部分，创新平台部分展示了大学生创业服务平台、上大高新区技术转移中心、公共研发服务平台、企业研发平台等内容。通过文字和视频资料做相应的展陈，同时也升华了市北上大园的创新成果展主题。

二、科技类临展讲解词案例

【“奇异的材料”展讲解词】

各位观众，欢迎来到“奇异的材料”展。

本展览从加拿大安大略科学中心引进，曾在25个国家和地区展出。此次上海科技馆的展览作为亚洲首展，从7月26日开幕，将持续4个月的时间。展览由十余件互动展品和一个演示大厅组成，展示了日常生活中的多种材料，观众可以通过观察、触摸、互动、体验，来了解这些材料独特的结构、属性和应用，以及其中蕴含的科学道理。

展览概况

本展览主要介绍关于材料的科学内容，如材料的结构、属性及性能等。有兴趣的观众可以访问本展览的网址，更深入地了解和展览相关的信息、娱乐以及教育活动等内容。

放大

有些材料表面看起来非常平滑，但在显微镜下，它们会变得很不一样。显微镜打开了微观世界的大门，不同类型的显微镜各有特点，如光学显微镜、电子显微镜、原子力显微镜（AFM）等。

这个手柄模拟了原子力显微镜（AFM）的工作方式。轻轻地握住手柄，并在平面上方来回移动，杠杆尖的反应方式和原子力显微镜上的探针是一样的。上方的全息图展示了探针扫过材料表面时的现象。原子力显微镜是一个十分重要的探索微观世界的研究工具。

这里有 5 张蛋白石图像，每一张图片的放大倍数都不同。我们可以看到同一种材料被放大不同倍数后呈现的不同效果。

展台上还有其他各种放大倍数为 4 倍、20 倍乃至 1 万倍、10 万倍的显微镜。

磁流体

请看这个装置，首先提起杠杆，使上方的磁体下降，并同时抬高下方的磁体，这时，我们可以看到玻璃容器里原本平静的黑色液面出现了一个个尖刺。

容器内的黑色液体是“铁磁流体”，里面含有水和细微的铁粒。当磁体靠近液体时，水中的铁粒会被磁体吸引、拉动，沿着磁体不可见的磁力线聚拢，形成了一个个尖刺。这些磁流体中的微粒直径非常小，只有 10 纳米！而 1 厘米 = 1000 万纳米，大家可以想象一下这些颗粒是多么微小！

这种奇妙的液体在我们生活中也有广泛的应用。例如，它可以为太空计划提供燃料；在 DVD 播放器中，磁铁和磁流体搭档，充当减震器；研究人员还尝试将磁流体用于医疗领域，为癌症患者在血管里输送治疗药物等。

泡沫

说到泡沫，我们往往会想到洗澡产生的泡沫，还有卡布奇诺咖啡上的泡沫。这里展示了不一样的泡沫，你知道吗，面包也是一种泡沫。展台上展示了各种泡沫，对照旁边放大的泡沫结构图片，你可以猜猜图片中哪一幅是正确的。

在展项一端的盒子里装着三种不同的泡沫样品，其中黄色的是丹普记忆泡沫，可以用于制作床垫；黑色的是克西泡沫，是一种隔音材料；蓝色的泡沫塑料在房屋建设中可以用于隔热。这三种材料都是由同种原子构成，但由于结构不同，从而呈现不同的特性。

玻璃展箱里展示的是有史以来最轻的材料——气凝胶。气凝胶里面

99.8%是空气，它的成分和玻璃相同，但是含量和结构不同。从这个天平上可以看出，它的重量与一块很小的玻璃一样。

接下来，我们眼前这个引人注目的泡沫柱，是由肥皂、水和空气构造出的气泡之塔。通过进一步观察我们可以发现，随着气泡塔逐渐升高，气泡变得越来越稀薄。这是因为重力作用使液体往下流，所以在塔顶形成了干燥、稀薄、透明的泡沫。

演示大厅

演示大厅主要是通过影片向观众介绍材料的相关概念。在特定的时间，会开展与材料相关的科学演示等教育活动。

触控 A/B

“触控”展项由 6 张桌子组成，设计了一系列的互动体验项目，分别介绍了材料的磁性、光学性质、表面性质、声学性质、黏性。

磁性游戏：你能用肉眼来判断哪些是磁性材料吗？沿着轨道在每个圆筒上方滑动磁铁，看看你的判断是否正确。材料是否有磁性取决于其细微层面上的成分和构造。

光线游戏：拿起桌上的样品，把它们举到灯前。可以将它们转动到不同角度，或从不同方向观察。看到变化了吗？材料科学家有时就用这种方式来鉴别不同的材料。

摩擦游戏：拿起一张圆盘，观察它在三个不同表面上滑动的情况。哪个容易打滑？哪个不容易滑动？这其实是和摩擦力有关，摩擦力不仅取决于物体表面的粗糙和光滑程度，还要看材料表面的微小特性。

声音游戏：你能在这组特殊的木琴上弹奏一个音调吗？为何音板的材质相同，发出声音却不同？不同材质的木琴发出的声音会相同吗？声音主要取决于音板的尺寸和形状以及材料的内部构造和特性。

黏性游戏：翻转装有各种材料的管筒，观察并比较不同材料的流动方式。

放大游戏：是一组可供触摸的材料。通过一个能够放大 30 倍的放大镜，可以更清楚地观察材料。

材料的演变

这里有两张照片，左边是原始时期的冰人，右边是现代的材料女孩，比较“冰人”和材料女孩的物质需求。我们可以发现材料在人类文明进程中发挥了关键的作用，比如食物存储容器的演化、工具材料的演化和发展等。我们还可以通过比较 21 世纪消防员和中世纪骑士的装备来了解服装材料的演化过程等。

记忆金属

按下红色按钮，大家可以看到一只鞋子踩踏了花茎。点亮红灯，将喷嘴对准花茎，倒伏的花茎渐渐竖立起来。“花茎”为什么会恢复原状呢？这是因为花茎部分的金属是镍钛合金，是一种“记忆金属”。当温度发生变化时，其内部结构也会随之改变。冷却时，其原子结构发生变化，金属变得柔韧，挤压后能够弯曲；当加热并超过一定温度时，镍钛合金恢复成坚硬的原子结构，并根据“记忆”，回复初始的制模形状。

我们可以通过调节三个“加热”和“冷却”滑块，来改变金属丝的形状，从而移动机械臂，当机械臂靠近小球时，按下按钮抓住小球，实现“小球进洞”。这三根金属丝也是由镍钛合金制成的，受热后会收缩、变硬，由此实现机械臂的移动。

镍钛合金的应用非常广泛，比如镍钛合金的眼镜框能抗压扁，镍钛合金的鱼饵可以在钓到东西后释放等。

沙到超级计算机

触摸一下这根巨大、光亮的硅柱顶部。这个硅柱是由实验室里的“小沙粒”发展起来的，然后经过一系列复杂的过程，最终变成微芯片。

硅是一种成本低廉、储量丰富的元素，可以从沙中提取，而且硅具有优秀的半导体性能，所以高纯度的硅用来制造电脑芯片和其他电子设备。例如电冰箱、洗衣机等家用电器都用到芯片来实现控制。

纯硅主要是从沙子和其他材料中提取，通过清洁、熔化、放入纯硅种子，长成完美的硅锭晶体，整个过程的每一个环节都非常严格。

透过目镜观察，你能看到一颗黑色的沙粒吗？与整个沙堆相比，这一颗沙粒代表眼前这整个硅柱内部允许出现的杂质比例。所谓高纯度的硅，意味着每100亿个硅原子中仅有一个原子与众不同，几乎完全纯净。纯度和干净状态对于硅锭来说非常重要。因此在加工过程中，一个指纹就可能导致失败，毁了上百万个微芯片和成千上万的计算机。

你可能认为晶体只有宝石或是锋利的石头，其实我们身边几乎每个固体都是晶体结构，也就是内部构造有序、重复排列的材料。比如：冬天的雪花、手表里的石英、厨房里的金属锅具。然而，我们通常所说的水晶玻璃却并非由晶体构成。

玻璃展箱里展示了一些晶体，它们内部的原子排列方式是不同的。结构不同的晶体特性也不相同。像食盐也就是氯化钠，它的结构是立方体状的，清晰可见；石英的结构是六角形的，虽然从这个晶体中我们难以找出六角形的结构，但是大型石英晶体的最终形状都是六角形的。

一般情况下，我们需要通过显微镜才能观察到金属的晶体结构，但是，我们面前的这块铝片，经过了特殊处理，使我们用肉眼就能清晰地看到铝的晶体结构。

结构与缺陷

俗话说，金无足赤，人无完人。在材料的世界里，同样也拥有缺陷。微小缺陷——例如一个错位的原子，一组排列不整齐的原子团，或者少量外来物，都会使材料的形变方式发生变化。

用力晃动整个框架，看一看滚珠形成的图案。然后，再轻轻地摇动框架，仔细观察图案发生变化了吗？框架里的滚珠代表金属粒子，图案中的晶界和空穴代表了缺陷，较少的缺陷意味着金属缺乏硬度。也就是说，缺陷可以增加材料的硬度，让材料变得更好。

在这里我们还能看到两种不同的滚珠，它们代表了两种不同金属的粒子，如果混合在一起就变成了合金。例如，黄铜就是一种铜和锌的合金。改变合金中金属的比例和组合会影响原子的组织方式，并能改变合金的属性。

非晶态金属

将五个金属样本推入卡槽中，等红色按钮闪烁后按下按钮，就能看到五个小钢珠掉落在金属上，从而可以根据小钢珠在五种样本上的弹跳时间来了解金属的弹性。中间这块样本上钢珠弹跳次数最多、弹跳高度最高。这是因为，这块金属是非晶态金属制成的，其余金属则都是常规的晶体结构。

非晶态金属是一种具有奇特原子结构的合金，与很多金属不同的是，非晶态金属中的原子排列完全无序，而其他金属的原子都是呈现重复、有序的排列。非晶态金属的这种结构使得它非常坚硬和牢固，在表面受击后更不容易变形，所以可以将更多能量返回给钢球，使钢球弹跳次数增多。还可以通过两边的放大镜来观察其他几块金属样本的表面，这些金属表面都有一定程度的凹凸，是因为表面发生了形变。

利用非晶态金属的特性，我们可以制作超高硬度的非晶态金属手术刀片，它与不锈钢刀片相比，刀锋保持得更久，也更为锋利。而且，与同等质量的金刚石刀锋相比，更容易制造，价格也更便宜。采用非晶态金属制成的高尔夫球杆可以让你一臂挥出更大的力量，金属的超高硬度和弹性可以将球击得更远。

粉碎玻璃

这个展品是展区内观众参与度最高的展品之一。你可以上下移动控制杆，提起保龄球，按钮释放，看看玻璃是否会被击碎，显然在经过无数次的击打后，玻璃并没有被击碎。

这里使用的玻璃并不是普通玻璃，而是钢化玻璃。对于普通玻璃而言，当施加的压力大于其能够承受的压力时，玻璃原子之间的结合会断裂，造成裂纹，所以容易被破碎。玻璃的硬化过程称为钢化，在钢化过程中，会用加热或添加化学物质的方式来挤压玻璃表面的原子，使之更紧凑，让裂缝难以蔓延，因此钢化玻璃的硬度大约是普通玻璃的5倍。

钢化玻璃在现实中有着很多的应用，例如在篮球场上，篮板就是用钢化玻璃制成的，这使得观众可以看清运动员的动作，同时玻璃不易碎裂，球员的危险系数也降到最低。

在展项旁边的玻璃管里，我们可以看到普通玻璃和钢化玻璃的碎片，比较两者的区别。

相信大家经过一系列的实验探索，已经对材料有了初步的了解。就让我们动起手来，面对各种材料，试着打破它，混合它，或者加热它……来发掘奇异材料的更多魅力。

三、自然类常设展讲解词案例

【“动物世界”展讲解词】

数十亿年的环境变迁，生命演化，大自然创造了神奇——动物家族。它们是自然演化的杰作，是对动态的地球辐射适应的成功者，在生态系统中扮演着各自重要的角色，更是我们人类不可缺少的伙伴。动物是如何在形态、生理和行为上适应不同环境和生活习性的？它们之间演绎着怎样的生态关系？您可以在“动物世界”中寻找到答案。

本展览分为4个区域，分别为非洲动物群、亚欧动物群、美洲动物群以及澳洲动物群。

第一部分：亚欧动物

天之骄子——我国特有的珍稀动物大熊猫、金丝猴。

大熊猫栖息于海拔1300—3600米的高山森林中，喜独居，有单独的活动区域。主食竹类，也吃其他植物的果实，偶尔吃动物尸体。由于大熊猫只能吸收食物中17%的营养，所以它们必须每天花10小时以上的时间来进食。由于其生育能力低，栖息地人口的快速增长使大面积的天然林被砍伐，而造成生存环境面积大量减少；同时栖息地的破碎化；加上大熊猫食物品种单一，必须适应竹子周期性开花死亡的生物学规律等原因，故已濒临灭绝。

川金丝猴栖息于海拔1500—3500米的针阔叶混交林。树栖，集群，白天活动。食性广，以嫩叶、幼芽和花为食，偶尔捕食幼鸟和鸟卵、昆虫等。

食物=生存——为了生存，不同的动物演化出不同的择食策略和取食本领，根据食性的不同，可分为食草动物、杂食动物和食肉动物。

食草动物中最具代表性的是有蹄类动物。有蹄类动物根据其趾骨的数目，可分为奇蹄类和偶蹄类，其中偶蹄动物占大多数，如牛、羊、鹿等。

杂食动物最典型的为棕熊和野猪。

食肉动物包括我们熟悉的猫科、鼬科、犬科等，它们在形态、生理和行为上特化，以适应其掠食生活。

生命活动离不开物质和能量，在生态系统中，各成员之间通过物质和能量传递，存在着一种错综复杂的联系，这种联系像一个无形的网把所有生物都串联在一起。

协同进化——随着有蹄类动物的扩散，猫科动物中的一类朝大型化方向发展，并产生相应的大型食肉兽生态位，进化生物学称之为协同进化。

虎主要捕食大型有蹄类动物，对其而言每一次捕杀都意味着巨大的能量消耗，成功捕获大型动物能提供数天的食物，从觅食行为生态学的角度这就是所谓的“最优化觅食策略”。

山地搏斗——犬科动物的狼则过着集群的生活。狼的最大本领是利用群体的力量，捕杀那些比它们大的食草动物。狼群中序位等级森严，每个成员都很明确自己的地位，在围捕猎物和共同抚幼方面，它们表现出强烈的合作精神，这是它们得以生存的基础。

高原霸主——雪豹是生活在高海拔地区的一种优雅的猫科动物，它们不仅是亚洲高山高原地区最具代表性的物种，也可以看作是世界高山动物区系的象征。雪豹有 1 米长的尾巴，在山地攀爬斜坡的时候，这条长长的尾巴能帮助它们来掌握平衡。它们对高海拔低气温的高原山区环境有着一系列适应性，包括特化的毛被结构、呼吸循环系统。

第二部分：非洲动物

辽阔的稀树大草原是非洲最具代表性的动物生态景观。这片土地上孕育了丰富多彩的动物类群，这里不仅是动物的天堂，更是生存斗争的竞技场。各种动物演化出独特的形态结构和生理特征来适应严酷的生境；它们集群以捕猎或避敌；不同物种间进行着残酷的生存竞争。

形象大使——非洲象是现代最大的陆生动物，它们是稀树草原上的旗舰物种，在其所处的生境中起着至关重要的作用。非洲象能通过它们的觅食行为而有限地改变其活动范围内某些植被的配布格局，从而对该生境中的其他动物尤其是有蹄类动物的取食、扩散带来好处。非洲象具有一系列形态生理特点以适应非洲特殊的气候和生境：体型庞大化、上唇特化成长鼻、表皮面积增大、强大的消化系统、独特的足型和用低频声波交流等，这些特征使它们演化成最成功的超级有蹄类。

白犀体型庞大、外貌奇特，是仅次于非洲象的第二大陆生动物。因为嘴唇方平又被称作“方唇犀”。嘴、头骨和颈部的比例在演化中不断改变完善，使其更适于取食低草。珍贵的犀角使它们惨遭捕杀，现存所有的犀都是极度濒危的动物。

长颈鹿是现代最高的陆生哺乳动物，最高可达 6 米。别看它们脖子那么长，但同绝大多数哺乳动物一样，具有 7 枚颈椎骨。因为脖子太长，长颈鹿是血压最高的哺乳动物，最高可达到 46.6 千帕（约 350 毫米汞柱），差不多相当于正常人血压值的 3 倍，这使得它们也成了睡眠时间最短的哺乳动物，每天仅 20 分钟到 2 小时左右。

猎手与猎物——对于猎手而言，一次狩猎的失败仅仅是失去了一顿晚餐，而对于猎物来说，一次逃亡的失败就意味着生命的终结。在长期的生存竞争中，猎手和猎物都进化出一系列形态、生理和行为上的适应。我们先来看一下猎豹和跳羚之间的竞争。猎豹为了追求速度而放弃了猫科动物所固有的力量上的优势，而跳羚为了生存，用集群生活以及危险时刻四散跳跃逃窜的方式来避免成为猎豹的美餐。

集群生活对于被捕食动物来说是一个对抗捕食者的极佳选择，譬如跳羚、瞪羚、珍珠鸡等都采取这一策略。一般来说，集群生活能给被捕食动物带来的益处有：使捕食者在外表极其相似的一群猎物中难以挑选一个目标；能及早发现捕食者并及时躲避；对于单个个体而言，其在群体中被捕食的可能性大大降低，即所谓的“稀释效应”。

掠食动物的竞争——猎手们除了要捕杀猎物外，不同种类相互间也存在着激烈的竞争关系。在非洲稀树大草原上生活着狮、豹、斑鬣狗、非洲猎犬、黑背胡狼等众多食肉动物，它们在食物的选择和捕猎方式等方面采用了各种不同的策略。

斑鬣狗是现存最大的鬣狗科动物。它们的头骨、牙齿都适应咬碎骨头，强壮的颈肩部能使它轻松搬运沉重的兽尸。斑鬣狗集群捕食中大型有蹄类动物，是非洲草原上仅次于狮子的大型掠食动物。

豹在体型上处于明显的劣势，但它的适应力是最强的。食性广，主食体重在 15—30 千克左右的有蹄类动物。除了具有典型猫科的头骨、牙齿、爪外，它们比任何一种大型猫科都要更善于利用树，以作食物储备、避敌和育幼。

黑背胡狼和秃鹫则是机会主义者和腐食者，它们常等在其他动物饱餐之后，取食别人的残羹剩饭。

走进狮群——狮子在体型和力量上几乎占有绝对优势，在开放环境捕食大型有蹄类是它们朝社群性动物进化的主要动力。狮子具有猫科中最显著的性二型分化——成年雄狮具有浓密的鬣毛、体型要比雌狮大 25%，这是与它们的社群分工密切相关的。

生命之源——非洲的气候特殊，主要分为雨季和旱季。在酷热干燥的旱季，水是动物生存不可缺少的条件，水塘也就自然成为各种动物聚集的会所。河马和尼罗鳄是非洲水域河道中的重要物种。

尼罗鳄被称为隐蔽在水中的杀手，它们有着坚硬的鳞甲和有力的双颌，能长时间潜伏在水中，到水边喝水休息的动物稍有不慎，就会成为它们的盘中餐。尼罗鳄采取的是速战速决的方式，将猎物拖进水里使其窒息，在水中可谓是所向无敌。

河马貌似温顺、笨重，但它们却是非洲最危险的动物之一，据统计，死于河马口中的人远远多于不小心葬身尼罗鳄腹中的人。河马的皮肤腺会分泌出一种红色的液体，具有防晒、保湿、驱虫的功效，这让人们误以为河马会出“血汗”。

第三部分：美洲动物

接下来我们看到的是来自美洲的动物。美洲大陆的纬度跨度非常大，地形及气候环境复杂多样，动物们不断地演化以适应各自所处的生境和食物基础，即“辐射适应”。

北美：

在北美的山地、森林、平原和水域中，栖居着各种各样的哺乳动物。在此，我们分食肉类动物和有蹄类动物两个大类向大家介绍这些动物的形态辐射与生态习性的关系。

地下宫殿——獾是一类典型的地栖兽，以善于打洞而著称，为了适应这种生活方式，它们的前肢粗而强，有长而有力的爪。它们的地洞结构复杂，功能齐全。

钢牙铁爪——食肉动物区别于其他兽类的主要特征是它们的牙齿结构已完全适合于食肉，具有一对裂齿（又称食肉齿），形似铡刀，咬合时，可以撕裂动物的韧带、切碎软骨。食肉兽的大脑发达，具有各种灵敏的感觉器官，骨骼、肌肉均适于捕食。北美的食肉动物可分为猫类（如美洲狮）、犬类（如狼）、熊类（如棕熊）和鼬类（如獾和水獭）。

角与蹄——有蹄类是一类主食植物的哺乳动物，它们最显著的对环境的适应是牙齿变得更适合咀嚼和研磨植物，消化道能将大量植物转化为营养以及适于奔跑的肢骨结构。此外，大部分有蹄类具有角，与繁殖有着密切关系。鹿类和牛类是最繁盛的有蹄类动物。

北极：

北纬 66. 5°一线为北极圈，其以北的地区被泛称为北极地区，那里是世界上最寒冷的地区之一。在北极地区共生活着 48 种陆生哺乳动物。下面让我们来了解几种在北极具有代表性的动物。

北极熊是体型最大的陆生食肉动物，身长可达3米，体重500多千克。它们身上的被毛是由长达5厘米的针毛和约15毫米的绒毛组成，同时皮下还有一层厚达12厘米的脂肪，有了如此的保暖系统，足以使北极熊对抗北极的严寒。

北极狐身被白毛，在一片白茫茫的环境中具有极其良好的隐蔽作用，能有效地帮助它们捕食猎物和躲避天敌。

大家可以发现这些生活在寒冷地区的动物大多有体型趋向大型化，身体上突出部位如四肢、尾、耳等部位较小等特点，这一切都是它们对极地环境的生态适应。

南美：

动物乐园——看完北美，我们一起来到南美洲。南美洲最负盛名的热带雨林可谓是动物的乐园。雨林中的哺乳动物在形态和生理上有一系列的特化，以适应雨林中高温高湿和植被茂密的环境特点。现在让我们一起去认识一下那里的动物吧。

树懒是一类高度特化的树栖动物。具有适于攀爬的爪，体毛长而粗。在高湿度的环境中，为藻类的生长提供了条件，雨季时，藻类在毛的凹陷处生长，使树懒的浅色毛被变成绿色，这让树懒很好地融于环境而不易被敌害发现。

食蚁兽是一种以食蚁而闻名的动物。蠕虫状的长达60厘米且富混合黏液的舌能灵活伸缩；前肢有力，长着强而弯曲的利爪，这些结构上的特征，都与它们取食蚁类密切关联。

西貒外形和猪非常相似，但是二者亲缘关系较远。美洲豹是它们的天敌，当危险迫近时，西貒通常会向密林中四散逃跑，关键时刻群体中的一只会主动迎击，以自我牺牲来争取同伴逃生的时间。

第四部分：澳洲动物

澳洲在中生代末期（约1.3亿年前）便与大陆脱离开，由于地理阻隔和缺乏竞争者，那些古老的哺乳动物（单孔目和有袋目动物），在澳洲大陆上生存并发展了起来。这些动物很大程度上保留了原始哺乳动物的许多形态和生理上的特征。

产卵的哺乳动物——单孔目是现生哺乳动物中最低等的类群，由于它们的繁殖和排泄孔分化不完善，而是由一个叫泄殖腔的孔道代替，“单孔目”由此得名。它们以产卵来繁殖后代，这些都是爬行动物的特征。但是，与其他哺乳类动物一样，它们的幼兽由母乳养育长大。体表被毛，具3块听骨，齿骨单片（哺乳动物的主要特征），因此又被称为“原始的哺乳动物”，代表种为鸭嘴兽和针鼹。

凡见过鸭嘴兽的人都说它长得实在太怪异了，当它们第一次被带到英国时人们还以为是人工拼凑的，称之为“不可思议的动物”。它们的嘴和脚像鸭子，尾巴像海狸，平时穴居在水边，巢穴通常有两个出入口，一个在岸上，另一个在水中。鸭嘴兽在水里时，眼、耳、鼻均紧闭，仅凭触觉敏感而扁软的“鸭嘴”探路和觅食。母兽在靠体温孵化出幼兽后，用乳汁哺育幼兽，因母兽没有乳头，幼兽是伏在母亲腹部上舔食乳汁的。

针鼹生活在澳洲及邻近岛屿，外表像刺猬，身上长有坚硬的刺，这些短小而锋利的刺是它们保护自己的装备。当遇到敌害时，针鼹会蜷缩成球或者以惊人速度掘土为穴埋身土中。到了繁殖时，卵在育儿袋中孵化。幼兽出世后，留在袋中舐吸乳汁生长。当幼兽断奶后即离开母兽。

有袋动物庇护所——说到“育儿袋”，大家会马上联想到袋鼠。袋鼠是有袋类动物的代表，它们虽胎生，但尚不具有真正的胎盘，幼兽在母亲体内并未发育完全，必须在母兽腹部的育儿袋里继续发育。“有袋目”由此而来。

袋鼠的后腿强健而有力，从它们独特的跳跃方式很容易与其他动物区别开。跳跃时，袋鼠用尾巴进行平衡，在缓慢走动时，尾巴则可作为第三条后肢。所有雌性袋鼠的腹部都有前开的育儿袋，小袋鼠出生时才豌豆般大小，靠着本能会自己爬到母袋鼠的育儿袋内。9—12 个月后才能正式断奶，离开育儿袋，但仍活动在母亲附近，以随时获取帮助和保护。

结束语

各位观众，在我们游历了世界五大洲之后，相信各位已经领略了动物世界的奇妙。动物是地球大家庭的一员，有着享受生命和种族繁衍的同等权利。无法想象我们怎样在一个只有人而没有其他动物的世界里生存和发展，让我们一起来关爱动物，实现与自然的和谐发展。最后请大家继续观看精彩大屏幕影视秀“森林印象”。

四、自然类临展讲解词案例

【“大地巨子”讲解词】

陆地上最大的哺乳动物是大象。曾经，地球上也有比大象大得多的物种，但是它们都已经消失，或者躲进深深的海洋，只有大象家族依然优雅地慢行在大地上。

几千年来，大象在不同的文明中都留下了独特而又深刻的印记。在亚洲，它出征作战，象征威望，也是狩猎的帮手；在非洲，它被尊为百兽之王；而欧洲人则认为大象具有传说般的力量、智慧和善良。可见，大象和人类的亲密关系由来已久，它们既在物质上帮助了人类的生活，又在精神上成为了人类的崇拜物。

它们巨大强壮的身躯看似让万兽不敌，然而，日益被挤压的生存空间，以及人类对于象牙的贪婪需求，让庞然大物般的大象处境变得艰难，随时可能面临它们已经灭绝的亲戚一样的命运。

现在，就让我们跟随这只形象大使——“森仔”，一同走近“大地巨子”，了解它们的生存和处境。

大象家族的繁盛与衰落

这个庞然大物，在5000万年的历史长河中经历了非常复杂的演化历程，随着迁徙到不同的栖息环境，经由辐射适应而演化出各种奇异的形式，曾经出现过很多种类。

比如，从这些图片和谱系树中，我们就能看到：长鼻目的大象分支除了始祖象亚目以外，还有恐象亚目、乳齿象亚目、真象亚目等。

始祖象（Moeritherium）像河马，没有长鼻子和长象牙，上唇稍大，上下颌第2对门齿稍大。

恐象（Deinotherium）在旧大陆从中新世一直生存到更新世，它们上颌没有长出长长的象牙，而是在下颌骨长出一对长长的下门齿，锐利，向下向内弯曲。

古乳齿象（Mammutids）出现在早渐新世，是现代象的早期类型。身体比始祖象大了1倍，已经有了一条长长的鼻子；上下门齿皆发达且相互交错。上下颌的前部比始祖象更突出，上颌前端第二门齿向前、向下伸出形成大象牙，下颌前端也有两个水平伸出的大象牙。

有一类奇特的乳齿象，下牙变得很宽，下门齿发展成平铲状，像一把巨大的铲子，可以从浅水的湖底或沼泽中挖掘植物为食，因此被称为铲齿象。

剑齿象（Stegodons）是真象类演化的早期代表，它们在上新世晚期和更新世时生活在非洲东部和亚洲的东部及南部。剑齿象的象牙像一把利刃，长达3米，直而粗壮。在中国甘肃发现的“黄河古象”就属于剑齿象的类型。

猛犸象（Mammuthus）是真象中另一类神奇的种类。它们生活在距今4万年前至1.2万年前的更新世晚期。在更新世晚期，冰川苔原遍布北半球，气候寒冷。猛犸象体型高大，门齿剧烈弯曲，身披长毛，能够适应寒冷气候的生活。它们背部的毛最长可达50厘米，长毛下面还有一层绒毛，皮下脂肪厚达9厘米。猛犸象的头部高耸的大“驼峰”也是御寒法宝，可以储存大量的脂肪。

失去的乐园

距今1万年时，地球上的大象种类只剩下亚洲象属和非洲象属。是什么原因导致如此繁盛的家族衰落至此？猛犸象是最后一个灭绝的长鼻目动物，科学家试图从它们身上找到答案。

根据考古证据显示，猛犸象曾是原始人的重要狩猎对象，很多人认为，猛犸象的灭绝应当归因于人类狩猎技术的进步和早期农业活动对猛犸象栖息地的破坏。

然而英国达勒姆大学科学家领导的一个研究小组对当时北半球气候和植被情况进行模拟后提出，气候变化对植被的影响才是猛犸象灭绝的主要原因。

大约 1.14 万年以前，最近一个冰川时代结束，温暖的间冰期开始的时候，全球气候变暖导致许多地区的草原萎缩，森林面积扩大，猛犸象等一些大型食草动物的食物来源急剧减少，最终灭绝，并殃及食物链上的其他物种。

究竟是气候改变？还是人类猎杀导致猛犸象灭绝？到现在仍无定论。要解开整个大象家族衰落的谜团或许还有待时日。

气候变化的理论最近也被来自瑞典路德大学等 12 个国家的研究者认同。他们通过对 5 万年前北极地区土壤中所含植被的 DNA 以及 9 只猛犸象标本胃中的食物残屑进行技术分析，并判断当时猛犸象的取食偏好后发现：在最后一次冰川时，北极大草原中香草成分占据主导地位，其营养价值高于普通草被。但随着间冰期的到来，香草迅速被普通草被取代，而这些食物缺乏营养，最终导致猛犸象这一物种从地球上消失。

然而，令人费解的是在冰川时代之前几百万年，类似的气候变暖期也没有使当时的象大量灭绝，但在猛犸象灭绝时期，人类狩猎者却已经扩散到欧亚大陆北部和美洲。

瑞典自然历史博物馆的艾德里安·李斯特 Adrian Lister 教授认为：“大约 2 万年前开始，猛犸象的种群数量明显下降，首先是在大陆区域，最后是一些边远的北极群岛。这种模式似乎也与气候变化相吻合，但这一过程中人类所扮演的角色尚未得到证实。”包括人类在内的其他动物在冰河时代之后变得更加活跃，因此与其他物种竞争以及打猎或许也是猛犸象灭绝的因素。

关于这个繁盛家族成员灭绝的原因仍然众说纷纭，不管如何，如今它们的家族成员仅剩 2 属 3 种：亚洲象、非洲草原象和非洲森林象。

仅存的“大地巨子”

亚洲象也叫印度象，分布在南亚和东南亚，常在海拔 1000 米以下的沟谷、河边、竹林、阔叶混交林中游荡。

亚洲象喜群居生活，每群数头或数十头不等，由一头成年雌象作为群体的首领带着活动，没有固定的住所，活动范围较广。

亚洲象智商很高，容易驯化，在南亚国家经常被驯服用来役使，在交通不便的森林地带搬运木材等。

我国亚洲象仅分布在与缅甸、老挝相邻的地区，数量十分稀少。

亚洲象和非洲象的区别

如何从外观上区别亚洲象和非洲象呢?

非洲象的体型比亚洲象大，耳朵呈三角形，头顶略平，鼻端上有两根指状物，前肢具4趾，后肢具3趾，雌雄均有象牙；亚洲象耳朵呈四角形，额头有两个凸起的包，鼻端上只有一根指状物，前肢具5趾，后肢具4趾，雄性具象牙，雌象牙短或退化。在解剖学上，非洲象有21对肋骨和26块尾椎骨，而亚洲象有20对肋骨和33块尾椎骨。

在生态习性上，亚洲象以森林或丛林环境为主，非洲象则主要栖息于草原或稀树草原中。

非洲象存在两个种，非洲草原象和非洲森林象。非洲森林象之前一直被认为是非洲草原象的一个亚种，DNA数据表明，两者之间的遗传分歧较大，在200万—700万年前就产生了分化。

非洲草原象，常见的非洲草原象是世界上最大的陆生哺乳动物，耳朵大且下部尖，状似非洲地图。无论雌雄都有长而弯的象牙，会主动攻击其他动物，其食物来源为不同比例的草本植物、树叶和灌木叶子，主要分布于非洲森林、沙漠和部分草原地区。

非洲森林象，非洲森林象耳朵圆，个体较小，又称圆耳象、森林象，一般只有2.5米高，体重约2700千克，象牙较直且呈粉红色，更适应缺水的生活，会在沙漠中寻找水源，喜食树叶、水果、树皮、矿盐块等，主要活动区域在中非的热带雨林。

非洲象对保护生态多样性及维护生态系统稳定性方面起到重要作用。非洲草原象取食从地面到树冠的各种植物，会铲除稀树草原上的灌木，摩擦推倒树木，有利于草的生长，为食草动物提供更多的食物和更广阔的活动空间。非洲森林象也被称为中非森林的“植树者”。

一方面，它们会吞下并散布大型、重要的森林树种的种子。它们还通过自己在树林中的移动和穿行，可以开辟新的道路作为防火通道和雨水流动的通路，为其他生物在森林生态系统中的存活提供了重要通道。通过这些我们发现，仅存的大地巨子们都是生活在热带、亚热带的丛林中，但是，人类对环境的破坏以及对野生动物资源贪婪的掠夺，使它们正在遭受着灭顶之灾，但愿我们为大地的巨子保存一片生存的乐土，让这个延续了5000万年的物种能够继续存在。

巨大的身体

大象最为标志性的特点就是巨大的身体。

非洲象

这就是目前陆地上最大的哺乳动物——非洲象。(之前说过，成年非洲象身高在3.5—4米，体重约为4—5吨，最重记录有10吨。）

大象脚印

非洲，象群经过的地方会留下一些巨大的脚印，下过雨后成为一个个小水坑。原本平淡无奇的脚印能孕育一种奇特的鱼类——鳉鱼。在潮湿季节，这些鳉鱼卵在积水的大象脚印中迅速孵化、成熟并开始产卵繁殖，直到积水干涸。它们产下的卵留在了泥土中，在漫长的旱季，等待下一个雨季的到来。

大象脚印的深浅取决于它的体重，压强越大脚印也就越深。我们可以通过人体重和脚印深浅的关系，结合大象脚印的深度推导出大象的重量来。

有兴趣的观众可通过这个计算公式，测量脚印的深浅，从而判断大象的体重。

草叶包

要问“森仔”吃什么？我们都知道，大象是草食性动物。大多数的绿色植物都合大象的胃口，稀树和低矮的灌木丛也抵挡不住这种巨型“吞噬机器”的步伐。在南非阿多大象国家公园，科员人员曾记录到146种食物来源。

大象所吃的食物并不是十分有营养，为了维持如此巨大的身体，它们的胃口也非常巨大。一只亚洲象每天约进食150千克的食物（相当于1200个汉堡），这个大餐桌上的150千克的草叶包，就是“森仔”一天的食物。非洲象每天要进食约120—225千克的食物。

大象的胃几乎没有消化功能，只是作为一个储液囊。食物从胃进入超长的肠道。大象的肠道可达19米。肠道是消化植物纤维的主要场所，盲肠里的细菌帮助消化食物里的纤维素。

大象的消化系统效率并不高，仅为40%（马的消化率为60%），而60%的食物会被排遗出去。

为了弥补在消化效率上的损失，并为硕大的身躯提供正常活动所需的能量，在植被丰富的地区，大象一天需要16个小时来采集食物，20天之内就可消耗掉相当于它们整个体重的食物。

大象大便制作的书本

大象吃得多，消化率低下，拉的自然不会少。有些国家的人把大象便便也作为一种资源，大家想想，可以做什么呢？

大象的粪便里有许多没被消化彻底的草茎、纤维。晒干的大象粪便经过清洗、晾干，变成造纸的基本原料，可以根据需要染成各种颜色。接下来用机器和水搅拌成纸浆，再用丝网过滤、晾晒，之后轻轻揭下来，就成了一张粗糙但是韧性很好的纸。若想让纸张变得平滑，则要使用另一种机器进行细加工。这种纸可以用来做各种东西：贺卡、笔记本、相册、台历、铅笔盒，甚至纸雕作品。

泰国、斯里兰卡等国都有用大象粪便造纸。这里展示的就是大象粪便制作的书本。

大象的大便样本

1 千克象粪能制造出 60 多张 A4 大小的纸张。一般情况下，一头成年大象平均每天要排出 100 多千克的粪便。这里展示的是森仔的大便样本。大象的便便有各种不同颜色，吃棕榈树叶的大象便便颜色较深，专吃椰子的大象便便颜色较浅。

食物消化过程

大型投影中显示了“森仔”吞食食物，进入肠胃消化的过程。大象有个很庞大的盲肠来给食物发酵。

大象鼻子为什么那么长

不管是亚洲象还是非洲象，它们都有长长的鼻子。看似简单的鼻子却是个精密的器官，由 10 万个肌肉单元组成，也就是说，相当于一部汽车所有零部件总数的 4 倍。

你有没有产生过疑问，大象的鼻子为什么这么长？看了这张图你就会知道：河面上露出一个个大象鼻子，这是一群大象利用长长的鼻子作为呼吸管过河的神奇场景。大象长个长鼻子就是为了潜水呼吸。在大象进化的早期，它们的祖先很可能是生活在水中的。证据之一是它的解剖结构和发育过程和海牛目动物很像，都是水生动物的特征。

大象过河时即使大部分身体被淹，将象鼻抬高出水面仍然可以保证安全。一头非洲象的肩高可以超过 4 米，但它被水淹没时，它的肺底部距离水面大约是 2 米。

如果我们人类也给自己装一个像大象鼻子那么长的通气管，是不是也能像大象那样潜那么深呢？答案是否定的。人类胸膜只是薄薄的一层细胞，厚度只有 30 微米，里面有毛细血管，当胸膜两边压力不平衡时，血管受到挤压就会破裂。大象的特殊之处在于在它的两层胸膜之间，充满了结缔组织，厚达 500 微米，胸膜里的毛细血管被厚厚的结缔组织保护起来，避免了潜水呼吸时血管发生破裂。大象的横隔膜非常厚，达 3 厘米，比其他哺乳动物的隔膜厚得多。因此，即便给我们人类安一个长鼻子，也是没法像大象那样潜水的。

另一种证据是大象祖先的化石。大象的祖先始祖象像猪那么大，形状像现在分布在东南亚和美洲的貘，有一个向前突出的鼻子。貘生活在热带丛林的河流和沼泽中，善于游泳和潜水。始祖象的化石是在埃及北部的沙漠中发现的，但是在几千万年前那里覆盖着亚热带雨林和沼泽。有很多证据表明始祖象就生活在河流或沼泽中，以水生植物为食。和始祖象差不多同时的其他古象也是如此。以后随着气候变化，森林消失，河流、沼泽干涸了，才迫使大象改为到陆地生活，但祖先的遗产则继承了下来。长鼻子对现在的大象有其他更有用的功能，都是后来衍生出来的。

象牙的功用

鼻子潜水，那么象牙有什么用呢？牙齿嘛，通常是用来咀嚼，然而我们一般意义上说的象牙是指大象上颌门齿特化而成的“獠牙”。当非洲大象长到6—12 个月时，“獠牙”取代乳牙，并以每年 17 厘米的生长速度增长（亚洲象 2—3 岁开始长门齿，每年长 8—10 厘米）。新长的象牙有光滑的珐琅质外壳，但最终会褪掉。长长的象牙是公象炫耀的工具，牙越长，就越能吸引母象，对其他公象也有威慑力；它也是大象最重要的武器，象鼻容易受伤，所以大象一般都是用象牙打架；最后，象牙是大象取食的工具。大象会用坚实的象牙推倒树木、协助鼻子拉扯灌木，也能用来剥树皮。

非洲象无论公母都有长牙。但亚洲母象和一些亚洲公象没有象牙，因为它们采食的植物都很柔软，没必要用象牙处理，而且亚洲的猛兽较少，亚洲象不需要这件武器。亚洲公象主要用象牙打架，没有象牙的公象异常凶猛，因为没有象牙，它们必须加倍凶猛才能打败对手。

象牙的大部分露在外面，其余部分紧固在颅骨的牙槽里。至少有 1/3 的象牙有牙髓，部分神经延伸至牙的末端。因此，很难不伤害大象又能获得象牙。

除了门齿之外，“森仔”还有臼齿，在象的一生中，会换 6 次牙，40 岁左右会换上最后一批牙齿。

唯一四肢关节都朝同一个方向弯曲的动物

通过这个骨架可以看到，为了支撑体重，大象的四肢骨骼也发生了相应的变化。它们的四肢比其他动物更垂直于身体，骨髓被骨松质所取代，这增强了骨质，同时也不影响造血。

大象的前腿承担着身体 60% 的重量，前腿的桡骨和尺骨是固定向内转的，再加上旋前方肌和旋前圆肌要么减少、要么缺失，所以大象的前肢掌面总是朝后，不能旋转，这使得它们的四肢关节总是朝同一个方向。

大象是唯一四个关节都朝向前面的哺乳动物，它们只能缓慢奔跑以减少体重对四肢的压力。在行走过程中，大象的腿似钟摆，随着臀部和肩膀的上升和下降而脚掌一直跟地面接触。在快速移动过程中，大象看起来用前腿在跑，而后腿还是没有离开地面。然而大象奔跑的最高速度仍可达 18 千米每小时。

巨大的心脏和缓慢的心跳

大象的体积那么大，那它的心脏有多大呢？大象的心脏重 12—21 千克，与其他动物不同，当大象站立的时候心跳缓慢，每分钟约 28 次。大象躺下时心率只有 8—10 次每分钟。而我们人类的心跳是每分钟 70 次，老鼠的心跳则是每分钟 500 次。

观众朋友们可以把耳朵贴在不同的位置，听一听大象的心跳是否真的那么慢！

大象的腹部心脏位置，听到大约 2 秒多才 1 次的心脏的跳动声音；贴近人的心脏处，听到大约 1 秒 1 次的心脏的跳动声音；贴近老鼠，听到大约每秒 8 次的心脏的跳动声音；同时，显示器显示着大象、人、老鼠每分钟的心跳数据。

知识小链接：大象为什么喜欢泥浴？

大象的皮肤非常的坚韧，有些地方可厚达 2.5 厘米，但却有非常丰富的神经，能感觉到每个飞到它们身上的苍蝇。如此敏感的皮肤，如果长期裸露在烈日下，一定会受到灼伤。

为了保护皮肤不受紫外线的伤害，大象选择定期泥浴。泥浴后，大象会用象鼻把灰尘吹到身上，干燥后形成保护壳。并且可以防止昆虫叮咬和水分流失。

知识小链接：大象怎么通讯？

大象之间如何交流呢？动物学家研究发现，亚洲象能够通过喉部和鼻腔共鸣产生次声波叫声（12—24Hz），这些人类听不到的低频次声，可以在茂密雨林中传播 20 千米，是野象群长距离通讯的重要手段。

像人类彼此会行“握手礼”一样，近距离的大象之间也会互相“握鼻”：鼻子对鼻子，把鼻子伸到对方口中，这是象之间表示爱抚、亲近、友好的方式。此外，象鼻还可以通过闻嗅粪便、尿液、体液等体外激素和信息素，判断发情和个体识别等，这也是嗅觉的一种通讯方式。

知识小链接：强适应性

由于栖息地人为活动的影响，属于白昼活动性动物的亚洲象则经常在晚上出没通过野象谷，一些较小的群体和离群不久的公象经常在深夜和凌晨来观象台饮水和食盐，而且一旦发现周围有人，便迅速逃入林中。人类活动对亚洲象已经产生了明显的影响，同时亚洲象也通过行为的调整以回避人类的干扰。

大象的繁衍

繁衍（大象）

母象 10—12 岁时会达到性成熟。母象 15—50 岁是受孕和抚养小象的最佳时期。大象的孕期通常是持续两年左右，生殖间隔一般是 4—5 年。作为大型动物，它的生育周期较长，因此非常容易绝种。

小象倾向于出生在雨季。大多数时候一胎只产一仔，偶尔也有双胞胎。

相对长的孕期给胎儿更多的发育时间，特别是大脑和躯干。因此，大象新生儿在出生后能很快站立并与它们的母亲一起行走。刚出生的小象通常是象群关注的中心。成年的个体和其他年轻个体会聚集在刚出生的小象身边，用身体去触摸它。刚出生的几天，母亲不允许其他象群成员靠近它的宝宝。

小象出生后 6 个月内会吸食母乳，哺乳期会到 2—3 岁甚至更长，此后就开始独立的进食。出生 1 年后，小象的自理能力就很强了，但它们还是需要母亲照顾至少 1 年，来躲避捕食者。大象的育幼行为周期可达到 5 年以上。

大象的繁殖与育幼期漫长而充满艰辛，在其种群受到威胁的时候，无疑是危险的。

大象的寿命

雌象的性成熟时间在 9 岁左右，雄性的性成熟时间在 14—15 岁时，两性都在 18 岁时达到成年。大象有较长的寿命，可活到 60—70 岁。一头高雄县凤山叫林旺的雄性大象活到了 86 岁。

繁衍（人类）

人类的妊娠是哺乳动物中研究中最为详细的，整个孕期为 280 天，共 10 个妊娠月。孕妇在妊娠 38—42 周内分娩，均为足月。人类的哺乳期一般长约 10 个月至 1 年。

胎儿时期发育最关键最主要的任务就是大脑的发育，所以在母体内需要尽可能地将大脑发育完全。但是人类女性的骨盆进化速度落后于人类大脑的发育，如果胎儿脑袋发育到成熟就会面临另外一个问题，那就是生不出来，为了解决这个问题，人类在进化中采取了“生理性早产”的折中策略：胎儿在母体内的大脑，在女性骨盆可承受的最大限度内尽可能的发育，发育不全的部分留在出生后继续发育。这使得人类的孕期相对于大象短。

正是由于新生儿的大脑发育不完全，所以出生后需要很长一段时间的“再发育”，这个过程在育幼行为期间进行。因此，人类的育幼期很漫长。然而相对于大象来说，人类生殖间隔短，且是智慧生物，发达的医疗和完善的育幼条件使得人类的繁殖成功率非常高，种群数量一直处于增长状态。

繁衍（羚羊）

雌藏羚 3 岁性成熟，每胎 1 仔。每年 11 月中旬到 12 月中旬是藏羚的交配期，来年 6 月中旬到 7 月上旬产仔，妊娠期 200 天左右。

产仔前 1 个月，分布在各地的雌性藏羚沿着比较固定的路线向可可西里太阳湖、卓乃湖等地迁徙，迁徙过程中相遇的雌藏羚结群而行，到达产仔地时，最大的群体数量可达 3000 只以上。

初生羚羊体重在 1. 84—3. 20 千克之间，中值为 2. 78 千克，新生幼体在半小时内吃到初乳后就会站立起来，1 个小时后就能蹒跚学步。大约经过 1 个月时间的体力恢复，雌藏羚带着小藏羚开始长途跋涉，返回各栖息地。

小藏羚将有 5 个月左右的哺乳期。相对于大象和人类，藏羚的孕期、哺乳期和生殖间隔都短，繁殖相对容易，但其种群数量却受到外界因素如盗猎的影响。

繁衍（兔子）

兔为多胎动物，每年三胎或四胎，孕期一个半月左右，年初月份每胎两三只，四五月每胎4—5 只，六七月每胎 5—7 只。随着月份增加，天气转暖，食料丰富，产仔数也增加。一只母兔平均一年可增殖 6—9 只幼兔。

兔子产仔时间较短，一般产完一窝仔兔仅需 20—30 分钟。哺乳周期为28—42天。幼兔在 3—6 月龄就已经具有繁殖能力了。

区别于其他哺乳动物，兔子是在交配之后才排卵的，且母兔一生完小兔又可怀孕，多种因素的共同作用使兔类具有很高的生育率，繁殖能力可以用“超强”来形容。

科学家们认为，如果在 90 年内不采取任何限制兔子繁殖的措施，那么地球上每平方米的土地上都会站着一只兔子。我国的《太平广记》中就曾有过关于唐代闹兔灾的记载。

智慧而丰富的情感

象和我们人类，有着很多相似点。它们是社会性群居动物，有着发达复杂的大脑，语言能力和记忆力惊人，而且还有着丰富的情感。

大象有着很好的记忆力：科学家在肯尼亚的一项研究表明：非洲大象能辨认其他 100 多头大象发出的叫声，哪怕是在分开几年之后。当把一头已经死了两年的大象的声音播给它的家庭成员时，它们仍然回应而且找到声源。大象的智慧还体现在它们拥有自我意识，这通常是高等动物，如人类、猿类和海豚身上才能见到的。其他一些动物看到镜子中的自己，会试图攻击，但是亚洲象能够在镜子中识别自己，并表现得镇静自如。

大象也有喜怒哀乐。无论是人类或者大象，母亲都非常爱自己的孩子，研究人员观察发现小象母亲会认真看护小象，有时会对它们大声吼叫，就像人类母亲一样训斥孩子。当小象死亡之后，它的妈妈会在尸体旁守候几天时间，可能是在表达一种沮丧，缓慢行走在象群最后面。一项最新研究表明，亚洲象会安抚处在困境之中的同伴，它们会使用象鼻轻抚对方，并发出柔和低频叫声。

可是我们人类却没有给予如此聪明，如此富于感情，和我们人类相似的动物以足够的尊重。

【有左右手习惯：人们具有习惯性手势，左右手分配不同的任务工作，虽然它们没有人类的左右手，却有着左右之分的象牙。通常情况下，它们会用一侧象牙挖掘土壤和连根拔起树木，当这一侧象牙受伤时，会用另一侧象牙来代替相应的工作。

使用工具：观察到亚洲象能折树枝当苍蝇拍。大象也拥有极好的记忆力，它们能认识地图，能长时间地记住大尺度的空间。大象个体似乎能追踪家庭成员的当前位置。

交流：触摸是大象之间沟通的重要方式。个体间通过象鼻抚摸或缠绕来互相问候。年长的象会用鼻子拍击、推搡来惩罚年轻的象。任何年龄性别的象都会触碰其他象的嘴巴、额腺体和外阴部，特别是在遇见或激动的时候。这也使得大象能获得化学信号。触摸对于母象和小象来说尤为重要。在并肩而行的时候，母象会用象鼻或者是脚触摸它们的小象，如果小象在它们后面，就会用它们的尾巴去触摸小象。如果小象要休息，它会压住其母亲的前腿；当它要哺乳，就会触动母亲的胸部或腿部。】

冲突与保护

大象进行时：亚洲象的崇拜与驱策

中国被称为“龙之国”，而印度则被称为“象之国”。在印度，有一种知名度和受欢迎程度相当于中国观世音菩萨的大象神：咖尼使（Ganesh），这是一般印度家庭和商家供奉的大神。代表着富足与繁荣、知识与学问的神，克服困难达到成功的现世利益的神。

然而，今天的亚洲象却不得不面对艰难的生存环境。

2000年，在亚洲，有1300—16500头大象在为人类工作。这些象都是从野外捕获来的，年龄在10—20岁之间。亚洲象主要是搬运物资到偏远地区，装载伐木到卡车上，运送国家公园附近的游客，拉货车和带领宗教游行。大象比机械工具更有价值，因为它们可以在相对深的水中工作，不需要太多的养护，只需要植物和水作为“燃料”。还能通过训练记住特定的任务，它们能记住30多种命令。

泰国有3000头驯养大象，很多大象因为旅游业而进入城市。但是大象在城市生活是悲惨的。据研究，大象能听到频率很低的次声波，我们人类听不到的，比如来自远方的雷电、地震。它也会发出次声波，可以传出几千米远。建筑密集的大城市也会产生次声波，这样的次声波不但会传播非常远，而且局部会产生非常强烈的驻波。大象在这样的环境里，无疑会受到酷刑。

亚洲象野生种群数量的锐减与野外捕捉有着直接关系。为什么呢？在盗猎者尝试捕捉年轻的大象时，整个的象群都会围攻盗猎者，以致于它们被枪杀。在亚洲的部分地区，野生大象被捕捉、训练，然后工作。尽管官方是禁止的，但是众所周知，在缅甸，大规模的大象仍然被捕捉来用于伐木工业。在泰国，有些疯狂的盗猎者主要为旅游业捕捉小象。

观众朋友们能够通过点击多媒体互动视频，感受亚洲象艰难的处境。

亚洲象生存空间的压迫

野生亚洲象的生存条件更不容乐观：泰国曾经是亚洲象最多的国家，随着泰国森林面积的减少（1992 年前的 20 年里，泰国的森林覆盖率从 90% 下降到 20%），保守的数据显示，野生亚洲象减少到只有 1000 多头（1957 年泰国野象的数量估计为 5 万头）。在人类人口增加的同时，大象的家园却越来越小。一头亚洲象需要 10—12 平方千米的林地，每天要走 16—18 个小时觅食、找水源和树荫，进食 200 千克的食物和 200 千克的水。值得注意的是：大象是一种社群性动物，栖息地破碎化使得大象的野外种群被隔离成小群体，这些小群体往往太小而不能生育。大象种群的分裂也导致近亲繁殖，丧失了维持种群生育所必需的遗传多样性。投影视频中是亚洲象研究专家张立的访谈，带您了解亚洲象的生存危机。

最近的一次评估认为全球亚洲象种群数量有大约 5 万头（41410—52345 头，Sukumar，2003）。在我国，亚洲象主要分布在云南省（西双版纳、临沧南滚河和思茅等地区，总栖息地面积约在3000—4000 千米，其中有2400 千米属于国家级自然保护区）。据 2015 年评估显示，目前我国亚洲象的种群数量约 221—245 头（张立，2015）。分布区内的橡胶树种植园、茶场和城市化设施可能导致亚洲象出现种群分化，基因交流受阻。

非洲象的灭绝困境

由于非洲象雌雄皆有象牙，象牙的需求，是造成非洲象灭绝困境的重要因素。古代没有火枪猎象，虽然人们喜爱象牙，但没有危及象群的生存，多收集死去大象的牙齿为原料。19 世纪和 20 世纪对于台球和钢琴键的需求导致几十万的大象被屠杀。20 世纪 80 年代末，自然保护主义者开始大声呼吁，并采取行动，象牙贸易被禁止，阻止猎人非法屠杀大象。而最近 10 年里，这种陆地最大的哺乳动物面临着前所未有的悲惨境遇。迄今为止最全面的关于非法狩猎大象的调查估计，2010 年至 2012 年，非法狩猎导致了 10 万头非洲象的死亡。目前，非洲象数量只有 60 万头，且正以每年 3. 8 万头的速度递减，这意味着非洲象将在 15 年内完全灭绝。

观众朋友们，对于人类来说，您面前的象牙只是一种装饰品，而对于大象，却是全部生命。人们总是想当然地以为，从大象身上取走象牙并不会对大象构成伤害。其实事实比我们想象得要残忍得多，为了得到象牙，必须要杀死大象！

在这里，您可以看到大屏幕上播放的视频，《大象之死》：野生大象并非是容易驯服的小动物，不会乖乖地让偷猎者取走象牙，所以偷猎者一般会先杀掉大象，再取象牙。还有一个重要原因，几乎 1/3 的象牙长在头骨里。不法分子为了得到完整的象牙，就残忍地将大象猎杀，再从大象头部抽出整根象牙后进行贩卖，这是血淋淋的交易。

大象之死文字内容：由于环境气候的变化以及人类的影响，非洲拥有的大象数量在最近100年内急剧下降：1900年，非洲拥有1000万头大象；1980年，非洲象的数量下降到120万头；目前，非洲象仅存约47万头。非法猎杀大象的现象广泛存在于27个非洲国家，每15分钟就有一头大象因象牙而遭到猎杀。2011年，非洲非法猎杀的大象数量多达25000头；2012年为22000头。

联合国环境署（UNEP）做过统计，任何大象种群如果每年下降比率超过6%，就会导致这一种群坍塌。今天在非洲大陆的大规模猎杀，使大象种群减少的速度一度达到11%—12%，在过去10年中，黑市上的象牙价格上涨了10倍，每千克象牙价格超过2000美元，非洲象被猎杀的数量翻了1倍，所获象牙数翻了3倍，每年非法的象牙贸易额超过100亿美元。人们对象牙的贪婪垂涎，将会导致非洲象在未来的20—30年内灭绝。

2013年12月2日博茨瓦纳非洲象峰会上，非洲象分布国、象牙贸易中转国以及主要消费国共同通过了包括改善立法与执法、加强国家层面上的执法与国际执法的联合与合作等内容的14项紧急措施；2015年9月，国家主席习近平宣布将采取有效、及时的措施来终止国内象牙贸易；2015年5月29日，国家林业局和海关总署在北京联合举行“中国执法查没象牙销毁活动”，660多千克象牙被集中销毁。“大象之死”的悲剧正在警醒全球更多的人行动起来，通过切实有效的措施，保护非洲象这一珍贵种群的生存和繁衍！

我们能做什么

2014年1月6日，国家林业局和海关总署在广东东莞举行“执法查没象牙公开销毁活动”，公开销毁6.1吨象牙，这是中国首次公开销毁执法查没的象牙，表达了反对象牙贸易的决心！面对可爱的大象，我们能够做些什么?

您可以看到这里的大型互动展项：“大象科学知识抢答”，两位观众可分别通过各自面前的三个按钮选择答案进行抢答。回答完10道题目给出比赛结果。了解大象保护的措施、方法及如何从自身做起行动！了解大象，也可以通过绘画等艺术形式去表达。有很多孩子把自己心中保护大象的想法画了出来。观众朋友们，孩子们的作品是否激起了您的创作灵感呢?

根据国际爱护动物基金会（IFAW）的一项调查，70%的中国人并不知道获得象牙需要杀死大象，而80%的公众表示，知道真相后，不会消费象牙制品。

没有买卖就没有杀害，抵制濒危动物制品更需从自己做起！

没有买卖，就没有杀戮！

善良的人们，你们愿意为了一个十字架吊坠、一双象牙筷、一对象牙手镯，让这陆地上最高大的动物倒在血泊之中，让嗷嗷待哺的小象失去妈妈，最终导致大象这个物种在地球上消失吗？如果我们的孩子将来只能看到大象的动画片，问我们真正的大象在哪里，我们怎么回答他们？

在展区的最后，您可以拿一个乒乓球，用水笔写下保护大象的誓言和祝福语，通过面前的伯努利球装置，把乒乓球投入一个巨型的有机玻璃大象容器中。

观众朋友们，感谢您参观“大地巨子”特别临展，希望您对大象多了一点了解，并加入到保护大象的队伍中来。

第十章　优秀科学表演剧本汇编

第一节　科普剧——妈妈回来了

人物

芳芳：女，12 岁，小初一学生

芳芳妈妈：女，40 岁，职员

狐狸妈妈

小狐狸 1：（稳重，雄性）要求台词口气掌握在小学高年级，以下同。

小狐狸 2：（俏皮，雌性）

小狐狸 3：（淘气，雄性）

小狐狸 4：（胆小，雌性）

画外音：2 人（男，可与卡车声一起预先制作，也可由狐狸“稳重”和“淘气”当场客串）

时间：深秋的一天，黄昏至天黑。

第一场　芳芳回家

背景：高楼林立的城市（背景采用电脑投影大屏幕，以下同）。

场景：芳芳的家。

时间：下午接近黄昏时分。

道具：一扇门，一张桌子，一只沙发（或一把椅子），桌子上有一个精致的包装盒，内有狐狸皮围脖，包装盒下压着一张纸条，另有一部电话。其他摆设如书等可视效果添加，本剧无用。

（灯光亮，芳芳背着书包小步蹦跳出场）

芳芳：（高兴地）妈妈，我回来了。（唱，歌词由《不老的爸爸》改编）“妈妈妈妈妈妈，亲爱的妈妈，你的宝贝回来啦，家里乐哈哈。妈妈妈妈妈妈，亲爱的妈妈，我的肚皮空掉啦，给俺吃点啥？”（对着观众）今天是我的生日，妈妈一定给我做了好多好多（陶醉状）好吃的。别看现在我肚子唱着空城计，一会儿就会是大西瓜啦。（稍作停顿）对了，妈妈还说要送我礼物呢！呵呵，弄得我今天上课老走神。算了，偶尔一次，原谅自己吧。

（不见答应，提高声音）妈妈，妈妈！

（打开钥匙开门，推门进入）这是怎么回事？爸爸出差了，妈妈又没回家。真扫兴！不行，我得打个电话问问。

（芳芳放下书包，走向桌上的电话机。突然，她看见了桌子上漂亮的盒子）

咦？这是什么？（芳芳伸手过去，又发现了盒子下压着的纸条）

这是妈妈留给我的。

（念）亲爱的女儿，妈妈临时有急事出去一下。桌子上是送你的礼物，相信你会喜欢的。肚子饿了，先吃点饼干——爱你的妈妈。

（沮丧地）哎呀，妈妈出去了，这空城计还得唱。饼干？算了，不吃了，还是等妈妈回来一起吃吧。

（突然想起什么，两眼放光）对了，看看妈妈给我的生日礼物。（背景音乐低声响起：“世上只有妈妈好”）

（细心地打开包装，边拆边猜）裙子？帽子？裤子？（拿出狐狸皮围脖，惊喜地）哈哈，是一条围脖。一条狐狸皮的大围脖。

（芳芳套上围脖，喜滋滋地对观众）好看吗？还是妈妈最了解我。我最喜欢小动物了。（边说边抚摸）瞧这皮毛，多柔顺；瞧这尾巴，多松软。（一边自言自语，一边坐到沙发上）这么大的毛皮，一定是个狐狸妈妈。妈妈自己没回家，派了个狐狸妈妈来陪我。呵呵，真好。（背景音乐停）

（突然侧耳）什么声音？（快步走向房门，边说边开门）是妈妈吗？妈妈您回来了吗？（门外无人，失望地）不是的。妈妈没有回来。（踱步返回，自言自语）妈妈不回来，心里空荡荡。没有妈妈的陪伴，真不知道怎么打发时间。

（芳芳坐到沙发上，手摸着脖子上的狐狸毛皮，喃喃自语地念叨着）

小狐狸乖乖，

把门儿开开，

看一看妈妈，
回没有回来。

（声音越来越轻）
……
看一看妈妈，
回没有回来。
妈妈，妈妈。

（声音渐轻，头慢慢低垂，进入梦乡。静场 10—15 秒钟。大背景转换成黄昏的森林，太阳正在下山。“种太阳”前奏音乐渐渐响起）

第二场　森林里的狐狸

（背景转换成黄昏的森林，太阳正在下山。“种太阳”前奏音乐渐渐响起）

场景：森林一角，一个大树桩，偶有鸟声传来。随着“妈妈，妈妈”的叫声以及欢笑声，小狐狸们跟在妈妈后面鱼贯出场。

狐狸一家边唱边跳：（舞蹈编排可稍作改善）

《种太阳》
我有一个美丽的愿望，
长大以后能播种太阳。
播种一个一个就够了，
会结出许多许多的太阳。
一个送给送给南极，
一个送给送给北冰洋。
一个挂在挂在冬天，
一个挂在挂在晚上。
啦啦啦，种太阳，
啦啦啦啦，种太阳，
到那个时候世界每个角落，
都会变得都会变得温暖又明亮。
……

（音乐停止）

妈妈：（乐呵呵地）好啦，孩子们，别想着种太阳啦。太阳快下山了，妈妈该出去找点吃的了。

胆小：（一脸疑惑地）妈妈，为什么你每天都要去很远的地方找吃的呢？

淘气：是啊妈妈。我们就住在美丽的大森林里，难道真找不到东西吃？

妈妈：（感叹地）美丽的森林？美好的梦想啊！那大概是我外婆的外婆的外外婆的时候了。听我外婆说，当年，这里的确是美丽的大森林，到处莺歌燕舞。小鹿欢叫，野兔欢奔……

俏皮：妈妈，我好想吃野兔肉。（陶醉状）那两条腿，啧啧。

妈妈：傻孩子，你看左手边，那里曾经是兔儿撒欢的地方，现在变成大马路了。兔肉？只能回忆喽！（小狐狸们互相吐舌头。停顿，接上面的回忆）那时候，林子里到处是潺潺的流水，鱼儿欢跳、蛙儿欢唱……

稳重：妈妈，我想吃鱼。

胆小：妈妈，我要吃蛙。

妈妈：乖孩子，你看右手边，那里的大森林，已经变成了大片的农田。山上的溪水，都被人引到别处去啦。

淘气：那，妈妈。我们去农田里抓。我这就去。（作势）

妈妈：回来！孩子，农田里去不得。

众小狐狸：为什么呀？

妈妈：人在农田里撒了农药。喝了那里的水，吃了那里的东西，太危险！

稳重：对了。前几天燕子妈妈说，小燕子在农田里喝水回来就吐白沫了。

俏皮：难怪呢！那天一只老鼠从田边回来，摇摇晃晃地像喝醉了酒，要不是嫌它实在太脏，我就会去吃了它。

胆小：这么可怕呀？妈妈，我害怕！

淘气：妈妈，我也害怕，可我肚子实在是饿。

妈妈：别怕，孩子们。我这就去弄吃的。

淘气：可是妈妈，我们的爸爸呢？他为什么不管我们呀？

妈妈：（叹气）唉！本来不想告诉你们的，说起来妈妈的心都要碎了。在你们很小的时候，有一天爸爸和妈妈出去为你们找吃的，你爸爸——

众小狐狸：爸爸怎么啦？

妈妈：因为周围实在没什么可吃的了，我和你们的爸爸一直找到了人类的地盘上。没想到，刚抓到了两只老鼠，就被人发现了。

淘气：（急促地）那后来呢？

妈妈：后来，后来，你们的爸爸就被猎枪当场打死了。（哭腔）你们那可怜的爸爸呀，临死还舍不得松开老鼠，那是你们的食物啊！

众小狐狸：可怜的爸爸！（呜咽）

俏皮：可恨的人啊！爸爸捉老鼠也帮了他们呀，他们下手却这么狠！

稳重：妈妈，你出去可要当心啊！

妈妈：乖孩子，妈妈明白。（叮嘱）妈妈这就走了，你是老大，要照顾好弟弟妹妹，再玩一会儿就回洞里去吧，外面实在是太不安全。

淘气、俏皮和胆小：妈妈你放心吧，我们会照顾好自己的。

稳重：是的妈妈，你放心吧。

妈妈：那我走了。孩子们再见。等着哦，妈妈会给你们带好吃的回来。

众小狐狸：妈妈再见。妈妈小心。（狐狸妈妈深情地望一眼孩子们，出场）

（背景音乐低声响起："世上只有妈妈好"）

稳重：来，小弟小妹，我们来玩吧。

众小狐狸：好啊，好啊……

（四只小狐狸开始游戏，学习捕捉猎物、躲避陷阱的动作。翻跟斗、骑木马、捉迷藏，伴随着"来呀，来抓我呀""哈哈，我抓住你了。""哥哥，你看呀，弟弟耍赖""哥哥，我们来骑木马玩吧""好啊好啊，不过大概只有我被你们骑了。""哥哥真好。"等欢声笑语，可在原来的该段设计上改进。）
（背景音乐渐消失，灯光渐暗，小狐狸的嬉闹声渐轻）

（静场 10—15 秒钟）

第三场　月光下的小狐狸

（大背景转换成夜色中的森林，天边挂着一颗大月亮。场景不变，四只小狐狸围着树桩。不远处有一只塑料瓶和一个塑料袋。灯光变暗。悠扬的背景歌声渐渐响起。）

月儿圆圆挂天边，
饼儿圆圆甜又甜，
脸儿圆圆笑翻了天，
桌儿圆圆庆团圆。
……

（背景音乐渐轻）

稳重：小弟小妹，你们看，多美的月亮啊！

俏皮：是啊，真像一个圆圆的饼。（仰天）掉下来吧，掉下来让我们吃个够。（对稳重）哎呀，你不提起还好，一提起，我的肚子就咕噜咕噜叫啦。

胆小：妈妈怎么还不回来呀？我想妈妈了。

稳重：好妹妹，别担心。妈妈就快回来了。（突然，稳重冲着淘气喊）住手！弟弟！你在吃什么？（冲过去抢下淘气手中的塑料瓶）

淘气：我饿呀，哥！

稳重：饿也不能吃，这是塑料。（突然看见妹妹俏皮也在咬塑料袋，又冲过去）妹妹，这是塑料袋，不能吃的，快放下。

胆小：哥哥，塑料瓶和塑料袋里有肉香味呢，为什么不能吃呀？

稳重：塑料是没有办法消化的，你吃得进，却拉不出。它在胃里面打结，那就惨了。

胆小：谁这么坏，把这些塑料扔在这里呀？

俏皮：哼！还有谁？就是那种两条腿的怪物——人呗！

稳重：是啊！是那些无知的人扔的。他们简直什么都扔，快把森林当垃圾场了。（突然停顿，侧耳倾听。背景音乐停。）不好！快跑！

（四只小狐狸匆忙逃到树状后面，马路上传来大卡车开过的轰鸣声。声音过后，小狐狸首尾相接，探头探脑地出现）

稳重：小弟小妹，是大卡车。

俏皮：这就是传说中的大卡车呀？我还以为来了大老虎呢！

稳重：妹妹，大卡车可比大老虎厉害多了，妈妈说，被大卡车撞到，你就死定了。

俏皮：（刚吐了吐舌头，就又惊慌起来，低声而急促地喊）快跑！好像有怪物来了。

（四只小狐狸又奔进了树状后，画外音响起）

猎人1：这鬼地方，怎么连只耗子也看不见。

猎人2：以前这里猎物可多了，野兔、黄鼠狼随便打，还有小鹿、狐狸呢。

猎人1：那咱们再转转。什么森林呀，我看叫秃林差不多。

猎人2：好，再转转。看来这地方真不行了。

（猎人远去，四只小狐狸又鱼贯而出）

俏皮：（冲着猎人的方向）怪物！最好让你们掉进陷阱里去。

淘气：我说哥，我真为妈妈担心。

胆小：可恶的猎人，他们会害了妈妈的。

稳重：小弟小妹，我也担心哪！（低头祈祷）苍天保佑！苍天保佑！

俏皮：（突然）不好了，你们听到了吗？枪声！是枪声！

胆小：（呜咽）会不会是妈妈？哥哥，我好害怕呀！

（急促的背景音乐声响起，伴随着两声枪响，众小狐狸像是自己被击中一样，一起瘫了下来，低声呼唤起来）

众小狐狸：妈妈！妈妈！妈妈！（众小狐狸原地蹲着不动，等待第四场中的出场时间）

（静场10—15秒钟）

第四场　森林守望者

（背景同第三场，场景转到第一场，沙发中是熟睡的芳芳）

芳芳：（从噩梦中呼唤着惊醒）妈妈！妈妈！

（芳芳妈妈快步上场，急忙俯身抱住女儿）

妈妈：芳芳！芳芳你怎么啦？做噩梦了是吧？妈妈回来了！

芳芳：（抬头，眼中噙着泪水，一脸惶恐）妈妈，我做梦了，我梦到狐狸妈妈被猎人打死了。那张狐狸皮，它，它就做成了这条围脖。妈妈，我不想让小狐狸失去妈妈。（边说边解下围脖）

（背景音乐低声响起，A time for us）

妈妈：孩子，妈妈怎么会那么做呢？我还是“自然之友”的会员呢！

芳芳：可是这狐狸皮，就是狐狸妈妈的呀！

妈妈：是这样的孩子，妈妈知道你喜欢动物，特地去工艺品商店，为你买了一条人造的狐狸皮。怎么样？逼真得很吧？

芳芳：（歉疚地）妈妈，谢谢你。可是，那枪声，那枪声是怎么回事呢？我听到枪声了。（背景音乐停）

（场景转到第三场结尾部分）

俏皮：（起身）有脚步声。是妈妈的脚步声。

胆小：（起身）是妈妈回来了吗？

淘气和稳重：（起身）快！快去看看。

（四只小狐狸转出，期盼地望着前方。狐狸妈妈匆匆奔上场，气喘吁吁）

狐狸妈妈：孩子们，妈妈回来了。

众小狐狸：（扑上前）妈妈！妈妈！你终于回来了。

胆小：妈妈，我想你！

狐狸妈妈：（伸手揽住胆小）孩子，妈妈也想你们。

稳重：妈妈，刚才我真不敢想下去了，因为我想起了可怜的爸爸。

淘气：是啊，妈妈，我的心都快跳出来了。

俏皮：妈妈，我们听到枪声了。是猎人在追你吗？

狐狸妈妈：是。可恶的猎人，居然埋伏在林子边。

俏皮：妈妈，你没受伤吧？

狐狸妈妈：没有，孩子。那猎人的枪还没来得及放，先被别人的枪声吓跑了。

淘气：（疑惑地）难道，林子里有那么多猎人？

胆小：我们可怎么办呀?!

狐狸妈妈：（高兴地）孩子们，放枪的不是猎人，是森林里的护林人。他们在警告猎人，不许猎杀我们。

稳重：（惊讶地）妈妈，有人保护我们了吗？

狐狸妈妈：是啊！妈妈也高兴坏了。

众小狐狸：（欢呼、跳跃）啊！啊！有人保护我们啦！

（音乐响起，Beautiful Sunday，狐狸们边唱边跳。编舞要求活泼，体现快乐的心情。长短可视时间需要）

（歌舞结束，场景转回芳芳和妈妈）

芳芳：狐狸妈妈真的没有死。妈妈，你看见了吗？

妈妈：是的。妈妈太高兴了。聪明的人们已经知道，很多野生动物，是帮着人类做事的呢。

（背景音乐低声响起，A time for us）

（全景，如果舞台和观众的距离不远，可以一边走向观众席，一边说话）

稳重：（虚指）那位先生，放下你手中的猎枪吧，林子里的老鼠，我们来替你们收拾。

俏皮：（虚指）这位小姐，带走你的水瓶吧，塑料会害我们，也会害你们自己的呀。

芳芳：（虚指）那位叔叔，手下留情，别砍小树吧，它们会长大，会带给我们氧气，还会带给我们凉爽呢！

妈妈：（虚指）这位伯伯，让溪水流回森林去吧，是森林哺育了万千生命，让地球天天神采飞扬。

狐狸妈妈：爱护我们的人类，我们是多么感激你们啊！燕子妈妈、小鹿爸爸也会感激你们的。

众小狐狸：谢谢善良的人们。谢谢你们啦！

（音乐稍响，众演员鞠躬退场）

（剧终）

编剧意图说明：

第一场：引子，用人造狐狸围脖埋下伏笔。时间设定上，遵从芳芳下课的常理以及狐狸在天黑以后出外觅食的习性。

第二场：表明森林被过度开发。人类毁林造田、毁林修路使得野生动物的生存空间越来越小，生存环境越来越恶劣。所涉及小动物皆为狐狸的常见食物。

第三场：表明人类不懂得珍惜大自然的馈赠，用猎枪、塑料等把野生动物赶尽杀绝。

第四场：通过护林人和芳芳妈妈的行为，表明人类已经觉醒，并呼唤更多的保护。

全剧：叙述了一个狐狸妈妈夜出觅食前后发生的故事，指出森林资源已经受到严重摧残，动物家园危在旦夕。幸运的是，人类正在觉醒，保护也正在付诸行动。呼唤你、我、全社会共同参与对野生生物的保护。

全剧时间估计20分钟。

音乐和歌曲说明：

第一场：《不老的爸爸》改编（清唱，欢快的性情）。背景音乐《世上只有妈妈好》（请找）。

第二场：《种太阳》（原有）。背景音乐《世上只有妈妈好》（请找）。

第三场：背景歌《月儿圆圆挂天边》（编者提供，音乐悠扬，表现恬静的夜晚）。卡车声、画外音（请制作）。急促的音乐声（原有）。

第四场：背景音乐《A time for us》（原有）。《Beautiful Sunday》（编者提供。音乐欢快，表现妈妈的回家以及人类的保护使动物们心情愉快。）

第二节　科学秀——结构的力量

（开场音乐）

引言

出场自我介绍（略）

A：今天给大家带来的科普秀主题是——结构的力量。

在我们身边有许多东西看似脆弱，但它们凭借自己独特的结构，拥有着出人意料的力量。

比如说蚂蚁，蚂蚁是不是非常的小而且脆弱呢？但是它有独特的结构，拥有出人意料的力量。它可以支撑起比自己体重重500倍的重物。

B：没错，今天我们就一起来见识一下。首先登场的是一张卡纸，大家觉得，如果我把它放在这两摞书中间，你们说它能承受住多大的重量？一只笔？两支笔？

A：观众朋友们可以来猜一猜。

坚强的纸

B：让我们检验一下（放笔塌陷）。看来一张平铺的卡纸连一支笔都承受不住。

A：这个实验并没有结束，大家还记得我们的主题是什么（结构的力量）？对的，这张卡纸还需要进行一下改造。

B：大家请看，这里有一张同样的卡纸，但是我事先把它折成了波浪形。大家再猜一下，它又能承受多重的东西？

A：（一支笔放上去）哦，没塌，我们来点重量级的吧（一捆木棍）！

B：再来一个（营造紧张氛围），没塌！厉害厉害。

A：这样的结构在我们日常生活中称之为瓦楞结构。这一条条的折痕可以很好地起到分散力的作用。

B：这样的瓦楞结构，它在我们的生活中就有应用。比如说我们的快递纸箱里面就有这样的瓦楞结构，它可以很好地起到防震减压的功能。

A：我们可通过改变物体的结构，来让它承受更大的重量。接下来，我们就来一个不同结构的力量大比拼。我们还是用相同材料和大小的纸折成了三种不同的结构，大家看一下。

B：三角形柱、四边形柱还有圆柱（此处可展示让观众回答是什么形状）。如果我们在它们上面放上重物，大家觉得哪一个能放最多？

A：支持三角形柱的请举手……（举手投票，大致清点人数）。

B：我们依次来检验一下（放凳子演示，圆柱放到最后）。

A：恭喜选择圆柱的观众朋友们，请你们用自己的左手拍打自己的右手，给自己掌声鼓励！

B：一般情况下，纸张被折的次数越多，其分解外部压力的能力就越强，纸片的每一个部分所承受的分压力就越小，所以就越不容易变形。三角形柱的折线只有三条，四边形柱的折线有四条，所以四边形柱的承重能力优于三角形柱。而圆柱可以被看成有无数条边，所以支撑能力最强。

A：这也是为什么高大宏伟的建筑物往往采用圆柱作为承重支撑，大家观察一下也可以看到上海科技馆的承重支柱也是圆柱。包括我们人体承重最大的大腿骨也是圆柱形。

B：一个圆柱能承受 N 把椅子的重量，如果多加几个圆柱能否承受住一个人的重量呢（观众问答）？

A：我们这里准备了一些圆柱，有哪位勇敢的小朋友愿意上来试试看（上下要扶好，采访互动）？

B：谢谢这位小朋友。我们再请位家长试试好不好？

（告知踩中间，扶好，互动）

B：谢谢这位爸爸。你们猜，这一共有几个圆柱？

A：我们一共用了25个圆柱，这些圆柱排列在一起，起到了分散重量的作用，所以我们站上去才不会塌。

B：25个圆柱一起能承受约100千克的东西（相当于一个大人加上一位小朋友的重量），这在生活中也有应用（蜂窝门举例，抗压减震的效果很好，同时节约材料）。

徒脚踩灯泡

A：除了纸片，我们的生活中还有许多其他的大力士。

B：比如我们餐桌上常吃的（拿出鸡蛋）鸡蛋。平时大家都知道，轻轻一敲鸡蛋很容易就碎了。我们今天换一种方式，如果用一只手握住鸡蛋，能不能把它握碎呢？

A：这不是轻而易举的事情么（抢过鸡蛋握不碎）？

B：哪位大力士愿意上台挑战一下？

（操作过程放大，请戴上手套，张大手掌，放上鸡蛋，握住，不可以抠）

A：为什么一枚小小的鸡蛋我们却握不碎呢？

B：这是因为，球状的造型，使得来自外部的力被分解，由鸡蛋壳各个部分共同承担，所以就可以保护鸡蛋内部的安全（得意洋洋的样子）。

A：（××姐姐说球形结构能承受更多的重量，我想到了另一样东西，灯泡！）接下来就要给各位观众展示一项绝活啦。大家在杂技表演中一定都看过，胸口碎大石、喉头索金枪、赤脚上刀山、徒手下油锅（空手接白刃、高空走钢丝）（配合动作、十三响）。今天，这些绝活我们都……不演。不过我们要表演徒脚……踩灯泡。表演者就是××姐姐！！

B：啊？我？不行不行

A：你说球状结构很有力量的嘛，快来快来。大伙儿给××姐姐来点掌声（把××姐姐架上灯泡，踩上灯泡，没有碎，坚持5秒钟，请下表演者，做感谢动作）！

B：（拍胸口，悄悄说还好没碎）我就说嘛！球状结构是很有力的！小朋友们在家不要自己尝试。我都表演踩灯泡了，××也该给我们表示表示吧。

结构的力量

A：想难倒我？我可不是空手而来的，我为大家带来一项大型人体行为艺术，它是一种非常震撼的结构。我需要4位家长做我的助手，有哪位家长自告奋勇？小朋友们也可以推荐自己的家长（根据现场反应调节）。

欢迎各位家长，等会儿你们要严格按照我的指令做动作，我说什么，你们就做什么。首先，举起左手。好的，接下来举起右手（没让你把左手放下去，所以要听清指令严格执行）。现在放下双手，相互握手，打个招呼；互相拥抱一下。做得非常不错，大家掌声送给他们！今天的小讲台到此结束——开个玩笑，刚刚只是个热身，请××帮我搬4个凳子（凳子上贴好箭头，指明方向），家长请将腿朝箭头所指方向坐好，依次躺在相邻家长的腿上。××，我们来问下家长的感受。

B：这位家长感觉如何？是不是有种在沙滩上晒太阳的感觉？

A：接下来，大家瞪大眼睛不要眨眼（抽掉所有凳子）！家长做得非常不错，这个结构非常牢固。诶，××，我们再来回顾一下今天实验的原理吧。

B：今天我们的主题是……（临场发挥随便说）

A：（随便聊）

B：诶？××，我们是不是忘记了什么？

A：哦对，还有台上的家长。坚持了那么久非常厉害，掌声送给4位家长（如果当中倒了就说差点忘了台上的家长，我们掌声鼓励一下他们）！

B：其实我们生活中有许许多多不同的结构，每种结构都有它的用处，我们要善于发现和探索其中的科学原理，做个有心人。

A：感谢各位参与，大家再见！

后　　记

这本书得以出版，首先要感谢上海科普教育发展基金会的资助，特别要感谢上海科技馆理事长、上海科普教育发展基金会理事长左焕琛教授长期以来对上海科技馆展教工作的重视关心以及对展教人员的亲切关怀。

感谢上海科技馆馆长王小明教授、副馆长梁兆正研究员，他们在百忙之中为本书提出了许多宝贵意见，给了我们极大的支持和鼓励。

感谢上海科技馆基金管理处处长张斌盛博士和展示教育处吴晓雷、郭奕辰、苗亚男、刘姝钰以及全体同仁，他们用各自的方式为本书做出了积极贡献。感谢上海科技馆所有科普讲解员，这本书也是他们智慧的结晶。

全书由江山（第一章）、万红（第二章）、郑巍（第三章）、金雪及李渊渊（第四章）、徐湮（第五章、第八章）、金雯俐（第六章）、俞炯（第七章、第八章）共同完成，李渊渊负责通稿，万红负责最终审核把关。囿于作者水平有限，书中难免有错误和疏漏之处，恳请读者批评指正。